भारतीय सामाजिक विचारक

भारतीय सामाजिक विचारक

(Indian Social Thinkers)

एस.एल. दोषी

रावत पब्लिकेशन्स
जयपुर • नई दिल्ली • गुवाहाटी • कोलकाता

ISBN 978-81-316-0276-8 (HB)
ISBN 978-81-316-0277-5 (PB)

Reprinted, 2025

Published by
Prem Rawat for **Rawat Publications**
Satyam Apts., Sector 3, Jawahar Nagar, Jaipur 302 004 (India)
Phones: 0141 265 1748 / 265 7006
E-mail: info@rawatbooks.com
Website: www.rawatbooks.com

New Delhi Office
4858/24, Ansari Road, Daryaganj, New Delhi 110 002
Phone: 011-23263290

Printed and bound in India

विषय-सूची

(Contents)

भूमिका

कुछ समय पहले अमेरिका के एलेक्स इंकेल्स ने समाजशास्त्र को परिभाषित करने के लिये एक पुस्तक लिखी थी। इस पुस्तक का नाम ही उन्होंने, *समाजशास्त्र क्या है?* रखा था। वे परिभाषाओं की उधेड़–बुन से बाहर निकलकर, सारांश में कहते हैं कि समाजशास्त्र के नाम से जो कुछ लिखा गया है, वही समाजशास्त्र है। दूसरे शब्दों में समाजशास्त्री विचारकों की जो विषयवस्तु है, वह सब समाजशास्त्र का वांगमय है।

भारतीय समाजशास्त्रियों पर लिखी गई यह पुस्तक दो उद्देश्यों को लेकर है। पहला तो यह कि ये विचारक अपने विषय में पुरोधा हैं। उन्होंने जो भी सृजन किया है, सोच समझकर, बड़े विचार और मनन के साथ किया है। एक प्रकार से उनकी ये कृतियाँ उनकी जीवनभर की तपस्या का परिणाम हैं। इन कृतियों के आधार पर हम भारतीय समाजशास्त्र को परिभाषित कर सकते हैं।

हमारा दूसरा उद्देश्य बहुत व्यापक है। इन विचारकों ने जो कुछ लिखा है, वह भारतीय समाज से सरोकार रखता है। यह समाज भारतीय सभ्यता की एक बड़ी पहचान है। यह प्रजातांत्रिक है, धर्म निरपेक्ष है, बहु–भाषायी और बहु–सांस्कृतिक है। यह पूँजीवादी है। इस उद्देश्य को समझने में ये समाजशास्त्रीय विचारक हमें कहाँ तक सहयोग देते हैं, इसे

जानने का प्रयास भी हमने किया है। कहीं ऐसा तो नहीं है कि ये विचारक अपने समाज की समस्याओं से अनजान हैं?

विचारकों का यह विश्लेषण, भारत में समाजशास्त्रीय सिद्धान्त की संरचना को भी समझने में हमारी सहायता करता है।

इस पुस्तक को पूरा करने में मेरे मित्र नरेश भार्गव ने बड़ी सहायता की है। जहाँ कहीं मैं भूल–भुलैया में आ गया था, भार्गव ने वहीं सहयोग किया है। उनका मैं आभारी हूँ।

बी.के. नागला ने हाल में एक पुस्तक, *इंडियन सोश्योलोजिकल थोट* लिखी है। इससे मुझे बड़ा लाभ मिला। उनका भी मैं आभारी हूँ।

परिवार के स्तर पर मेरी पोती नन्ही ने मेरे काम को समेटा है। उसे आशीर्वाद।

एस.एल.दोषी

1

भारतीय सामाजिक विचारक: समाजशास्त्रीय सरोकार

(Indian Social Thinkers: Sociological Concerns)

भारतीय सामाजिक विचारक — घुर्ये, श्रीनिवास, आन्द्रे बेतेइ, डी.पी. मुकर्जी विदेशी समाजशास्त्रियों से भिन्न नहीं हैं। यदि आगस्ट काम्टे, स्पेन्सर, दुर्खीम, वेबर और कार्ल मार्क्स अपनी यूरोपीय समाज और इतिहास की उपज थे, तो भारतीय समाजशास्त्री भारतीय समाज और इतिहास की पैदाइश थे। मूल में सामाजिक विचारक चाहे किसी भी देश के हों, किसी भी काल के हों, तत्कालीन समाज की मोहर उन पर अवश्य होती है। वे बुनियादी रूप से समाजशास्त्री होते हैं। दूसरे शब्दों में, यदि वेबर एक समाजशास्त्री थे, तो घुर्ये भी सभी अर्थों में समाजशास्त्री थे। हम इन विचारकों की तुलना नहीं करना चाहते। केवल यही कहना चाहते हैं कि इन विचारकों ने अपने देश की सामाजिक व्यवस्था और उसकी प्रक्रियाओं को समझने का प्रयास किया है। और यही सब कुछ समाजशास्त्री करता है।

समाजशास्त्र किसे कहते हैं? (What is Sociology?)

हम कहते हैं कि घुर्ये, श्रीनिवास, ए.आर. देसाई और डी.पी. मुकर्जी ने जो कुछ कहा है, लिखा है, प्रतिपादित किया है, वह समाजशास्त्र का क्षेत्र है, तो प्रश्न उठता है — आखिर समाज क्या करता है? उसके अध्ययन का

मुहावरा क्या है? इन प्रश्नों के उत्तर देना कठिन है। कठिन इसलिये कि कोई भी समाजशास्त्रीय विचारक समाजशास्त्र की स्पष्ट परिभाषा नहीं देता। ऐसी स्थिति में इन भारतीय विचारकों ने जो कुछ लिखा है, उसी के आधार पर हमें समाजशास्त्र की परिभाषा देनी होगी।

आगस्ट काम्ट (1798–1857) को समाजशास्त्र का जनक समझा जाता है। उन्होंने कहा है कि समाज विज्ञानों में कोई भी ऐसा समाज विज्ञान नहीं है जो सम्पूर्ण समाज का अध्ययन कर सके। अर्थशास्त्र, राजनीतिशास्त्र, इतिहास आदि समाज का अध्ययन अपने अपने संदर्श (Perspective) में करते हैं। अर्थशास्त्र, उत्पादन, विनिमय और उपभोग को अपना नजरिया बनाकर चलता है, राजनीतिशास्त्र, शक्ति (Power) को अपने अध्ययन का केन्द्र मानकर चलता है। लेकिन कोई भी ऐसा समाज विज्ञान नहीं है, जो समाज को उसके सम्पूर्ण रूप में देखने का प्रयास करता हो। इस अभाव ने आगस्ट काम्ट को समाजशास्त्र को विकसित करने के लिये प्रेरित किया। अतः समाजशास्त्र एक ऐसा समाज विज्ञान है जो समाज का सम्पूर्ण रूप से अध्ययन करता है और समाज के विभिन्न भागों में जो पारस्परिक सम्बन्ध हैं, उनका विश्लेषण करता है। थोड़े शब्दों में, कहें तो कहना होगा कि समाजशास्त्र "समाज का अध्ययन" (Study of Society) है। हालांकि आगस्ट काम्ट की यह परिभाषा आज पुरानी हो गई है। इसमें कई संशोधन आ गये हैं।

काम्ट की दृष्टि में समाजशास्त्र एक अमूर्त (Abstract) और सैद्धान्तिक विज्ञान है जो सामाजिक प्रघटनाओं का अध्ययन करता है। आज के सन्दर्भ में समाज और उसकी विभिन्न संस्थाओं, संरचनाओं और प्रक्रियाओं का अध्ययन करना, समाजशास्त्र की अध्ययन सामग्री है। दूसरे शब्दों में, समाजशास्त्र अन्तःक्रियाओं, सामाजिक समूहों और सामाजिक व्यवहार का विज्ञान है। इसका फोकस (Focus) सामाजिक व्यवस्था और सामाजिक प्रक्रियाएँ होती हैं। समाजशास्त्र वैयक्तिक विश्वासों और व्यवहार पर ध्यान नहीं देता। कुल मिलाकर, समाजशास्त्र चाहे यूरोप का हो या भारत का, एक समाज विज्ञान है और इस नाते वह सामाजिक व्यवस्थाओं और प्रक्रियाओं का अध्ययन करता है। दूसरा समाजशास्त्र एक ऐसा समाज विज्ञान है जिसका सरोकार सम्पूर्ण समाज से होता है। तीसरा, समाजशास्त्र एक अमिश्रित (Pure) विज्ञान है, इसका व्यावहारिक विज्ञान (Applied Science) से कोई ताल्लुक नहीं है। यह सब होते हुए भी

समाज़शास्त्र समाज के बारे में सम्पूर्ण ज्ञान प्राप्त करता है। वे लोग जो समाज में क्रान्ति लाना चाहते हैं, उसमें सुधार करना चाहते हैं, इस समाजशास्त्रीय ज्ञान का लाभ उठा सकते हैं।

एक समाज विज्ञान होने के नाते, समाजशास्त्र के कतिपय सन्दर्श (Perspective) होते हैं। ये सन्दर्श मुख्यतया चार आयामों में देखने को मिलते हैं—

1. मनुष्य समूहों में रहते हैं और ऐसी अवस्था में ये समूह उसके विचारों और कार्य को निर्धारित करते हैं। मजदूर वर्ग का आदमी जो कुछ सोचता है, उसका सोच उसका समूह निश्चित करता है। वह सिनेमा जायेगा। बेधड़क होकर तीसरे दर्जे का टिकट खरीदेगा। मूँगफली का पैकेट अपने हाथ में लेगा और एक्शन फिल्म के हीरो के करतब के साथ ताली बजायेगा, ऊपर–नीचे होगा। ऐसा उसके वर्ग के सभी लोग करते हैं।

समाजशास्त्र देखता है कि सामाजिक पृष्ठभूमि उसके विचारकों को भी प्रभावित करती है। दलित साहित्य के लेखक इस बात को स्वीकार करते हैं कि गरीबों के विचार अभिजन के विचार से भिन्न होते हैं।

इस भिन्नता के होते हुए भी समाजशास्त्री निरपेक्ष भाव से वस्तुओं को देखता है। सी. राईट मिल्स (C. Wright Mills) ने अपनी पुस्तक *समाजशास्त्रीय कल्पना* (*Sociological Imagination,* 1959) में कहा है कि समाजशास्त्री को मनुष्य, समाज, जीवन कथा और दुनिया को समानता के स्तर पर देखना चाहिये।

अर्थ हुआ — कोई भी विचारक समाज को समूहों के सन्दर्भ में देखता है।

2. सामाजिक यथार्थता वस्तुतः एक सामाजिक संरचना (Construction) है। भारतीय दर्शन के विचारकों का एक तबका ऐसा है जो बताता है कि समाज में जो भी यथार्थता है, वह और कुछ न होकर केवल एक माया है। और माया कबीर कहते हैं — बड़ी ठगिनी है। देखा जाये तो यथार्थता का सही या गलत आनुभविकता से कोई मतलब नहीं है। अगर एक जाति या धार्मिक सम्प्रदाय किसी वस्तु को यथार्थ मानता है, तो सभी अर्थों में यह यथार्थ है। इस तरह समाज द्वारा मान्यता प्राप्त वस्तु यथार्थ है। अगर किसी जाति में बिल्ली का रास्ता काटना गलत शकुन है

या कुत्ते का रोना अपशकुन है, तो यह यथार्थता है। अगर जन्मकुंडली के आधार पर विवाह होते हैं, तो यह यथार्थ है।

समाजशास्त्री सामाजिक दृष्टि से संरचित और वैज्ञानिक तर्क पर आधारित यथार्थता के अन्तर को समझने का प्रयास करता है।

3. सामाजिक यथार्थता के अर्थ की कई परतें होती हैं। यथार्थ का ऊपरी अर्थ केवल मुखोटा मात्र होता है। जाति वस्तुतः पवित्र और अपवित्र की धारणाओं पर नहीं बनी है। यह तो उसका दिखावे का अर्थ मात्र है। जातियाँ तो अभिजन और धनाढ्य लोगों के हित के लिये बनी हैं। समाजशास्त्री तो यथार्थता के पीछे जो अर्थ है, उसे खंगालने की कोशिश करता है। लोग तो अपने–अपने दृष्टिकोण से यथार्थता को देखते हैं लेकिन समाजशास्त्री उसकी गहराई को खोजना और उसमें निहित सही अर्थ का वैज्ञानिक दृष्टि से अर्थ निकालता है।

4. समाजशास्त्री का एक और संदर्श आम आदमी के जीवन से सरोकार रखता है। यह आम आदमी ही समाज का केन्द्र बिन्दु है। यह आदमी इतिहास से जुड़ा होता है और इसी कारण समाजशास्त्री का जुड़ाव सम्पूर्ण समाज और इतिहास से होता है।

यूरोप के समाजशास्त्र में कई विचारक हुए हैं। इन विचारकों में दुर्खीम, मेक्स वेबर, कार्ल मार्क्स और पेरेटो के नाम अग्रणी हैं। ये विचारक 18वीं और 19वीं शताब्दी में प्रबोध (Enlightenment) की उपज हैं। प्रबोध ने सम्पूर्ण यूरोप को अपनी परिधि में समेट लिया है। इस युग का विचारक अपने पिछले युग से भिन्न था। प्रबोध युग के विचारक का यह पुख्ता विचार था कि इस सम्पूर्ण संसार को समझा जा सकता है। इस युग की बहुत बड़ी विशेषता तर्क (Reason) हो गई। विचारकों ने तर्क को ईश्वर के बराबर समझ लिया। इस आधार पर समाज विज्ञान में ऐसे नियमों की खोज की जाने लगी जो प्रकृति विज्ञानों के नियमों की तरह हों। इस युग के लिये सत्य (Truth) जीवन का अंतिम मुहावरा बन गया। सत्य की खोज में वे सभी सामाजिक संस्थाएँ जो अंधविश्वासों, मिथकों और भावनाओं पर आधारित थीं, लड़खड़ाने लग गईं। दूसरे शब्दों में, यह माना जाने लगा कि चर्च, राजा, प्रजाति आदि रूढ़िगत संस्थाएँ तर्क के आगे टिक नहीं सकतीं और इसलिये इनकी खूब आलोचना होनी चाहिये। इनकी छीछालेदार होनी चाहिये और सत्य तथा तर्क को सबसे ऊँचा स्थान मिलना चाहिये।

18वीं तथा 19वीं शताब्दी के विचारकों का पूरा विश्वास विज्ञान, तर्क, तथा प्राकृतिक विज्ञानों में था। इन विचारकों पर धर्म का भी पर्याप्त प्रभाव था। मार्क्स ने कहा कि धर्म और कुछ न होकर, पूँजीवाद का ढकोसला है। एक नकाब है, सब मिलाकर एक ऐसा नशा है, जो उन्हें शोषण के प्रति आवाज नहीं उठाने देता। मार्क्स ने वर्गों को उत्पादन के सम्बन्धों के साथ जोड़ा है।

यहाँ हम केवल यह कहना चाहते हैं कि यूरोप के जो विचारक थे, उनका उनके समाज से पूरा सरोकार था। जैसा समाज था, वैसे ही विचारक थे। इन विचारकों ने अपनी सामाजिक और ऐतिहासिक पृष्ठभूमि को नकारा नहीं। वे इसी की उपज थे। यहाँ एक बात और कहनी चाहिये। 18वीं और 19वीं शताब्दी के विचारकों में विचारों की सजातीयता (Homogeneity) नहीं थी। जिस विचारक के समाज के साथ जैसे उसे अनुभव थे, वैसा उसने लिख दिया। इस विभिन्नता के होते हुए भी कुछ कारक ऐसे थे जिन्होंने समान रूप से सभी विचारकों को प्रभावित किया। उदाहरण के लिए पूँजीवाद और धर्म ऐसे ताकतवर कारक थे जिन्होंने सम्पूर्ण यूरोप को झकझोर दिया और इसका प्रभाव तत्कालीन विचारकों पर भी पड़ा। मेक्स वेबर ने यह स्थापित करने का प्रयास किया कि प्रोटेस्टेंट आचार में इनकी शक्ति थी कि इसने पूँजीवादी भावना (Spirit) को प्रोत्साहित किया। यूरोप में 18वीं शताब्दी में जो औद्योगिक क्रांति आई उससे उत्पन्न पूँजीवाद ने सम्पूर्ण वैचारिकी को बदल दिया। इधर कार्ल मार्क्स पूँजीवाद से इतने प्रभावित हुए कि उन्होंने पूँजीवाद का खण्डन धर्म की वजह से स्वीकार किया। उनका वर्ग संघर्ष का सिद्धान्त पूँजीवाद पर आधारित है। दुर्खीम ने समाज की सुदृढ़ता का आधार नैतिकता को स्वीकार किया। विचारक कोई भी हो, समाज की विभिन्नता कैसी भी हो, कुछ मुद्दे ऐसे थे, जिनका सरोकार विचारकों से था। और इनका सम्पूर्ण विश्लेषण विचारकों ने किया है।

यदि हम 18वीं और 19वीं शताब्दी के यूरोप को देखें तो बहुत स्पष्ट हो जायेगा कि सामाजिक विचारक पूरी तरह से अपने समय के समाज से जुड़ा होता है। समाज के पृथक उसका कोई अस्तित्व नहीं होता। यह आवश्यक नहीं है कि विचारक अपने समय की विचारधारा, मूल्य और नैतिकता के समर्थन में ही लिखे। वह प्रतिक्रियावादी (Reactionary) भी हो सकता है।

जब हम भारतीय समाजशास्त्रीय विचारकों पर लिखते हैं, तो स्पष्ट है, हम यह कहना चाहते हैं कि इन विचारकों पर अपने समय का पूरा प्रभाव था। यह भी साफ है कि ये विचारक भारतीय समाज की तत्कालीन संरचना के पक्ष और विपक्ष दोनों में हो सकते हैं। अछूतों की समस्याओं के प्रति गाँधीजी और अम्बेडकर दोनों एक–दूसरे से भिन्न थे। समाज का सरोकार तो विचारकों के लिये आवश्यक है लेकिन विचारों में समानता होना आवश्यक नहीं है। इस अध्याय के अगले पृष्ठों में भारतीय समाजशास्त्रियों की सामाजिक पृष्ठभूमि का उल्लेख करेंगे। किसी भी विचारक का सम्यक विश्लेषण उसकी सामाजिक स्थिति के अभाव में करना बहुत कठिन है। विचारक अपने समय के समाज की उपज होता है और इस समाज की पृष्ठभूमि के बिना उसे समझा नहीं जा सकता।

एक बात और है। यदि कोई समाजशास्त्रीय विचारक अपने समय की विचारधारा, समय की उठा–पटक और सामाजिक, सांस्कृतिक माहौल का प्रतिनिधित्व नहीं करता है, तो उसका विचारक का दर्जा कमजोर हो जाता है। वह शून्य का विचारक हो जाता है, समाज के प्रति उसकी वफादारी संदेहपूर्ण हो जाती है। इधर समाजशास्त्र में एक ऐसी रूढ़िवादी परम्परा चल पड़ी है जो कुछ विचारकों को बराबर विचारक का दर्जा देती आ रही है। ये तथाकथित विचारक एक प्रकार के मठाधीश हैं जो किसी पूजनीय "शंकराचार्य" की तरह समाजशास्त्र में अपना आसन जमाये हुए हैं। अधिक दुखदायी बात यह है कि किसी भी विश्वविद्यालय में पाठ्यक्रम में उनका स्थान सुनिश्चित होता है। इधर देखिये — देश का विभाजन हो जाता है, बहुत बड़ी आबादी दो फाड़ों में बँट जाती है, लोग शरणार्थी हो जाते हैं और जिसे हम सामाजिक विचारक कहते हैं, वह इन घटनाओं पर मौन साध लेता है।

और देखिये किसान बेघरबार हो जाता है; चाय बागान का एक मजदूर गुलाम का जीवन बिताता है; और जलियांवाला बाग में जनरल डायर निहत्थे नागरिकों पर गोलियों की बौछार करता है या बारडोली का किसान भूमि कर देने के लिये मजबूर हो जाता है। ऐसी कई घटनाएं देश को हिला देने वाली होती हैं, और हमारा सामाजिक विचारक जाति प्रथा के लक्षणों के विश्लेषण में संलग्न होता है। प्रश्न उठता है — आखिर हम सामाजिक विचारक किसे कहते हैं?

देश में आजादी के लिए संघर्ष चल रहा था। गाँधीजी इस लड़ाई से जूझ रहे थे, और हमारे सामाजिक विचारक संस्कृत ग्रन्थों के आधार पर बहिर्विवाह और अन्तर्विवाह के नियमों की व्याख्या कर रहे थे। इस देश में कुछ ऐसा हो रहा था — जब रोम जल रहा था और नीरो अपनी बाँसुरी बजा रहा था। जब देश के सामने उपनिवेशवाद अपनी जड़ें जमा रहा था, हमारे सामाजिक विचारक साधुओं की वेश–भूषा पर समाजशास्त्रीय ग्रन्थ लिख रहे थे।

हमारा तर्क यह है कि जहाँ सामाजिक–राजनीतिक और वैचारिक पर्यावरण देश को हिला–डुला रहा हो, वहाँ समाजशास्त्रीय विचारक अपनी दुनिया में ही मग्न रहे, तो विचारक की देश के प्रति क्या वफादारी होगी, यह एक महत्त्वपूर्ण प्रश्न है, जिस पर हमें आज सोचना पड़ेगा। हम कहाँ तक समाजशास्त्रीय विचारकों को मठाधीश का दर्जा देते रहेंगे।

इस सिलसिले में एक और बात कहनी चाहिये। किसी भी विचारक का सबसे बड़ा उत्तरदायित्व यह है कि वह समाजशास्त्र को एक ज्ञान शाखा के रूप में विकसित करे। समाजशास्त्र की प्रकृति ज्ञान को संचयी बनाने की है। एक विचारक पूर्ववर्ती विचारकों के कंधों पर खड़ा रहता है और विचारकों की यह श्रृंखला बनती ही जाती है। यह सब ठीक है। लेकिन श्रृंखला की कोई भी कड़ी अपने समाज की वास्तविकता को नकार नहीं सकती। समाज सबसे ऊपर है। इससे ऊपर कोई नहीं। जिन्हें हम समाजशास्त्र के जनक, विचारक या संस्थापक विचारक कहते हैं, उन्होंने भी समाज की इस प्रधानता को स्वीकार किया है।

इस पुस्तक में हम कतिपय भारतीय समाजशास्त्रीय विचारकों पर विस्तारपूर्वक लिखेंगे। कौन से समाजशास्त्रीय विचारक सर्वमान्य रूप से स्वीकृत हैं, बताना कठिन है। इस तरह की कवायद हाल में कोई हुई हो, इसका हमें संज्ञान नहीं है। फिर भी मोटे रूप में सभी घुर्ये, श्रीनिवास, ए.आर. देसाई, लुई ड्यूमो, आन्द्रे बेतेइ की गिनती उन विचारकों में मानते हैं, जिन्होंने भारतीय समाज के बारे में अपने विचार रखे हैं। यह महत्त्वपूर्ण तथ्य है कि विदेशी विचारकों ने भी भारतीय समाज पर अपनी टिप्पणी की है। इस समाज पर उनका भी समाजशास्त्रीय विश्लेषण है।

अगर हम भारत में समाजशास्त्र की शुरुआत सर पेट्रिक गैड्स (Sir Patrick Geddes) से मानें तो कहना पड़ेगा कि उन्होंने 1919 में बम्बई

विश्वविद्यालय में इस विषय को शुरू किया। वे स्कॉटलैंड के रहने वाले थे। इसका मतलब हुआ इस समाज विज्ञान का इतिहास भारत में आज लगभग सौ वर्ष का होने आया। किसी भी विज्ञान के इतिहास में एक शताब्दी का होना बहुत बड़ी बात है। भारत ने तो इन सौ वर्षों में कई उलट–फेर देखे हैं। इस अवधि में भारतीय समाज ने कई पहाड़ों की ऊँचाई को नापा है। इस उतार–चढ़ाव को समाजशास्त्रीय विचारकों ने देखा है, समझा है। इसके साथ उनका गहन सरोकार रहा है।

अगले पृष्ठों में हम भारतीय समाज की संरचना और उसकी वैचारिक यात्रा को रखने का प्रयास करेंगे। ऐसा करने के पीछे हमारा लक्ष्य केवल यही बताने का है कि भारतीय समाजशास्त्रीय विचारक इसी समाज की उपज हैं। समाज की इस वास्तविकता के संदर्भ में वे अपने लेखन में कितने खरे उतरते हैं, इसे जानना हमारा दूसरा लक्ष्य है।

आजादी की लड़ाई — प्रजातंत्र और आर्थिक विकास की शुरुआत (Struggle for Independence: Beginning of Democracy and Economic Development)

सन् 1857 का विप्लव भारत की आजादी की लड़ाई की शुरुआत था, यह लड़ाई ब्रिटिश उपनिवेशवाद के खिलाफ थी और इसके बाद एक के बाद एक आन्दोलन होते रहे। गाँधीजी के नेतृत्व में अखिल भारतीय काँग्रेस कमेटी ने इस लड़ाई को पूरे दमखम के साथ लड़ा। गाँधीजी ने सत्याग्रह और अहिंसा को अपनी इस लड़ाई की रणनीति बनाया। काँग्रेस ने इस सम्पूर्ण लड़ाई की अवधि में कुछ नीतियों को बनाया जो आज भी भारतीय राजनीतिक विचारधारा की अंग हैं। काँग्रेस ने प्रस्ताव पारित किया कि जब देश आजाद हो जायेगा, तब उसे एक राष्ट्र के रूप में विकसित किया जायेगा। राष्ट्र–राज्य (Nation-State) की भावना तब हमारी आजादी की लड़ाई में निहित थी। सन् 1930 के लगभग यह भी निश्चित किया गया था कि हमारी सम्पूर्ण गतिविधियाँ प्रजातांत्रिक पद्धति से चलेंगी। अभिव्यक्ति की आजादी सभी को होगी। गाँधीजी गरीब तबके के हिमायती थे। इसी कारण उन्होंने स्वतंत्रता संग्राम में सभी वर्गों की भागीदारी सुनिश्चित की।

जब संविधान बनाने के लिये सभा बनी तब इसने काँग्रेस द्वारा पारित सभी नीतियों को औपचारिक रूप देने का प्रयास किया। काँग्रेस ने आजादी

की लड़ाई में एक ऐसी विचारधारा पैदा की जिसमें आम लोगों की भागीदारी थी। सन् 1930–1940 के दशकों में जब मार्क्सवादी इस आन्दोलन में कूदे, तब काँग्रेस ने देश को समाजवादी विचारधारा से परिचित कराया। अब कहा गया कि कृषकों की माली हालत में सुधार होना चाहिये। इसका एक मात्र विकल्प भूमि सुधार था।

धर्मनिरपेक्षवाद का आग्रह और साम्प्रदायिकता का विरोध (Insistence on Secularism and Opposition to Communalism)

गाँधीजी ने आजादी की लड़ाई के दौरान इस तथ्य पर जोर दिया कि भारत जैसे देश में जहाँ कई जातियाँ हैं, क्षेत्र हैं, धर्म हैं, भाषाएँ और बोलियाँ हैं, धर्मनिरपेक्षवाद ही हमारे जीवन का मुहावरा हो सकता है। हमारी सम्पूर्ण नीतियाँ इसी के इर्द–गिर्द घूमनी चाहिये। इस लड़ाई में उन्होंने साम्प्रदायिकता का भी भरपूर विरोध किया। वे उपनिवेशवाद के कट्टर विरोधी थे। यहाँ हम गाँधीजी पर कोई निबन्ध नहीं लिख रहे, न ही हम आजादी की लड़ाई का कोई ब्यौरा देना चाहते हैं। हम केवल यही आग्रह करना चाहते हैं कि भारतीय समाज की आज जो पृष्ठभूमि है, उसकी बनावट के पीछे हमारे इतिहास की पूरी भूमिका है। आज हमारी जो भी नीतियाँ हैं धर्म, जाति, गाँव और शहर के बारे में जो विचार हैं, वे कोई रातों–रात नहीं बने। न ही संविधान ने इन्हें हमारे ऊपर थोपा है। इसके पीछे हमारा इतिहास है, परम्पराएँ हैं, मिथक हैं और सांस्कृतिक धरोहर है। हम यह भी कहना चाहते हैं कि हमारे समाजशास्त्रीय विचारकों पर इस सम्पूर्ण संरचना का प्रभाव होना चाहिये।

भारतीय समाज में खण्डन और विविधता (Contradiction and Diversity in Indian Society)

अपने लम्बे इतिहास में भारतीय समाज कभी भी सजातीय नहीं रहा। इसमें अपार विविधता हैं। इसी कारण इस समाज को एकाधिक (Plural) समाज कहते हैं। यहाँ कोई राष्ट्रीय संस्कृति (National Culture) नहीं है। इस देश की मुख्यधारा (Mainstream) प्रजातंत्र, पूँजीवाद, समाजवाद और धर्मनिरपेक्षता की है। वैज्ञानिक विचारधारा इसका निर्णायक मुहावरा है।

इस मुख्यधारा की परिधि में इस समाज में खण्डन और विविधता (Contradiction and Diversity) भी हैं। यहाँ सन् 1941 की जनगणना के

अनुसार कोई तीन हजार से अधिक जातियाँ थीं। जातियों की यह संख्या आज बढ़ गई है। दूसरा यहाँ गरीबों की संख्या अधिक है। जो दो समय रोटी खाने का जुगाड़ नहीं कर पाते; इधर अमीर हैं, जिनके जीवन में उपभोक्तावाद चरम सीमा पर है। गरीब और अमीर; अभिजन और आम आदमी — ये सब इस समाज के विखण्डन हैं। हमारे समाज की संरचना की इस विशेषता को, कोई भी समाजशास्त्रीय विचारक नजर–अंदाज नहीं कर सकता। चाहे वह विचारक इस देश का हो या विदेश का।

भारत की एक और विशेषता इसकी विविधता है। यह विविधता अनेक धर्मों, जातियों, सांस्कृतिक क्षेत्रों (Culture Zones), भाषा और बोलियों में देखी जा सकती है। एक व्यक्ति या समूह अपनी विविधता में रहकर भी देश की मुख्यधारा का अंग हो जाता है। इसे राष्ट्रीय एकीकरण (National Integration) कहते हैं। यह सब इस देश को राष्ट्र–राज्य (Nation-State) का दर्जा देते हैं।

रचनात्मक कार्य (Constructive Work)

यह देश गाँवों का है। हाल में जो आँकड़े हमें नेशनल सेम्पल सर्वे (National Sample Survey) से प्राप्त हुए हैं, इसके अनुसार देश की सकल आय में उद्योगों से प्राप्त होने वाली आय कृषि से ज्यादा है। यह सही है। लेकिन देश की कुल आबादी का बड़ा भाग गाँवों में रहने वाले लोगों का है। यहाँ तक हमारे उद्योग पहुँचे नहीं हैं। लेकिन सबसे महत्त्वपूर्ण तो लोग हैं। उनकी अनदेखी नहीं हो सकती।

आजादी की लड़ाई में, शहरों की अपेक्षा गाँव के लोगों की भागीदारी सबसे ज्यादा थी। कृषक आन्दोलनों में, किसानों ने बहुत तादाद में देशी राजाओं, जमींदारों, ठाकुरों और नवाबों का विरोध किया। गाँधीजी ने कहा कि यदि हमें आजादी के बाद एक सशक्त राष्ट्र बनाना है तो हमें रचनात्मक कार्य करना पड़ेगा। भारतीय गाँवों की बहुत बड़ी पृष्ठभूमि और इस अर्थ में भारतीय समाज की विशेषता, इसके रचनात्मक काम में हैं।

रचनात्मक कार्य को स्पष्ट करते हुए आजादी की लड़ाई लड़ने वाले हमारे नेताओं ने कहा कि हमें गाँव के लोगों को बुनियादी शिक्षा देनी होगी। हमें कुटीर उद्योग को बढ़ावा देना होगा। गाँवों में बेरोजगारी दूर करने के लिये चरखा और खादी को अपनाना होगा। विदेशी माल को छोड़ना होगा,

शराब की आदत को त्यागना पड़ेगा और छुआछूत को समाज से दूर करना होगा। जिसे हम सुधार आन्दोलन (Reform Movement) कहते हैं, इसका प्रारम्भ आजादी की लड़ाई में ही हो गया था।

देश को राष्ट्र–राज्य बनाने के लिये रचनात्मक कार्य का कोई विकल्प नहीं है। कुछ ऐसा ही गाँवों के उत्थान के बारे में इस देश में सोचा जाता रहा है। एक प्रकार से यही हमारी राष्ट्रीय वैचारिकी रही है। बाद में चल कर सन् 1950 में जब हमने पंचवर्षीय योजनाएँ बनाईं, तब यही वैचारिकी हमारे दिमाग में थी। कहते हैं कि जब गाँधीजी को हमारे संविधान का कच्चा मसविदा बताया गया, तब उन्होंने कहा कि इस संविधान में गाँवों का क्या स्थान है? कोई नहीं, यह सुनकर गाँधीजी हतप्रभ रह गये और इसके परिणामस्वरूप पंचायतीराज की योजना ने मूर्तरूप लिया।

कोई भी विचारक जो भारतीय समाज पर लिखता है, उसे यहाँ के गाँवों पर, स्याही की कई दवातें उँडेलनी पड़ेंगी।

उपनिवेशिक भारतीय समाज (Colonial Indian Society)

निकोलस डिर्क्स (Nicholas Dirks) ने हाल में छपे अपने एक लेख में कहा है कि ब्रिटिश राज्य की 19वीं शताब्दी के अन्तिम भाग में एक समय आया जब राज्य ने मानवशास्त्र (Anthropology) को अपने साम्राज्य की नींव बनाने का आधार माना। वैसे जब कभी हम भारतीय मानवशास्त्र की व्याख्या भारत के सन्दर्भ में करते हैं तो कहते हैं कि यहाँ 19वीं और 20वीं शताब्दी के मध्यांतर पर्याप्त मात्रा में मानवजाति अध्ययन हुए। डिर्क्स भारत को इस अर्थ में मानवजाति राज्य (Enthnographic State) कहते हैं। इसका अर्थ है भारतीय समाज एक जातीय समाज (Caste Society) है। इस विचारधारा के प्रणेता हरबर्ट रिज़ले (Herbert Risley) थे।

हुआ इस तरह कि 1857 के विद्रोह ने ब्रिटिश उपनिवेशवाद को संकट में डाल दिया। मेक्स मूलर (Max Muller) ने इस विद्रोह की व्याख्या करते हुए कहा कि जाति व्यवस्था पवित्र और अपवित्र की धारणा पर बनी है और जब सिपाहियों को गाय की चर्बी से बने कारतूस को अपने दाँतों से तोड़ना पड़ा तब उन्हें लगा कि जैसे उनका सम्पूर्ण धर्म भ्रष्ट हो गया। मूलर की इस भावना को हटन ने और आगे बढ़ाया और इस भाँति इस युग में जाति का अध्ययन महत्त्वपूर्ण बन गया। अब यह स्थापित हो गया कि जाति न केवल एक धार्मिक संस्था है, यह सामाजिक संरचना भी

है। अतः कभी भी भारतीय समाज की चर्चा होती है, जाति को नकारा नहीं जा सकता।

भारतीय सामाजिक संरचना का मुख्य आधार जाति रहा है। उपनिवेशकाल में जो ब्रिटिश शासन रहा है, उससे जुड़ा हुआ सम्पूर्ण ज्ञान वस्तुतः मानवशास्त्र या मानवजाति अध्ययनों से जुड़ा हुआ है। जब रिज़ले ने भारत के लोगों पर अपनी पुस्तक लिखी तब उन्होंने उल्लेख किया कि ब्रिटिश राज को भारत के बारे में जो भी ज्ञान था, वह उन्हें ब्राह्मणों से प्राप्त हुआ था। यह ब्राह्मण ही थे जिन्होंने द्विज की अवधारणा को रखा था। मतलब हुआ कर्म ही मनुष्य के जन्म को निर्धारित करता है। अगर अच्छा कर्म किया तो ब्राह्मण जाति में ही अगला जन्म होगा। रिज़ले ने भारत के लोगों की मनोभावना को व्यक्त करते हुए कहा था कि भारत की प्रभावी जाति ब्राह्मण ही है।

सन् 1901 की जनगणना की प्राप्तियों को रिज़ले ने 1908 में संशोधित करके *दि पीपल ऑफ इंडिया* (*The People of India,* 1908) में पुनः रखा। उन्होंने इस पुस्तक में एक नया अध्याय जोड़कर कहा कि अगर भारत में किसी राष्ट्र राज्य की स्थापना होनी हो तो जाति व्यवस्था एक विघटनकारी (Divisive) संस्था होगी। इसी कथन ने बाद में चलकर पाकिस्तान बनाने की माँग को बल दिया।

इस विश्लेषण में हम इस तथ्य पर जोर देना चाहते हैं कि सम्पूर्ण उपनिवेशकाल में अँग्रेजों के लिये धर्म और जाति विवादास्पद मुद्दे रहे हैं। इनका प्रभाव समाजशास्त्रीय विचारकों पर पड़ना स्वाभाविक था। 19वीं और 20वीं शताब्दी के प्रारम्भ में एक और घटना इस देश में हुई। समाज सुधार आन्दोलन ने विशेष करके हिन्दू जातियों में क्रांतिकारी परिवर्तन की पहल की। सती प्रथा, बाल विवाह और वैधव्य जैसी अमानवीय प्रथाओं पर इस आन्दोलन ने निशाना साधा। राजा राम मोहन राय, सैयद अहमद खाँ, केशव चन्द्र सेन, ज्योतिबा फुले, नारायण गुरु आदि ने एक नये सांस्कृतिक वैचारिक आन्दोलन का सूत्रपात किया। धर्म के क्षेत्र में इस आन्दोलन ने मूर्ति पूजा का विरोध किया और कहा कि धार्मिक कर्मकाण्ड को बहुत सरल तथा सामान्य बना देना चाहिये। इस आन्दोलन ने धार्मिक व्यापकता पर जोर दिया। किसी भी संस्था और प्रथा की प्रासंगिकता को इस आन्दोलन ने तर्क तथा विवेक की कसौटी पर कसने की सलाह दी।

भारत में मार्क्सवादी विचारधारा का उदय और विस्तार (Rise and Spread of Marxian Ideology in India)

यह सही है कि भारत में गाँधीजी की विचारधारा का पर्याप्त प्रभाव था। आम लोग अहिंसा और सत्य के जीवन मूल्य से अभिभूत थे। इसी विश्वास ने उन्हें भारतीय समाज के निर्माण में भागीदार बनाया। लेकिन भारतीय समाज पर की गई यह टिप्पणी अधूरी होगी यदि हम मार्क्सवाद और समाजवाद पर कुछ नहीं लिखते हैं। यह लगभग सन् 1920 के दशक की बात है जब भारत में मार्क्सवाद का उदय हुआ। कई बार मार्क्सवाद की अपेक्षा वाम दलों (Left Parties) के उदय की बात कही जाती है। हम मार्क्स या वाम दल किसी भी पद के नाम से इस विचारधारा को रखें, वास्तविकता यह है कि 20वीं शताब्दी के प्रारम्भ में यहाँ यह विचारधारा ताकत पकड़ रही थी। किसान और मजदूर अपनी खस्ता हालत से बेहाल थे। इधर रूस में 1917 में बहुत बड़ी क्रांति हुई। इसमें लेनिन ने ज़ार के आतंकी प्रशासन की जड़ें हिला दीं। भारत में लगा कि जब रूस की जनता ज़ार के जूए को उतार फेंक सकती है, तो भारत के लोग ब्रिटिश उपनिवेशवाद को क्यों नहीं उखाड़ फेंक सकते।

1920 के दशक में हजारों युवकों ने अपने आपको संगठित किया। बिपिन चन्द्र पाल, डाँगे आदि विचारकों ने मार्क्सवाद पर डट कर लिखा। स्वयं नेहरू जी समाजवाद की विचारधारा से प्रभावित थे। बाद में चलकर सुभाष चन्द्र बोस नेहरू के साथ हो गए। आगे चलकर कई विचारक जो मार्क्स की विचारधारा से प्रभावित थे, उन्होंने 1920–1930 के दशक में मार्क्सवादी राजनीतिक दलों की स्थापना की। मार्क्सवादियों ने किसानों और मजदूरों को संगठित करके इस विचारधारा को आगे बढ़ाया।

उपसंहार (Conclusion)

सामान्यतया यह माना जाता है कि कोई भी विचारक, यदि वह ईमानदार है, तो अपने समय का दर्पण होता है। जैसा समाज होता है, वैसा ही विचारक भी होता है। अगर विचारक में खोट है तो उसमें समाज के प्रति प्रतिबद्धता का अभाव होता है, तब उसकी वफादारी सन्देहपूर्ण हो जाती है। यह सब कहना ठीक है लेकिन कठिनाई तब आती है जब समाज का इतिहास रंगारंग होता है। इसमें कई तरह के लोग होते हैं, कई विचारधाराएँ होती हैं। मूल्यों में परस्पर विरोध होता है। तब विचारक भी खण्डित हो जाता है।

एक बात और है। कोई भी विचारक शून्य (Vacuum) में नहीं रहता। उसके स्वयं के मूल्य होते हैं। वह लिखते समय अपने मूल्यों से मुक्त नहीं हो पाता। ऐसी स्थिति में यह कहना थोड़ा कठिन हो जाता है कि विचारक अपने समय और समाज का दर्पण होता है। समाज में कई मूल्य होते हैं — ऐसे मूल्य जो अधीनस्थों (Subaltern) को हमेशा के लिये पददलित बनाये रखना चाहते हैं और ऐसे मूल्य जो अभिजनों को जमीन पर नहीं लाने देना चाहते। मूल्यों के इस मकड़जाल में समाजशास्त्री भी, ईमानदार रह पाए, यह कहना बहुत कठिन है।

अब प्रश्न यह उठता है कि भारतीय समाज की क्या विशेषता है? यह विशेषता कई क्षेत्रों में देखने को मिलती है। इसका कोई समग्र रूप किस भाँति तैयार किया जाये, इस तरह की कोई कवायद करना बहुत कठिन है। वास्तविकता यह है कि भारतीय समाज में कई पारस्परिक विरोध हैं। इन्हें समेटना कोई आसान काम नहीं है। फिर भी हमने प्रयास किया है कि इस समाज के कुछ लक्षण हैं जो हमेशा से इसके मूल में हैं। समाजशास्त्रीय विचारकों को इन देशज लक्षणों का प्रतिनिधित्व करना चाहिये।

भारतीय समाज आज जो कुछ है, जैसा कुछ था, वह एक सभ्यता के विकास की प्रक्रिया का अंग है। इसे समझने के लिये ऐतिहासिक–आनुभविक (Historical-Empirical) विधि को अपनाना तार्किक लगता है। आज यह समाज जो कुछ है, इसका मूल इसकी आजादी की लड़ाई के इतिहास में भरा पड़ा है। हमने इस समाज को विभिन्न ऐतिहासिक मुद्राओं, आन्दोलनों और सांस्कृतिक उतार–चढ़ाव में देखने का प्रयास किया है। उन्हीं के संदर्भ में अगले अध्यायों में हम विभिन्न समाजशास्त्रीय विचारकों को देखेंगे। हमें देखना है कि इन विचारकों का अपने समाज के साथ कितना सरोकार था?

2

जी.एस. घुर्ये का समाजशास्त्र और उनकी इन्डोलॉज़ी

(G.S. Ghurye's Sociology and his Indology)

गोविन्द सदाशिव घुर्ये भारतीय समाजशास्त्र के पुरोधा थे। कुछ विचारकों का मत है कि वे इस देश में समाजशास्त्र के जनक थे। पेट्रिक गैड्स बम्बई विश्वविद्यालय में समाजशास्त्र के पहले अध्यापक थे। उनके बाद घुर्ये ने समाजशास्त्र के अध्यापन की बागडोर को सँभाला। इस विधा में उन्होंने बहुत लिखा है। उनकी लिखावट कई पृष्ठों में भरी पड़ी है। इतना होते हुए भी, घुर्ये कोई निर्विवाद समाजशास्त्रीय विचारक हों, ऐसा नहीं है। उनके बारे में जो कुछ लिखा गया है, वह एकदम साफ–सुथरा नहीं है। कई जगह उनकी बहुत प्रशंसा हुई है, वहीं उन्हें सनकी भी कहा गया है। समाजशास्त्र को एक वैज्ञानिक ज्ञान शास्त्र स्थापित करने की अपेक्षा उसे हिन्दू समाजशास्त्र बनाने का उनका प्रयास रहा है। वे 'भारत विधा' के प्रणेता थे। वस्तुतः वे एक ऐसे मठाधीश थे जिनके शिष्यों की संख्या दर्जनों में थी। 20वीं शताब्दी के प्रारम्भ में इनके ये विद्यार्थी सम्पूर्ण भारत में फैले हुए थे। तब एक ऐसा दौर था जब कई नामी–गिरामी विश्वविद्यालयों में समाजशास्त्र की स्थापना हुई थी और यह स्थापना घुर्ये के विद्यार्थियों द्वारा ही की गई थी।

देखा जाये तो घुर्ये ने भारत में समाजशास्त्र के "साम्राज्य" की स्थापना में एक विराट नायक की भूमिका अदा की थी। भारत विधा की दृष्टि से घुर्ये ने जिस समाजशास्त्र को विकसित किया, वह वस्तुतः एक हिन्दू–ब्राह्मण राष्ट्रीय समाजशास्त्र (Hindu-Brahman National Sociology) था। वे भारतीय संस्कृति की एकता को हिन्दू संस्कृति के साथ जोड़ते थे। उनकी विचारधारा का यह एक बुनियादी तत्त्व था। जब वेरियर एल्विन ने आदिवासियों को पृथक रखने के प्रस्ताव को रखा, और अपनी पुस्तक *दि लोस ऑफ नर्व* (*The Loss of Nerve*) में कहा कि यदि आदिवासियों का समावेश हिन्दू जातियों में हो जाये तो, उनकी धड़कन ही बन्द हो जायेगी, तब घुर्ये से नहीं रहा गया। उन्होंने वेरियर की पुस्तक के प्रत्युत्तर में *दि शैडूल्ड ट्राइब* (प्रथम संस्करण) *दि एबओरिजनल्स् सो–काल्ड एण्ड देयर फ्यूचर (Scheduled Tribe,* First Published as *The Aborigines So-called and their Future)* लिखी। इसमें उन्होंने कहा कि आदिवासियों का भविष्य इसी में है कि उन्हें निम्न जातियों में एकीकृत कर दिया जाये। मतलब हुआ — आदिवासियों को हिन्दू बना दिया जाये। देखा जाये तो घुर्ये संस्कृत भाषा के पंडित थे, वे स्वयं सारस्वत ब्राह्मण थे और इसी ने उन्हें हिन्दू वैचारिकी का प्रणेता बना दिया।

उपनिवेशी ज्ञान और घुर्ये (Colonial Knowledge and Ghurye)

घुर्ये का सही मूल्यांकन तत्कालीन भारतीय समाज के राजनीतिक और सामाजिक परिप्रेक्ष्य में किया जाना चाहिये। जब अँग्रेजों की हुकूमत हमारे ऊपर थी, उन्होंने यहाँ के समाज के बारे में अपना ज्ञान विकसित कर लिया था। इसे इतिहासकार उपनिवेशी ज्ञान (Colonial Knowledge) कहते हैं। घुर्ये इस देश पर होने वाले अन्याय, दमन और शोषण के प्रति जागरूक नहीं थे। लिखा उन्होंने बहुत कुछ है — 31 पुस्तकें, 47 रिसर्च पेपर, और 50 वर्षों की लम्बी अवधि में एक लम्बा–चौड़ा फुटकर साहित्य। बम्बई विश्वविद्यालय में उन्होंने कोई 35 वर्षों तक विभागाध्यक्ष का कार्य किया है। बहुत बड़ी संख्या में अनुसंधान कर रहे विद्यार्थियों ने उनके मार्गदर्शन में काम किया है। किसी भी समाजशास्त्री के लिये इसे बहुत बड़ा योगदान कहा जाना चाहिये। आज समाजशास्त्र में इस प्रकार के अध्यापन में अनुसंधान करने वालों की रुचि नहीं दिखाई देती।

जी.एस. घुर्ये
(1893–1984)

घुर्ये का प्रारम्भिक जीवन (Early Life of Ghurye)

घुर्ये का जन्म महाराष्ट्र के एक गाँव — मालवन में हुआ था। जाति से वे सारस्वत ब्राह्मण थे। उनके परिवार में संस्कृत तथा संस्कृत ग्रन्थों का पठन–पाठन बहुत अधिक था। उन्होंने अपने सम्पूर्ण जीवन का लेखा–जोखा अपनी पुस्तक *आई एण्ड अदर एक्सप्लोरेशन्स* (*I and Other Explorations,* 1973) में रखा है। घुर्ये ने अपनी प्राथमिक शिक्षा मालवन में पाई थी। इसके बाद वे जूनागढ़ गये। उनकी उच्च शिक्षा मुम्बई के एलकिस्टन कॉलेज में हुई।

घुर्ये का विवाह मालवन गाँव के पड़ोसी गाँव की सजूबाई के साथ 1916 में हुआ। और तब उनके समाजशास्त्रीय जीवन में एक बड़ा परिवर्तन आया। उन्होंने एम.ए. की डिग्री संस्कृत भाषा में की थी, समाजशास्त्र या मानवशास्त्र में नहीं। यह संयोगवश था कि उन्होंने पेट्रिक गैड्स के कुछ व्याख्यानों को बम्बई विश्वविद्यालय में सुना था। इससे घुर्ये बहुत प्रभावित हुए और संस्कृत के इस विद्यार्थी की रुचि समाजशास्त्र में जाग्रत हुई।

घुर्ये की बौद्धिक पृष्ठभूमि (Ghurye's Intellectual Background)

सन् 1920 में बम्बई विश्वविद्यालय ने घुर्ये का चयन लंदन में उच्च शिक्षा के लिये किया। इसके लिये उन्हें छात्रवृत्ति दी गई। वे लंदन पहुँच गये।

उन्होंने लन्दन स्कूल ऑफ इकॉनोमिक्स (London School of Economics—LSE) में अपनी पढ़ाई प्रारम्भ की, बाद में चलकर यह स्कूल उन्हें पसन्द नहीं आया। आगे चलकर ए.सी. हेडन (A.C. Haddon) और आई.टी. हाबहाउस (I.T. Hobhouse) जो लंदन विश्वविद्यालय के थे, घुर्ये के सम्पर्क में आये। इन विद्वानों से भी वे सन्तुष्ट नहीं थे। बाद में कैम्ब्रिज विश्वविद्यालय के डब्ल्यू.एच.आर. रिवर्स (W.H.R. Rivers) के साथ उन्होंने पी.एच.डी. करना तय किया। सन् 1922 में घुर्ये को पी.एच.डी. की उपाधि प्राप्त हुई। उनकी थीसिस के परीक्षकों में रिगवे (Ridgway) और क्रूक (Crooke) थे। क्रूक को भारतीय मानवशास्त्र का अगुआ समझा जाता है।

अब संस्कृत में एम.ए. करने वाले घुर्ये मानवशास्त्र में पी.एच.डी. प्राप्त करके एक समाजशास्त्री बन गये। वे बम्बई विश्वविद्यालय में पहले तो रीडर बने और इसके बाद 1943 में प्रोफेसर हुए। वे इस सम्पूर्ण अवधि में बम्बई विश्वविद्यालय के विभागाध्यक्ष रहे।

उनकी पहली कृति *कास्ट एण्ड रेस* (*Caste and Race*) सन् 1932 में प्रकाशित हुई। इसका प्रकाशन लंदन से हुआ था। इस पुस्तक की दो विशेषताएँ हैं — पहली तो यह कि इसमें घुर्ये ने जाति व्यवस्था की उत्पत्ति प्रजाति से बताई है और दूसरी यह कि इसने समाजशास्त्र को संसार के मानचित्र पर पहली बार स्थापित किया। यह भारत का योगदान था। इसका श्रेय घुर्ये को जाता है।

पुस्तक के प्रकाशित होने के बाद 1934 में रोयल एशियाटिक सोसायटी (Royal Asiatic Society) बम्बई, ने घुर्ये को रजत पदक प्रदान किया और इससे आगे उन्हें प्रिन्स ऑफ वेल्स म्यूजियम बम्बई का नुमाइंदा घोषित किया। बाद में चलकर घुर्ये को बम्बई एन्थ्रोपोलोजिकल सोसायटी (Bombay Anthropological Society 1942–49) और इन्डियन सोश्योलोजिकल सोसायटी (Indian Sociological Society, 1952–66) ने अध्यक्ष के रूप में चयनित किया।

घुर्ये एक बहुमुखी समाजशास्त्री थे। वे प्रकाण्ड विद्वान थे। उन्होंने समाजशास्त्र की विषय सामग्री को कई नये आयाम दिये। उन पर तत्कालीन समाज के विद्वानों का पर्याप्त प्रभाव था। इन विद्वानों में पेट्रिक गैड्स, हाबहाउस, रिवर्स, हडन आदि मुख्य हैं। एक तो उन्होंने अपने लन्दन

प्रवास के दौरान समाजशास्त्र और मानवशास्त्र को निकटता से देखा और दूसरा उन्होंने अपनी संस्कृत भाषा की पंडिताई का लाभ समाज विज्ञानों को समझने में लगाया।

घुर्ये की कृतियाँ (Works of Ghurye)

घुर्ये ने बहुत कुछ लिखा है। उनके लिये समाजशास्त्र एक खुली छतरी की तरह रहा है और वह भी रबड़ की तरह जिसे जिधर चाहो, खींच लो। सब कुछ अवनि और अम्बर के बीच का — इन्होंने इसमें ला दिया है। इनकी प्रमुख कृतियाँ इस भाँति हैं—

- *कास्ट एण्ड रेस इन इंडिया* (1932) (*Caste and Race in India*)
- *सेक्स हेबिट्स ऑफ मिडिल क्लास पिपल* (1938) (*Sex Habits of Middle Class People*)
- *दि एबओरिजनल्स सो–काल्ड एण्ड दियर फ्यूचर* (1943) (*The Aboriginal So-called and their Future*)
- *कल्चर एण्ड सोसायटी* (1945) (*Culture and Society*)
- *आफ्टर ए सेन्चुरी एण्ड ए क्वार्टर* (1960) (*After a Century and a Quarter*)
- *कास्ट, क्लास एण्ड ओक्यूपेशन* (1961) (*Caste, Class and Occupation*)
- *फेमिली एण्ड किन इन इण्डो–यूरोपियन कल्चर* (1962) (*Family and Kin in Indo-European Culture*)
- *सिटीज़ एण्ड सिविलाइजेशन* (1962) (*Cities and Civilization*)
- *दि शिड्यूल्ड ट्राइब्ज़* (1963) (*The Scheduled Tribes*)
- *दि महादेव कोलिज़* (1963) (*The Mahadev Kolis*)
- *एनोटोमी ऑफ ए रुरुबन कम्यूनिटी* (1963) (*Anatomy of a Ruruban Community*)
- *दि इंडियन साधुज़* (1964) (*The Indian Sadhus*)
- *रेस रिलेशन्स इन नीग्रो अफ्रीका* (*Race Relations in Negro Africa*)
- *सेक्सुअल बिहेवियर ऑफ दि अमेरिकन फिमेल* (*Sexual Behaviour of the American Female*)

- *एन्थ्रोपोलोजिकल–सोश्योलोजिकल पेपर्स* (*Anthropological-Sociological Papers*)
- *सोश्यल टेन्शन्स इन इंडिया* (1968) (*Social Tensions in India*)
- *आई एण्ड अदर एक्सप्लोरेशन्स* (1973) (*I and Other Explorations*)
- *विदर इंडिया* (1974) (*Whither India*)
- *इंडिया रिक्रियेट्स डेमोक्रेसी* (1978) (*India Recreates Democracy*)
- *वेदिक इण्डिया* (1979) (*Vedic India*)
- *दि बर्निंग केल्ड्रन ऑफ दि नोर्थ–ईस्ट इण्डिया* (1980) (*The Burning Caldron of the North-East India*)

घुर्ये की समाजशास्त्र की परिभाषा (Ghurye's Definition of Sociology?)

कह सकते हैं, घुर्ये भारतीय समाजशास्त्र के जनक थे। उन्होंने बहुत कुछ लिखा है। उनकी लिखावट के आधार पर क्या हम आज इस स्थिति में हैं कि समाजशास्त्र की कोई एक साफ–सुथरी परिभाषा दे सकें। हम कह सकें कि समाजशास्त्र यह है और वह नहीं। इस तरह के विचार या प्रश्न बेमतलब लगते हैं। लेकिन यह सत्य है कि जब मुम्बई में समाजशास्त्र की शुरुआत हुई थी तब यह यहाँ के समाजशास्त्रियों का उत्तरदायित्व था कि वे देश के बौद्धिकों के सामने यह बताएं कि भारत में समाजशास्त्र को क्या करना होगा? क्या यह समाजशास्त्र उपनिवेशवाद से हमें मुक्ति दिलायेगा? क्या यूरोप की तरह यह नया विज्ञान हमारे लिये पुनर्जागरण (Renaissance) लायेगा? क्या यह भारतीय समाज को वैज्ञानिक विधि से समझा पायेगा? या यह समाज पुरातन ब्राह्मण प्रधान संस्कृति की धरोहर को पुनः हमारे किसी जूए की तरह गले में फँसा देगा? ऐसे ही कई प्रश्न घुर्ये और उनके विद्यार्थियों से पूछे जा सकते हैं।

घुर्ये के साहित्य पर कई विद्वानों ने लिखा है। यह भी स्थापित किया गया है कि वे अव्वल दर्जे के समाजशास्त्रीय विचारक थे। आज यह मान्यता भी स्वीकार की जाती है कि घुर्ये ने समकालीन समाजशास्त्र को बहुत अधिक प्रभावित किया है। वे संस्थाओं के निर्माण में भी पारंगत थे। उन्होंने इंडियन सोश्योलोजिकल सोसायटी का निर्माण किया। उसके प्रमुख पत्र *सोश्योलोजिकल बुलेटिन* की स्थापना की। यह सब ठीक है। फिर भी जो

प्रश्न हमने ऊपर रखे हैं, उनका उत्तर हमें नहीं मिलता। इस अभाव के होते हुए भी, हम यहाँ घुर्ये ने जो कुछ लिखा है उसका निर्भीक विश्लेषण आगे के पृष्ठों में देंगे।

घुर्ये ने भारत के समाजशास्त्र को एक नई दिशा दी थी। इसी कारण उन्हें समाजशास्त्रीय विचारक कहते हैं। वास्तव में 18वीं और 19वीं शताब्दी में यूरोप और विशेषकर ब्रिटेन में प्राच्यविद्या की एक ऐसी लहर पैदा हो गई थी जिसका केन्द्र सभ्यता का अध्ययन था। यूनान और मिस्र की सभ्यताओं से परिचित होने के बाद अब लोगों की रुचि भारतीय सभ्यता को समझने के लिये जागी। घुर्ये वस्तुतः संस्कृत भाषा के पंडित थे। इसका प्रयोग उन्होंने यहाँ की सभ्यता के विश्लेषण में किया। उनका समाजशास्त्र उनके उपनिवेशकाल के ज्ञान का परिणाम है। घुर्ये की विचारधारा को उनकी कृतियों और तत्कालीन बौद्धिक परिप्रेक्ष्य में देखा जाना चाहिये। उनकी विचारधारा की बनावट को हम निम्न बिन्दुओं में देखेंगे।

(1) ब्रिटिश अनुकूलन (British Orientation)

लन्दन में एक बहुत बड़ा प्रयास 19वीं और 20वीं शताब्दी में हो रहा था। वहाँ के विद्वान भारतीय सभ्यता की खोज में लगे थे। इस तरह की रुचि उपनिवेशवादी अंग्रेजों को भी रास आ रही थी, मेक्स मूलर जैसे विद्वानों ने संस्कृत ग्रन्थों के अध्ययन द्वारा भारतीय सभ्यता के पुनर्निर्माण की समस्या को उठाया। सभ्यता की खोज से जुड़े इन विद्वानों ने यह स्थापित किया कि भारत की सभ्यता बहुत पुरानी है। यह सभ्यता बहुत विकसित थी। यहाँ का ज्ञान और संस्कृति बहुत जटिल थे। इस तरह की सभ्यता की जानकारी इन लेखकों को संस्कृत भाषा से ज्ञात हुई।

घुर्ये पर ब्रिटिश मानवशास्त्रियों और इतिहासकारों का बहुत बड़ा प्रभाव था। इन विद्वानों ने यह स्थापित किया कि किसी भी सभ्यता को समझने के लिये संस्कृति और भाषा के सम्बन्धों को देखना चाहिये। कुछ विचारकों का मत था कि यूनान की सभ्यता भारत में आ गयी और यहाँ के लोगों ने इसे हाथों–हाथ अपना लिया। कुछ अन्य विचारकों का कहना था कि मिस्र की भाषा संस्कृत थी और किसी भी बदलाव के बिना यह भारतीय सभ्यता की भाषा बन गई। ब्रिटेन में यह विचारधारा मजबूत हो गई कि संस्कृत भाषा ज्ञान और संस्कृति की भंडार थी। यह समझा जाने लगा कि

सार्वभौमिक मानवजाति विवरण के लिये (Universal Ethnological Narrative) संस्कृत भाषा एक कुंजी है।

सभ्यता और संस्कृत के इस सम्बन्ध ने जोर पकड़ा। प्राचीन भारतीय सभ्यता की पहचान अब हिन्दू सभ्यता के साथ होने लगी और हिन्दू सभ्यता का आधार संस्कृत भाषा बन गई। इस तरह ब्राह्मण प्रधान हिन्दूवाद भारतीय समाज की पहचान बन गई। इधर मुसलमानों को विदेशी विजेता और निरंकुश शासकों के रूप में देखा जाने लगा। यह समझा जाने लगा कि हिन्दू समाज में जो भी बुराइयाँ हैं, इसका कारण मुसलमान हैं। उपनिवेशकाल में भारत के लिये जो शान और गौरव की बात थी वह वस्तुतः हिन्दुओं के लिये थी।

ब्रिटिशकाल में भारतीय इतिहास की व्याख्या नये सिरे से हुई। अब सभ्यता को केन्द्रीय मुद्दा बनाकर यह स्थापित किया गया कि दुनिया भर की जो सभ्यताएँ हैं — दजला, फरात, मिस्र और सिन्धुघाटी — ये सब एक–दूसरे से जुड़ी हुई हैं। इसी संदर्भ में यह स्थापित किया गया कि भारतीय सभ्यता वस्तुतः हिन्दू सभ्यता है। इस सभ्यता को इसके मूल रूप में वेदों में देखा जा सकता है। वेद संस्कृत ग्रन्थ हैं और इसलिये भारतीय सभ्यता को संस्कृत ग्रन्थों में ही देखा जा सकता है।

वैदिक संस्कृति के महत्त्व को मेक्स मूलर ने स्थापित किया। वे ही इसके प्रणेता थे। उन्होंने कहा कि भारतीय समाज को समझने के लिये हिन्दू कानून को समझना बहुत आवश्यक है। हाल में बर्नार्ड कोहन (Bernard Cohn) ने भारतीय समाज की व्याख्या करते हुए कहा है कि हिन्दू का जीवन निश्चित नियमों के अनुसार चलता है। कोहन की तरह रोचर रोसेन (Rocher Rosanne) ने भी यही निष्कर्ष निकाला है कि प्राच्यविद्या विद्वानों के अनुसार भारतीय समाज को समझने का सही तरीका संस्कृत भाषा ही है।

18वीं और 19वीं शताब्दियों में भारत में जो भी महत्त्वपूर्ण सामग्री आई, उसमें संस्कृत, भाषा की भूमिका महत्त्वपूर्ण रही है। इस निष्कर्ष को घुर्ये ने अपने लेखन का आधार बनाया। हाल में थोमस ट्रॉटमेन (Thomas Trautmann 1997) ने प्राच्य विज्ञान विद्या की कतिपय मान्यताओं को नकारा है। उनका कहना है कि ये विद्वान भारतीय सभ्यता की गरिमा से इतने अभिभूत थे कि उन्होंने सच्चाई को देखा नहीं और वे इस सभ्यता पर पगला गये। 19वीं शताब्दी के विचारकों ने कहा कि प्राच्य विद्या के विद्वान

अतीत को देखते थे, और भविष्य के बारे में वे मौन थे। यह कहा गया कि ब्रिटिश हुकूमत भारत को आधुनिकता की ओर ले जाना चाहती थी जबकि संस्कृत भाषा के आधार पर किया गया भारतीय समाज का विश्लेषण हर प्रकार से दकियानूसी था।

अँग्रेजों के आने के बाद भारत की विचित्र स्थिति थी। एक तरफ तो यह कहा जाता था कि भारतीय समाज विश्व सभ्यताओं की कड़ी में एक महत्त्वपूर्ण कड़ी है। इस कड़ी का आधार सांस्कृतिक एकता थी और संस्कृत भाषा इसका मूल था। दूसरी ओर भारत में आधुनिकीकरण की किसी भी पहल को पुरातन भारतीय सभ्यता में हस्तक्षेप समझा जाता था।

घुर्ये की वैचारिकी को इसी सन्दर्भ में देखा जाना चाहिये। जहाँ आधुनिकता या कहिये प्रगति की बात कही जाती थी, वहाँ घुर्ये संस्कृत भाषा के आधार पर अतीत में लौटने की सम्भावना को देख रहे थे।

(2) भारतीय सभ्यता का राष्ट्रवादी निर्वचन (Nationalist Interpretation of Indian Civilization)

भारतीय सभ्यता पर 20वीं शताब्दी में एक नई विचारधारा आई। इसमें कहा गया कि यह सभ्यता सम्पूर्ण संसार में श्रेष्ठ थी। आर्य इस सभ्यता के मूल थे। यह कहा गया कि पश्चिमी सभ्यता में जो कुछ है वह सब भारत से उधार लिया गया है। सन् 1830 के दशक में रोमिला थापर (Romila Thapar) ने कहा कि वेदों को सम्पूर्ण ज्ञान का भंडार कहा जाने लगा। विख्यात समाज सुधारक जैसे कि राम मोहन राय ने अपने ग्रंथों में बराबर यह कहा कि भारतीय संस्कृत ग्रन्थ हमारी संस्कृति की धरोहर हैं। इनसे हमें बहुत कुछ सीखना है। ये ऐसे सुधारक थे जिन्होंने गीता और रामायण को लोकप्रिय बनाया। 1930 के दशक में भारत में जो विचारधारा बनी, वह सांस्कृतिक राष्ट्रीयता (Cultural Nationalism) की थी। यह राष्ट्रीयता वेदों पर आधारित थी। इस युग में कहा गया कि भारत की संस्कृति वैदिक संस्कृति है; भारतीय दर्शन वेदान्त है; और भारतीय धर्म हिन्दू धर्म है। इस तरह की विचारधारा के आधार पर सावरकर ने कहा कि भारतीय समाज मूल रूप से हिन्दू समाज है।

जब भारतीय समाज को हिन्दू कहा जाने लगा तब एक और विचारधारा भी सामने आई। भारत में मुसलमान स्थायी रूप से बस गये थे।

उनके बारे में इन राष्ट्रीय संस्कृति के प्रणेताओं का कहना था। 19वीं शताब्दी के इन राष्ट्रवादी बौद्धिकों ने कहा कि मुसलमानों का भारत पर आक्रमण और यहाँ पर उनका निवास और कुछ न होकर ब्राह्मणों की परम्पराओं को तोड़ना था। इन लेखकों ने यह स्थापित करने का प्रयास किया कि मुसलमानों की संस्कृति पूर्णतया हिन्दू संस्कृति से भिन्न थी। वे एक एकात्मकवादी धर्म (Monolith Religion) को मानने वाले और साम्प्रदायिक तथा एकात्मकवादी थे। मुसलमानों के बारे में उनका राष्ट्रवादी विचार यह बन गया था कि वे अतीत में आक्रमणकारी और समकालीन समाज में पृथकवादी थे। इस विचारधारा ने यह भी स्थापित करने का प्रयास किया कि मुसलमानों ने मध्यकाल में हिन्दुओं पर बड़े अत्याचार किये थे। आज भी हिन्दू संकट के दौर से गुजर रहे हैं और उनकी संख्या घट रही है।

कुल मिलाकर, 19वीं और 20वीं शताब्दी के प्रारम्भ तक देश में निम्न विचारधारा बड़ी प्रभावोत्पादक रही—

(1) भारत में आर्यों के आने के बाद इतिहास ने बड़ी महत्त्वपूर्ण करवट ली। आर्य और दासों के बीच में संघर्ष प्रारम्भ हो गया।

(2) हिन्दू और मुसलमानों में भाषा, धर्म और प्रजाति को लेकर मतभेद उभर आए।

(3) आर्य प्रजाति और हिन्दू जाति को पर्यायवाची समझा जाने लगा। हिन्दू जातियों में ब्राह्मणों और उच्च जातियों को एक ही श्रेणी में रखा जाने लगा।

रुचिकर बात यह है कि घुर्ये ने जो कुछ लिखा है, उसका मूल आधार संस्कृत ग्रन्थ रहे हैं। वे वेदों के हिमायती थे। उन्होंने जाति व्यवस्था में ब्राह्मणों को सबसे ऊँचा स्थान दिया है। यह सब लिखने के बाद उन्होंने प्रचलित इतिहास के वरण का कभी विरोध नहीं किया। वे परम्परावादी विचारक ही रहे हैं।

(3) विसरण (Diffusion)

घुर्ये की विचारधारा का कोई भी विश्लेषण हो, उसमें तत्कालीन विचारों का समावेश होना अनिवार्य है। पिछले पृष्ठों में हमने राष्ट्रवादी संस्कृति

(Nationalism Culture) की व्याख्या की है। घुर्ये ने अपने बौद्धिक जीवन में इसके प्रभाव को देखा है। वे विचारों से राष्ट्रीय संस्कृति यानी संस्कृत भाषा, और ब्राह्मण परम्परा के समर्थक थे। इस बीच में समाज विज्ञानों में एक और विचारधारा लंदन से उभर कर आई। घुर्ये के लेखन पर लंदन और वहाँ के विद्वानों का काफी गहरा प्रभाव था। यही नई विचारधारा विसरण (Diffusion) की थी।

विसरणवादियों में पेरी (W.J. Perry), इलियट स्मिथ (G. Elliot Smith), होकार्ट (A.M. Hocart) और रिवर्स (W.H.R. Rivers) उल्लेखनीय मानवशास्त्री रहे हैं। इन विद्वानों ने स्थापित किया कि सभ्यता का उदय केवल एक बार होता है। यह उदय मिस्र में हुआ और तब इसका फैलाव स्थानान्तरण द्वारा दूसरे देशों में हुआ। स्थानान्तरण करने वाले ये प्रवासी स्थानीय लोगों को सभ्य बनाते हैं और इस भाँति उन्हें अपने अधीनस्थ कर देते हैं। इसका मतलब यह हुआ कि उच्च प्रजातियाँ निम्न प्रजातियों पर अपना प्रभुत्व रखती हैं।

घुर्ये की विचारधारा पर विसरणवादियों का बहुत बड़ा प्रभाव था। वे रिवर्स से अत्यधिक प्रभावित थे। जब उनका प्रवास लंदन (कैम्ब्रिज विश्वविद्यालय) में था। वे रिवर्स के निकट सम्पर्क में थे। और जब 1922 में रिवर्स का देहान्त हुआ, तब घुर्ये इससे अत्यन्त दुखी हुए। उनका कहना था कि उनके जीवन की यह बड़ी दुखद घटना (Biggest Tragedy) थी।

एक ओर घुर्ये रिवर्स के प्रसारणवाद से प्रभावित थे वहीं दूसरी ओर उनके संस्कृत भाषा के ज्ञान और प्राच्य विद्या की पकड़ ने उनकी वैचारिकी को मजबूत बनाया। बाद में चलकर, अपने जीवन के अंतिम वर्षों में जब रिवर्स ने तुलनात्मक मनोविज्ञान और बन्धुत्व को अपना विशेष अध्ययन क्षेत्र बनाया, तब इसका प्रभाव घुर्ये पर भी पड़ा। उन्होंने कहा कि समाजशास्त्र को भारतीय समाज का अध्ययन धार्मिक संस्कृत ग्रन्थों के आधार पर करना चाहिये।

जब घुर्ये की कृतियों में हम उनकी विचारधारा और सिद्धान्तों को देखते हैं तब हमें यह स्पष्ट हो जाना चाहिये कि वे यूरोप में जो बौद्धिक वातावरण, पुनर्जागरण के बाद पैदा हुआ था, उससे प्रभावित थे। वे भारतीय सभ्यता को जहाँ व्यापक संदर्भ में देखना चाहते थे, वहीं उन्होंने संस्कृत ग्रन्थों को अपना विश्वसनीय संदर्भ समझा।

(4) घुर्ये का भारतीय सभ्यता का समाजशास्त्र (Ghurye's Sociology of Indian Civilization)

घुर्ये ने जो कुछ लिखा है, उसका केन्द्र भारतीय सभ्यता है। इस सभ्यता ने ही भारतीय समाज का गठन किया है। इस सभ्यता को उन्होंने संस्कृत ग्रन्थों के माध्यम से समझा है। उनका कहना है कि भारतीय सभ्यता की जो संस्कृति है वह बाहरी प्रक्रियाओं से भी प्रभावित होती रही है। मृत्यु से जुड़े हुए कर्मकाण्डों का विवरण देते हुए वे कहते हैं कि कर्मकाण्ड शायद मिस्र की सभ्यता से आये हैं। श्रीनिवास ने एक स्थान पर कहा है कि 1040 के दशक तक घुर्ये विसरणवाद के प्रभाव में थे। इस विसरणवाद को स्पष्ट रूप से उनकी पुस्तक *फेमिली एण्ड किन इन इंडो–यूरोपियन कल्चर* (*Family and Kin in Indo-European Culture,* 1955) में देखा जा सकता है। यहाँ वे परिवार को बन्धुत्व की शब्दावली में देखने का प्रयास करते हैं। परिवार में सदस्यों के व्यवहार के तथ्यों को वे इंडो–आर्यन, यूनान और लेटिन संस्कृतियों से लेते हैं।

घुर्ये की रुचि सभ्यता के इतिहास में कई जगह देखने को मिलती है। अपनी पहली पुस्तक *कल्चर एण्ड सोसायटी* (*Culture and Society,* 1947) में वे ब्रिटेन का सन्दर्भ देते हुए कहते हैं कि 1800–1930 की अवधि में इस देश ने राष्ट्र–राज्य के निर्माण के लिये कई प्रयास किये। यहाँ वे संस्कृति और सभ्यता के अन्तर को स्पष्ट करते हुए कहते हैं कि ये दोनों एक ही प्रघटना के अंग हैं। उन्हें पृथक नहीं समझा जाना चाहिये। उनके शब्दों में, "संस्कृति सभ्यता है और व्यक्ति इसे अपने मस्तिष्क और व्यवहार में ढाल लेता है।" परम्परा से मानवशास्त्री संस्कृति को निरपेक्ष (Neutral) मानते हैं — संस्कृति न बड़ी होती है न छोटी। यह नहीं कहा जा सकता कि भारतीय संस्कृति अमेरिका की संस्कृति से बड़ी है। संस्कृति तो संस्कृति है। प्रत्येक समूह अपनी संस्कृति को बड़ा समझता है।

घुर्ये मानवशास्त्र की परम्परा से हटकर संस्कृति को छोटे और बड़े अर्थ में लेते हैं। ऐसा ही कुछ अर्नोल्ड टोयन्बी (Arnold Toynbee) ने इतिहास लेखन में किया था। घुर्ये ने अपनी पुस्तक *आक्सीडेन्टल सिविलाइजेशन* (*Occidental Civilization*) में भी सभ्यता को परिभाषित किया है। वे कहते हैं कि *सभ्यता एक सामूहिक प्रयास* (Collective Endeavour) है। इस आधार पर वे पाश्चात्य सभ्यता का विश्लेषण 1300

से 1925 के काल का करते हैं। उनकी यह पुस्तक *Occidental Civilization* 1948 में प्रकाशित हुई थी।

पाश्चात्य सभ्यता का विवरण करने के बाद घुर्ये टोयन्बी की आलोचना करते हैं। वे सभ्यता और राजधानी के शहरों की तुलना करके बताते हैं कि किस भाँति ये बाहर अपने अवसान को प्राप्त हुए। यह तुलना उन्होंने चीन, मिस्र और भारत के शहरों की है।

भारतीय इतिहास में प्रजाति का सिद्धान्त (Racial Theory of Indian History)

देखा जाये तो घुर्ये सभ्यताओं के अध्ययन के विशेषज्ञ थे। उनकी रुचि सभ्यताओं के तुलनात्मक अध्ययन में थी। लेकिन ऐसा करने में उनका केन्द्र बिन्दु भारतीय सभ्यता थी। उन्होंने अपनी इस थीम को उनकी लोकप्रिय पुस्तक *कास्ट एण्ड रेस इन इंडिया* (*Caste and Race in India,* 1932) में प्रस्तुत किया है। उन्होंने प्राच्यविदों (Orientatists) द्वारा प्रस्तुत मानवजाति अध्ययनों का हवाला देते हुए कहा कि भारत में इंडो–आर्यन प्रजाति 2500 ईसा पूर्व में आई। इस प्रजाति का धर्म वैदिक धर्म था। ये मोटे रूप में ब्राह्मण थे। इन्होंने गंगा के मैदानों में अपनी संस्कृति को विकसित किया। इसी सभ्यता में जाति व्यवस्था का प्रादुर्भाव हुआ।

जाति व्यवस्था अन्तर्वैवाहिक (Endogamers) थी। इसका अर्थ था कि जाति का कोई भी सदस्य जाति से बाहर विवाह नहीं करेगा। विवाह के इस नियम के कारण जाति यानी प्रजाति के रक्त की शुद्धता बनी रहेगी। ब्राह्मणों ने इस नियम के अन्तर्गत अपने आपको स्थानिक जनसंख्या से पृथक रखा। घुर्ये कहते हैं कि ये आर्य भारत में उत्तर–पश्चिम से आये। बाद में चलकर स्थानीय लोगों में स्तर हो गये और सबसे नीचा स्तर दासों का बन गया। यह सम्पूर्ण प्रक्रिया कुछ इस तरह विकसित हुई कि ब्राह्मणों ने दासों के रीति–रिवाज़ों, विश्वासों को नहीं अपनाया लेकिन ब्राह्मणों के रीति–रिवाज़ समाज के निम्न स्तरों तक अवश्य आ गये।

घुर्ये ने *कास्ट एण्ड रेस* (*Caste and Race*) पुस्तक के प्रथम संस्करण में प्रजाति की विवेचना विस्तारपूर्वक की है। इस समय रिजले (Risley) की पुस्तक जो प्रजाति पर थी, आ गई थी। रिजले ने जाति के साथ प्रजाति के मसले को उठाया था। वास्तव में उनका विमर्श जाति का प्रजाति सिद्धान्त

था। देखा जाये तो 20वीं शताब्दी में भारत में जो मानवजाति अध्ययनों की बाढ़ आई, उसका केन्द्र मानवशास्त्र में प्रजातीय विचार थे। अब मानवशास्त्री जातियों का वर्गीकरण शारीरिक लक्षणों और भाषा के आधार पर करने लगे। शारीरिक लक्षणों में रक्त समूह, खोपड़ी का घनत्व, नाक की लम्बाई–चौड़ाई, आँखों की बनावट, त्वचा का रंग, कद आदि सम्मिलित किये जाने लगे। मानव विज्ञान के विद्वानों ने सम्पूर्ण जातियों को प्रजातियों में बाँट दिया। रिज़ले भारतीय मानवजाति विभाग के निदेशक थे और उन्होंने पहली बार जातियों को प्रजातीय संदर्भ में देखा।

घुर्ये ने रिजले को अस्वीकार किया। उन्होंने मानवजाति के अध्ययन के आँकड़ों को फिर से देखा और कहा कि जातियों का स्तरीकरण में जो दर्जा है, वह प्रजाति के दर्जे से सही नहीं बैठता। ब्राह्मण के शारीरिक लक्षण कई अन्य जातियों के समान हैं। घुर्ये ने प्रजातीय वर्गीकरण के लिये नाक की बनावट का जो आधार रिज़ले ने बनाया था, उसे नकार दिया। यह सब होकर भी घुर्ये का निष्कर्ष स्पष्ट नहीं कहा जा सकता, वे प्रजाति, भाषा और संस्कृति के अन्तर को स्पष्ट नहीं कर पाये।

घुर्ये की विचारधारा पर कई तरह की सामाजिक परिवर्तन की प्रक्रियाओं का प्रभाव देखने को मिलता है। वे विसरणवादी थे और इस अवस्था में रिवर्स उनके मार्गदर्शक थे। जिस तरह की बौद्धिक अवस्था 20वीं शताब्दी की थी, उसी के अनुसार घुर्ये सभ्यताओं को समझाना चाहते थे। भारतीय सभ्यता को उन्होंने जाति और प्रजाति के सन्दर्भ में देखने का प्रयास किया। कुल मिलाकर वे दुनिया को तो देखते थे, (मिस्र और चीन को) पर उनके आँखें भारत यानी सांस्कृतिक राष्ट्रीयता पर गड़ी थीं।

भारतीय सांस्कृतिक इतिहास (Indian Cultural History)

घुर्ये ने भारतीय संस्कृति के इतिहास की पुनर्रचना की है। उनकी दृष्टि में संस्कृति और सभ्यता एक जटिल संरचना है जिसमें विचार, मूल्य, विश्वास, सामाजिक प्रथाएँ सम्मिलित हैं। वे कहते हैं कि जो भी हमारी सभ्यता और संस्कृति है, इसका मूल वैदिक युग है और यह संस्कृति वस्तुतः ब्राह्मण संस्कृति है। उन्होंने अपनी इस विचारधारा को कई पुस्तकों में रखा है। इन पुस्तकों में मुख्य हैं — *फेमिली एण्ड किन इन इंडो–यूरोपियन कल्चर*

(*Family and Kin in Indo-European Culture,* 1955), *टू ब्राह्मानीकल इन्स्टीट्यूशन्स — गोत्र और चारन* (*Two Brahmanical Institutions: Gotra and Charana,* 1972), *वैदिक इंडिया* (*Vedic India,* 1979)। इन पुस्तकों के अतिरिक्त घुर्ये की कई और पुस्तकें भी हैं। इस सब में उन्होंने भारतीय संस्कृति के निम्न पहलुओं पर विचार किया है—

(1) परम्परागत हिन्दू या ब्राह्मण जातियों का ज्ञान
(2) धार्मिक प्रथाएँ
(3) सामाजिक संगठन, और
(4) कानून

उपरोक्त सांस्कृतिक पहलुओं का विवेचन घुर्ये ने संस्कृत ग्रन्थों के आधार पर किया है। इसी सिलसिले में वे जाति, वेशभूषा, धर्म और कामुकता (Sex) का विवेचन करते हैं। कहीं–कहीं वे इस तथ्य को भी बताते हैं कि वैदिक काल की यह संस्कृति किस प्रकार अपनी निरन्तरता आज भी बनाये हुए है।

गोत्र वस्तुतः बहिर्विवाह (Exogamy) है। घुर्ये गोत्र के उद्‌गम, इतिहास और विस्तार को संस्कृत ग्रन्थों के आधार पर खोजते हैं और स्थापित करते हैं कि आज इस प्रथा का जो चलन है वह आर्यों के कारण है। यह प्रथा वैदिक काल से चली आ रही है। गोत्र की तरह घुर्ये अन्य कई प्रथाओं और रीति–रिवाज़ों का वर्णन वैदिक संस्कृति से खोजते हैं। उनका परिवार के बारे में कहना है कि भारत में जो संयुक्त परिवार प्रथा है, उसका उद्‌गम इंडो–आर्यन संस्कृति से ही है। गोत्र व्यवस्था में पूर्वज पूजा का जो रिवाज है, उन्होंने उसे स्मृतियों में पाया है। अपने सम्पूर्ण विवरण में घुर्ये कहते हैं कि इन प्रथाओं को धार्मिक संस्कृत ग्रन्थों के संदर्भ में समझना चाहिये। इससे हमें ये प्रथाएँ अपने मूल में देखने को मिल जाएंगी। घुर्ये के अध्ययन का नतीजा यह है कि भारतीय समाज का मार्गदर्शक सिद्धान्त धर्म है। और यह धर्म ब्राह्मण धर्म है। इस धर्म के आधार पर ही भारतीय समाज संगठित है।

अपनी पुस्तक *वैदिक इंडिया* में घुर्ये भारतीय समाज के सामाजिक–सांस्कृतिक लक्षणों का विवरण इंडो–आर्यन लोगों के संदर्भ में करते हैं। इस तरह उनकी दृष्टि में आर्य संस्कृति — चाहे वह भारत की हो या बाहर

की, कई समानताएँ हैं। संस्कृति और भाषा की समानताएँ आर्यों को एक मानवजातीय (Ethnic) समूह बना देती हैं।

घुर्ये ने भारतीय संस्कृति के इतिहास को अपनी कई पुस्तकों में रखा है। उनका निष्कर्ष है कि भारतीय समाज आज कुछ भी है, उसकी जड़ वैदिक साहित्य और संस्कृत ग्रन्थों में निहित है। वे यह भी बताते हैं कि "इस समाज में धर्म, भाषा, परिवार, जाति, रीति–रिवाज़, सभी का उद्‌गम संस्कृत ग्रन्थों, ब्राह्मणों और हिन्दू नियमों से जुड़ा हुआ है।"

यह निश्चित है कि घुर्ये द्वारा रचित पुस्तक भंडार बहुत विशाल है। इसमें भारतीय समाज के लिये बहुत कुछ है। लेकिन इन पुस्तकों में कोई कमी नहीं हो, ऐसा नहीं है। कुछ कमियां तो खटकने वाली हैं। उन्होंने संस्कृत साहित्य से प्रभावित पुस्तकों में यह कहीं नहीं बताया कि उस युग के लोगों की आर्थिक अवस्था कैसी थी। लोगों का खान–पान क्या था। आम आदमी और गरीब–गुरबे किस तरह जीवन बिताते थे। और आगे, राजा के, प्रजा के साथ संबंध कैसे थे। ऐसा लगता है कि संस्कृत भाषा प्रधान भारतीय समाज में ब्राह्मण और उनका धर्म ही सम्पूर्ण जीवन का मुहावरा था। कोई भी धर्म निरपेक्ष राष्ट्र–राज्य घुर्ये को किस भाँति एक विचारक के रूप में स्वीकार करेगा। और ऐसा समाजशास्त्र जिसे घुर्ये ने पैदा किया है, लोगों के गले कैसे उतरेगा। ये कुछ कमियां हैं, जिन पर हम आलोचनात्मक रूप से अध्याय के अन्त में टिप्पणी करेंगे।

सभ्यताओं की एकता (Unity of Civilizations)

पिछले पृष्ठों में हमने घुर्ये के मूल्यांकन में कहा है कि उन्होंने भारतीय संस्कृति को धर्म और धार्मिक चेतना की बुनियाद पर निर्मित समाज कहा है। यह समाज मूल में ब्राह्मणवादी समाज है। भारत की सभ्यता में जो एकता है, इसका आधार हिन्दू धर्म ब्राह्मणों का धर्म, उनके विचार और उनके मूल्य हैं। एस.के. प्रमानिक (S.K. Pramanik, *Sociology of G.S. Ghurye,* 1994) और वेणु गोपाल ने घुर्ये के योगदान का निष्कर्ष निकालते हुए कहा है कि वे सभी दृष्टियों से मानकीय हिन्दूवादी (Normative Hinduism) विचारक थे। उन्होंने यह स्थापित किया कि भारत में ब्राह्मण इंडो–आर्यन समाज के अग्रणी नेता थे। उन्होंने ही आर्यों का पथ प्रदर्शन किया, और वे ही उनके विद्यायक थे। वेणु गोपाल तो कहते हैं कि घुर्ये के

अनुसार भारत में पिछले वर्षों में जो भी आत्मसात्करण (Assimilation) हुआ, वह हिन्दूवादीकरण ही थे। गैर–हिन्दू समूहों को हिन्दू बनाना ही इस विशाल प्रक्रिया का प्रयोजन था। इसी सन्दर्भ में वे कहते हैं कि भारत के आदिवासी कोई पृथक समूह न होकर हिन्दू ही हैं।

अगर हम हिन्दूवाद को भारतीय समाज का एक स्टेन्डर्ड मानकर चलें तो दूसरे धर्मावलम्बी पथभ्रष्ट (Deviant) समझे जायेंगे। सदियों तक इस देश में हिन्दूकरण चल रहा था। यह तो मुसलमानों के आक्रमण थे जिसने हिन्दू प्रभुत्व पर रोक लगा दी। घुर्ये कहते हैं कि मुसलमान हिन्दुओं से पृथक हैं। ऐसा कहते हुए घुर्ये भूल जाते हैं कि हिन्दू–मुसलमान अपने दिन–प्रतिदिन के जीवन में कन्धे से कन्धा मिलाकर काम करते हैं। घुर्ये भारतीय धर्म निरपेक्षता की आलोचना भी करते हैं। घुर्ये का सिद्धान्त कुछ और है। वे कहते हैं कि आज जिसे हम भारतीय संस्कृति कहते हैं वह वैदिक आर्यों और आर्यों के आने से पहले की संस्कृति का मेलजोल है।

घुर्ये ने अपनी पुस्तक *सोश्यल टेन्शंस इन इंडिया* (*Social Tensions in India*) में हिन्दू–मुसलमानों के सम्बन्धों की चर्चा को उठाया है। वे कहते हैं कि प्राचीन भारतीय संस्कृति में मुसलमानों की संस्कृति के कुछ तत्त्व मिलते हैं। यह केवल समन्वयवाद (Syncretism) है लेकिन किसी भी अर्थ में इसे विलयन (Fusion) नहीं कहा जा सकता। न मुसलमान हिन्दू बने हैं और न हिन्दू मुसलमान। घुर्ये आग्रहपूर्वक कहते हैं कि हिन्दू और मुसलमान दोनों पृथक समुदाय हैं। यह अवश्य है कि धार्मिक क्षेत्र के बाहर इन समूहों में कुछ समानताएँ हैं।

अपनी पुस्तक *कास्ट एण्ड रेस* (*Caste and Race,* 1969) में घुर्ये अपने चिर–परिचित अंदाज में कहते हैं कि इस्लाम का हिन्दू समुदाय पर बहुत बड़ा प्रभाव पड़ा था। वे कहते हैं—

हिन्दू और मुस्लिम संस्कृति में—उनके धार्मिक व्यवहार में, इतना अन्तर था कि वे एक–दूसरे को परस्पर विरोधी और दुश्मन समझते थे। ये दोनों संस्कृतियाँ इतनी भिन्न हैं कि इनमें समन्वय नहीं हो सकता।

घुर्ये के विचार हिन्दू और मुसलमानों के बारे में उनकी कृतियों में कहीं भी देखें, बहुत स्पष्ट हैं। वे यह मानकर चलते हैं कि दोनों ही धर्म बुनियादी रूप से परस्पर विरोधी हैं। अपने ऐसे विचारों के लिये घुर्ये अकेले नहीं हैं। प्राच्यविद् (Orientalists) ब्रिटिश प्राच्यविद् भी इसी धारणा के थे।

भारतीय समाज अनिवार्य रूप से एक हिन्दू समाज है (Indian Society is Essentially a Hindu Society)

घुर्ये ने भारतीय समाज पर बहुत कुछ लिखा है। यदि ईमानदारी से इसकी व्याख्या की जाये तो कहना होगा कि वे इस समाज को हर तरह से एक हिन्दू समाज मानते हैं। हम इसका प्रमाण प्रस्तुत करेंगे।

देवदास पिल्लई (S. Devdas Pillai) ने अपनी हाल में प्रकाशित पुस्तक (*Indian Sociology Through Ghurye,* 1997) में घुर्ये और उनके पी.एच.डी. करने वाले विद्यार्थियों के समाजशास्त्रीय लेखन पर एक शब्दकोश प्रकाशित किया है। स्वयं पिल्लई भी घुर्ये के अनुसंधान विद्यार्थी रहे हैं। यह शब्दकोश एक प्रकार से बम्बई विश्वविद्यालय के समाजशास्त्र के अनुसंधान का लेखा–जोखा है। इसकी विशेषता यह है कि इसमें गैर–हिन्दू समूहों पर नहीं के बराबर ध्यान दिया गया है। एक तरह से घुर्ये के समाजशास्त्र में इन समूहों का भारतीय समाज में कोई अस्तित्व ही नहीं है। इस शब्दकोश में मुसलमान, ईसाई और सिख समूहों का कोई इंद्राज (Entry) ही नहीं है। केवल एक स्थान पर जैन समुदाय को स्थान दिया गया है।

घुर्ये के मार्गदर्शन में जो 80 अनुसंधान हुए हैं, उनमें एक ईसाई समुदाय पर, एक उत्तर प्रदेश के मुसलमानों पर और केवल एक हिन्दू–मुसलमान सम्बन्धों पर। अछूतों और आदिवासियों पर होने वाले अनुसंधानों की संख्या थोड़ी अधिक है। घुर्ये अपने विद्यार्थियों को प्रोत्साहित करते थे कि वे किसी भी क्षेत्र और समुदाय का अध्ययन करें। इस छूट के होते हुए भी, घुर्ये के इस शब्दकोश में हिन्दू जातियों का ही वर्णन अधिक है।

करोल उपाध्याय (Carol Upadhyay, *Sociological Bulletin,* 51 (1), 2002) ने अपने हाल में प्रकाशित एक अनुसंधान में कहा है कि घुर्ये का सम्पूर्ण कृतित्व हिन्दू राष्ट्रवादी समाजशास्त्र (Hindu Nationalist Sociology) था। यह विचारधारा मूल में प्राच्यविद् (Orientalist) विद्वानों की रही है। घुर्ये की समाजशास्त्र में रुचि धर्म के क्षेत्र में थी। इस संदर्भ में घुर्ये का मानना था कि आज भारतीय समाज जो कुछ भी है वह भारतीय सभ्यता की उपज है। यह सभ्यता स्पष्ट रूप से वैदिक सभ्यता है। जहाँ घुर्ये हिन्दू समाज की व्याख्या करते हैं वहीं वे धर्म के अतिरिक्त जाति,

बन्धुत्व, बहिर्विवाह और अन्तर्विवाह का उल्लेख भी विस्तारपूर्वक करते हैं। घुर्ये का प्रभाव उनके विद्यार्थियों पर भी पर्याप्त रूप से देखने को मिलता है। उदाहरण के लिये जब इरावती कर्वे (Iravati Karve) और के. एम. कापड़िया परिवार की व्याख्या करते हैं या जब आई.पी. देसाई (I.P. Desai) महुआ (सौराष्ट्र) के परिवार का विश्लेषण करते हैं तब वे स्पष्ट रूप से घुर्ये के विचारों को मुखर करते हैं। कुल मिलाकर परिवार पर लिखने वाले घुर्ये के इन विद्यार्थियों ने यही कहा है कि परिवार भारतीय सभ्यता का एक अंग है। इसे भारत से पृथक करके नहीं देखा जा सकता।

घुर्ये — एक राष्ट्रवादी (Ghurye: A Nationalist)

आजकल की राजनीति में एक मुहावरा बहुत काम में लिया जाता है। वे लोग जो देश को एक राष्ट्र–राज्य के रूप में विकसित करना चाहते हैं; प्रायः सांस्कृतिक राष्ट्रीयता (Cultural Nationalism) की चर्चा करते हैं। कहते हैं कि इस देश की संस्कृतियाँ अनेक नहीं, एक होनी चाहिये। और यह एक संस्कृति हिन्दू संस्कृति या हिन्दू धर्म है। घुर्ये अपनी पुस्तक *कास्ट एण्ड रेस इन इंडिया* में कहते हैं कि भारत में प्रजाति, भाषा और संस्कृति का ऐसा मेलजोल है जो यहाँ की सभ्यता को बताता है। घुर्ये के ये विचार *सोश्यल टेन्शन्स इन इंडिया, वैदिक इंडिया* और *बर्निंग केल्ड्रन ऑफ नॉर्थ–ईस्ट इंडिया* में बहुत स्पष्ट हैं।

यह सही है कि घुर्ये भारत को एक एकीकृत देश बनाना चाहते थे। पर उनकी एकीकरण की विचारधारा सामान्य विचारधारा से जुदा थी। वे कहते हैं कि भारत के एकीकरण के लिये निरपेक्षवादियों (Secularists) ने जो सिद्धान्त (Formula) रखा है, घुर्ये को स्वीकार नहीं है। इस नुस्खे के कारण देश में अलगाववादियों की शक्ति बढ़ गई है। कई तरह के दंगे हो रहे हैं, पृथक राज्य की माँग बराबर उठती जा रही है और कई तरह की विघटनात्मक गतिविधियाँ बढ़ रही हैं। घुर्ये का मत इस सम्बन्ध में इस तरह था—

1. सरकार की या नेहरु द्वारा स्वीकृत धर्म निरपेक्ष नीति में घुर्ये का विश्वास नहीं था।
2. इस देश में एकाधिक (Plural) समाज का निर्माण नहीं किया जा सकता।

3. राष्ट्रीय एकीकरण तभी सम्भव है जब देश के नागरिक समान मूल्यों को स्वीकार करें।
4. घुर्ये ने कहा कि राष्ट्रीय एकीकरण तभी सम्भव है जब देश में सामाजिक और राजनीतिक एकीकरण हो जाये।

एक राष्ट्रवादी की तरह घुर्ये स्पष्ट रूप में कहते हैं कि इस देश में विभाजन का बहुत बड़ा कारण मुसलमान हैं। यह इसलिये कि मुसलमान उनके भारत में आने की बड़ी लम्बी अवधि के बाद भी हिन्दू संस्कृति में अपना आत्मसात् नहीं कर पाये। आज भी इन दोनों समुदायों के सम्बन्ध सौहार्दपूर्ण नहीं हैं। पिल्लई कहते हैं कि सौहार्द का अभाव इस कारण है कि उनके धार्मिक व्यवहार में असंगति है।

घुर्ये राष्ट्रीय एकीकरण के समर्थक थे। उनकी दृष्टि में भारत में यह एकीकरण निम्न विधि द्वारा लाया जा सकता है—

1. घुर्ये मानते हैं कि भारतीय राष्ट्रीय एकीकरण का पहला चरण यह होना चाहिये कि हमें विभिन्न धार्मिक समूहों और पिछड़े समूहों को हिन्दू समाज की मुख्यधारा में ले लेना चाहिये। इस विचारधारा को उन्होंने अपने एक लेख में रखा ("Untouchable Classes and their Assimilation in Hindu Society") था। उनका यह भी सुझाव था कि यदि अछूतों को हिन्दू समाज में सम्मिलित कर लिया जाये तो अस्पृश्यता की समस्या का निदान हो जायेगा।
2. घुर्ये समकालीन भारत में जातियों का जो नया अवतार दिखाई देता है, उसके विरुद्ध थे। इस संदर्भ में वे रिज़ले की आलोचना करते हुए कहते हैं कि उन्होंने जातियों का नामांकन जनगणना में करवा कर बड़ा गलत काम किया। राष्ट्रीय एकीकरण में जातियाँ विभाजक हैं। एकीकरण के लिये जातियों पर पाबन्दी लगाना आवश्यक है।
3. घुर्ये की यह मजबूत धारणा थी कि राष्ट्रीय एकीकरण के लिये सांस्कृतिक सजातीयता (Cultural Homogeneity) का होना अनिवार्य है। इसी कारण जाति सभा, आरक्षण और जाति आधारित आन्दोलनों के वे खिलाफ थे। ये सब एकीकरण की प्रक्रिया में व्यवधान हैं।

घुर्ये का भारत विद्या (Ghurye's Indology)

घुर्ये ने अपने जीवनकाल में बहुत लिखा है। उनकी लिखावट बहुत व्यापक है। उन्होंने समाजशास्त्र को एक दिशा दी है। उनके अनुभव विविध रहे हैं। उनकी शिक्षा बम्बई और कैम्ब्रिज विश्वविद्यालय में हुई है। समाजशास्त्र का प्रारम्भ एशिया में सबसे पहले भारत में हुआ और इसके बाद जापान में। बम्बई विश्वविद्यालय में पेट्रिक गैड्स के घुर्ये विभागाध्यक्ष रहे। उनके विद्यार्थियों में कई ख्याति प्राप्त समाजशास्त्री सम्मिलित हैं। इनमें कुछ के नाम उल्लेखनीय हैं — एम.एन. श्रीनिवास, के.एम. कापड़िया, ए.आर. देसाई, आई.पी. देसाई, वाई.बी. दायले, श्रीमती जालू और के.सी. पंचनदिकर, एम.एस.ए. राव, विलास सांगवे, धीरेन्द्र नारायण, गोपाल सिंह नेपाली, एम.जी. कुलकर्णी और ए. बोपेगामे।

यद्यपि घुर्ये के विद्यार्थी अपनी विचारधारा के लिये स्वतंत्र थे, किसी पर वे कुछ थोपते नहीं थे। फिर भी यह समझने की बात है कि प्रत्यक्ष या अप्रत्यक्ष रूप से इन विद्यार्थियों पर घुर्ये की विचारधारा का प्रभाव था। ए.आर. देसाई जिन्हें मार्क्सवादी विचारक माना जाता है, शायद घुर्ये की विचारधारा के अपवाद थे। उनके अधिकांश विद्यार्थी उन्हीं की थीम पर काम कर चुके हैं, जो घुर्ये का विषय क्षेत्र था।

घुर्ये की कृतियों और उनके अगणित विद्यार्थियों के अनुसंधान कार्यों के आधार पर घुर्ये की विचारधारा की पहचान करना बहुत कठिन है। इस कठिनाई के होते हुए भी उनकी विचारधारा पर निम्न पृष्ठों में हम संक्षेप में विवरण देंगे।

विसरण विचारधारा (Diffusionist Ideology)

घुर्ये के प्रारम्भिक जीवन पर ब्रिटेन का बहुत बड़ा प्रभाव था। वहीं से वे उद्‌विकासवादी और प्रसारवादी हो गये थे। उद्‌विकासीय सिद्धान्त का कहना था कि प्रत्येक सभ्यता अपने निश्चित मार्ग से आगे बढ़ती है। इसका मतलब हुआ कि किसी भी सभ्यता में स्वतंत्र रूप से आविष्कार करने की क्षमता होती है। मनुष्य जाति में जो विभिन्नता देखने को मिलती है — कोई काला है, कोई गोरा, कोई लम्बा और कोई ठिगना — यह प्रजाति के कारण है। इसी विचारधारा ने उन्हें जाति और प्रजाति पर लिखने के लिये प्रेरित

किया। उन्होंने इस प्रसारवादी सिद्धान्त को आगे बढ़ाया कि उच्च या बेहतर लोग निम्न लोगों पर अपना प्रभुत्व स्थापित करते हैं।

घुर्ये की विचारधारा प्रसारवादी सिद्धान्त के आधार पर छोटे और बड़े के अन्तर को स्वीकार करती है। आर्य श्रेष्ठ थे, महान थे और दास निम्न थे, यह उनकी प्रारम्भिक विचारधारा थी।

भारतीय सभ्यता, विश्व सभ्यता की एक कड़ी है (Indian Civilization is a Link to World Civilization)

घुर्ये की विचारधारा का केन्द्र भारतीय सभ्यता का पुरातन और सम्पूर्ण (Antiquity and Integrity) होना है। वे अपने मूल में पुरातनवादी और सभ्यतावादी थे। इसी कारण वे प्राचीन और संस्कृत ग्रन्थों को अपने लेखन का आधार मानते हैं। उनका कहना है कि संसार में जो भी सभ्यताएँ आईं, उनमें भारतीय सभ्यता जीवित है। घुर्ये ने भारतीय सभ्यता के विवरण में विसरणवाद को अपना आधार बनाया और कहा कि प्रत्येक सभ्यता के इतिहास को समझने की कोशिश करनी चाहिये।

जहाँ घुर्ये के लेखनकाल में भारत में गाँवों के अध्ययन की बाढ़ आ गई थी। दुबे की *इंडियन विलेज* प्रकाशित हो गई थी, श्रीनिवास द्वारा संपादित *इंडियास विलेजेज* बाहर आ गई थी, उसमें घुर्ये भारतीय सभ्यता और संस्कृति पर खोज कर रहे थे। वे विशाल (Macro) के अध्ययन में विश्वास रखते थे। गाँवों के अध्ययन की बाढ में, बाद में चलकर घुर्ये ने भी लोनीकण्ड गाँव का अध्ययन किया। लेकिन मूल में उनकी विचारधारा सभ्यतावादी थी। वे पुरातनवादी थे और भारतीय एकता की समग्रता की बात करते थे। सभ्यता की यह चर्चा वे *कल्चर एण्ड सोसायटी* तथा *ओक्सीडेन्टल सिविलाइजेशन* में करते हैं।

जाति व्यवस्था में ब्राह्मण सर्वोपरि हैं (Brahmins are at the top in Caste System)

यह कहना नाइंसाफी होगी कि घुर्ये ब्राह्मण जाति के थे, उन्होंने ब्राह्मणों को जाति व्यवस्था में ऊँचा स्थान दिया है। वास्तविकता यह है कि घुर्ये का सम्पूर्ण समाजशास्त्र का ज्ञान संस्कृत ग्रन्थों पर निर्भर है और इन ग्रन्थों ने जो कुछ लिखा है, उस पर घुर्ये ने अपना निष्कर्ष निकाला है। वे कहते हैं

कि इस देश में हिन्दू जीवन के सभी व्यवहार, ब्राह्मण द्वारा ही संपादित किये जाते हैं। जन्म से लेकर मृत्यु तक, व्यवसाय से लेकर निवास तक, भोजन से लेकर वेश–भूषा तक सभी ब्राह्मण द्वारा नियमित किये जाते हैं। इस दृष्टि से कर्मकाण्ड के अनुसार ब्राह्मण सर्वोपरि हैं। दूसरा, ब्राह्मण आर्य हैं, और इसलिये भी वे श्रेष्ठ हैं। इन्हीं कुछ कारणों से घुर्ये की विचारधारा ब्राह्मणवादी है। ब्राह्मण ब्राह्मण के लिये हो, ऐसा कुछ उनमें नहीं था।

धर्मनिरपेक्षता का अभाव (Absence of Secularism)

घुर्ये धर्म निरपेक्षतावादी नहीं थे। उनके विचारों में हिन्दू धर्म महान था। अगर देश में एकीकरण लाना है तो यह हिन्दू संस्कृति का एकीकरण ही होगा। देश में कई समूह हैं — हिन्दू, ईसाई, पारसी, सिख आदि। एकीकरण का घुर्ये की दृष्टि में एक ही उपाय है कि ये सब समूह हिन्दू धर्म की मुख्यधारा में सम्मिलित हो जायें।

सांस्कृतिक राष्ट्रीयता (Cultural Nationalism)

घुर्ये राष्ट्रवादी थे। वे इस देश को राष्ट्र–राज्य बनाना चाहते थे। लेकिन उनका राष्ट्रवाद कुछ अलग तरह का था। वे चाहते थे कि हिन्दू, जैन, बौद्ध और सिख सभी संस्कृतियाँ एकजुट हो जायें, और इस तरह की सांस्कृतिक एकता देश को राष्ट्र–राज्य का दर्जा दे देगी। घुर्ये ने जिस राष्ट्रवादी संस्कृति का विवरण दिया है, उसे भारत के कुछ राजनीतिक दल भी प्रसारित कर रहे हैं। इन दलों के लिये राजनीतिक एकता की अपेक्षा सांस्कृतिक एकता अधिक महत्त्वपूर्ण है और स्पष्ट है, यह सांस्कृतिक एकल वस्तुतः हिन्दू जातियों की एकता होगी।

मुसलमान हाशिये पर (Muslims as Marginals)

घुर्ये की विचारधारा ब्राह्मण या आर्य की संस्कृति पर केन्द्रित है। वे मुसलमानों को हिन्दुओं से एकदम पृथक मानते हैं। उनका धर्म अलग है, तिथि–त्यौहार जुदा हैं और सोच तथा समझ भी भिन्न है। राष्ट्रीय एकता में वे मुसलमानों के लिये एक ही विकल्प छोड़ते हैं और वह यह है कि वे हिन्दुओं में अपना विलय कर लेवें।

घुर्ये ने लिखा बहुत है लेकिन उन दिनों में देश में जो उखाड़–पछाड़ हुई, इससे उनकी विचारधारा पर कोई प्रभाव नहीं पड़ा। बंगाल का बँटवारा ब्रिटिश हुकूमत ने कर दिया, सम्पूर्ण देश को भागों में बाँटा गया — हिन्दुस्तान और पाकिस्तान। हजारों लोग मारे गये। रेल गाड़ियाँ खून से नहा लीं लेकिन घुर्ये की विचारधारा इधर से उधर नहीं हुई।

संस्कृतज्ञ (Sanskritist)

घुर्ये की दृष्टि में संस्कृत भाषा अनन्त ज्ञान की भंडार थी। दुनिया का सम्पूर्ण ज्ञान संस्कृत में निहित था। रिज़ले तथा हटन ने दृढ़तापूर्वक कहा था कि उपनिवेशवादियों का भारतीय समाज के बारे में जो भी ज्ञान था, वह सब ब्राह्मणों द्वारा दिया गया था। यह भी सत्य है कि ब्रिटिश मानवशास्त्रियों ने भारत के बारे में जो कुछ भी लिखा है, सब ब्राह्मणों द्वारा दिया गया है। ओ. मैले ने जब बंगाल के संयुक्त परिवार के बारे में लिखा, तब उन्हें यह जानकारी ब्राह्मणों से मिली थी।

घुर्ये ने जिस समाजशास्त्रीय ज्ञान का सृजन किया है, उसका मूल स्रोत संस्कृत ग्रन्थ है और इन संस्कृत ग्रन्थों को ब्राह्मणों ने ही लिखा था। अंत में घुर्ये का समाजशास्त्र वैज्ञानिक समाजशास्त्र न होकर ब्राह्मणों या संस्कृत भाषा का समाजशास्त्र है। ऐसी ही कुछ विचारधारा घुर्ये की थी। स्पष्ट है, उनकी शिक्षा संस्कृत भाषा में थी, समाजशास्त्र तक उनके लिये हाशिये पर था। इसमें तो इन्होंने लंदन में प्रशिक्षण लिया था। उनके पास समाजशास्त्र में कोई स्नातकोत्तर डिग्री नहीं थी।

अविशिष्ट व्यक्तित्व के धनी (Atypical Personality)

घुर्ये अपने विचारों से फक्कड़ थे। वे किसी की परवाह नहीं करते थे। एकदम ठेठ। सभा–सोसायटी में कोई उनसे सान्निध्य नहीं रखना चाहता था। एक बार जब घुर्ये की किसी के साथ ठन जाती थी, तब हमेशा के लिये ठन जाती थी। वेरियर एल्विन ने जब *दि लोस ऑफ नर्व* पुस्तक लिखी तब उन्होंने थीसिस रखा कि यदि आदिवासियों का हिन्दू जातियों में समावेश हो जाये, तो आदिवासियों की पहचान संकट में आ जायेगी। घुर्ये को वेरियर का यह कथन रास नहीं आया। उन्होंने जवाब में *शिड्यूल्ड ट्राइब*

पुस्तक लिखी। लेकिन जब वेरियर ने अपना थीसिस बदलकर *ए फिलोसफी फोर नीफा* पुस्तक लिखी और जब इससे प्रभावित होकर प्रधानमंत्री जवाहरलाल नेहरू ने पंचशील और सरकार की आदिवासी नीति निर्धारित की तब घुर्ये एकदम मौन हो गये। वे अड़े रहे कि आदिवासियों का विलय हिन्दू जातियों में ही होना चाहिये। इसी कारण घुर्ये को अविशिष्ट व्यक्तित्व का धनी कहते हैं।

घुर्ये की आलोचना (Criticism of Ghurye)

घुर्ये समाजशास्त्र के विचारक माने जाते हैं। उनके कई विद्यार्थियों ने जो सम्पूर्ण देश में फैले हुए हैं यही स्थापित किया है कि घुर्ये ने उपनिवेशकाल में इस बात को दृढ़ता के साथ रखा कि इस देश की सभ्यता महान है। इस देश की एकता को वास्तविक अतीत की संस्कृति में देखना चाहिये और यह अतीत हिन्दुओं और उनकी भाषा संस्कृत में है। घुर्ये अव्वल दर्जे के राष्ट्रवादी रहे हैं और इस बात की वकालत करते हैं कि एक राष्ट्र बनाने के लिये हमें वैदिक संस्कृति को पुनः स्थापित करना चाहिये। इस विचारधारा के अनुसार देश के गैर–हिन्दू समूह बेमतलब हैं। उनका अस्तित्व हाशिये पर है।

अगर हम थोड़ी उदारता से देखें तो कहना पड़ेगा कि उपनिवेशकाल में जिस तरह की विचारधारा या जैसे ज्ञान का निर्माण हो रहा था, इसमें भारतीय सभ्यता की महानता को बताना ही हमारे हित में था। हम अँग्रेजों को यही बताना चाहते थे कि हमारा संस्कृत साहित्य महान है, हमारा धर्म उच्च है, और हमारी धरोहर हमारा धर्म है। उस समय जब घुर्ये था, वास्तव में वही हमारी पुरातनवादी (Orientalist) विचारधारा थी। उपनिवेशकाल में पुरातनवाद ही हमारा राष्ट्रीय उपागम था और घुर्ये ने इसी पुरातनवाद को पुनर्जीवन दिया है। इस दृष्टि से वे समाजशास्त्र के जनक थे, विचारक थे।

लेकिन हाल में जो समाजशास्त्रीय साहित्य और विचारधारा उभर कर आ रही है, वह घुर्ये की कड़ी आलोचना करती है। यदि हम आधुनिक और उत्तर–आधुनिक समाजशास्त्र की धारा को देखें तो स्पष्ट हो जायेगा कि यह साहित्य गरीब–गरबों, पिछड़ों और वंचितों के लिये है। अब इस

साहित्य में लघुवृत्तान्तों (Little Narratives) का प्राबल्य है। विद्यार्थियों पर तीन भाषा सूत्र के अनुसार संस्कृत भाषा को थोप दिया गया। अब यह भाषा आम आदमी के बोल चाल की भाषा नहीं। सभ्यता कभी भी गतिहीन नहीं होती। इसमें बराबर प्रवाह होता है। यहाँ हम घुर्ये की विचारधारा और उनकी कृतियों पर कुछ टिप्पणी करेंगे—

हिन्दू संस्कृति का आधुनिकता पर प्रभाव
(Impact of Hindu Culture on Modernization)

घुर्ये ने हिन्दू संस्कृति, वैदिक संस्कृति, ब्राह्मण धर्म पर खूब लिखा है। आधुनिक भारतीय समाजशास्त्र ने घुर्ये की लिखावट की निन्दा भी की है। यह होते हुए भी आज का समाजशास्त्र परम्परा (Tradition) का बड़ा प्रशंसक रहा है। जब कभी आधुनिकता की बात कही जाती है, तब इसका विश्लेषण परम्परा के सन्दर्भ में ही किया जाता है। ल्योड रुडोल्फ और सूसेन रुडोल्फ आधुनिकता की व्याख्या परम्परा के संदर्भ में करते हैं, योगेन्द्र सिंह का तर्क है कि भारतीय परम्पराएँ आधुनिक हो रही हैं। कुल मिलाकर आज का समाजशास्त्र हिन्दू परम्पराओं से जुड़ गया है। यह घुर्ये का प्रभाव है। जब वे हिन्दू धर्म, और ब्राह्मण संस्कृति की चर्चा करते हैं तब उनका तात्पर्य हिन्दू परम्पराओं से ही है।

घुर्ये और हिन्दुत्ववादी (Ghurye and Hinduites)

देश में वे लोग और राजनैतिक दल जो साँस्कृतिक राष्ट्रीयता (Cultural Nationalism) की चर्चा करते हैं। घुर्ये ने एक मजबूत बौद्धिक हथियार दे दिया है। इस प्रकार की सांस्कृतिक एकता, जिसे हिन्दू सभ्यता कहते हैं, देश को एक सूत्र में बाँध देगी लेकिन इसका परिणाम देश के विभाजन में देखने को मिलेगा। यह देश बहुसांस्कृतिक, बहु–भाषायी, और बहु–क्षेत्रीय है। घुर्ये की इस तरह की विचारधारा पूर्ण रूप से विघटनकारी है। देखा जाये तो घुर्ये का समाजशास्त्र का सम्पूर्ण साहित्य भारतीय समाजशास्त्र को एक खण्डित (Sectorial) दिशा देते हैं। वे आर्य संस्कृति, ब्राह्मणवाद, हिन्दू धर्म और हिन्दू राष्ट्रवाद की व्याख्या करते थकते नहीं हैं। उनके विचारों में भारत राष्ट्र–राज्य न बनकर हिन्दू राष्ट्र–राज्य बनेगा।

भारतीय इतिहास हिन्दूकरण की प्रक्रिया है

घुर्ये की किसी भी कृति को हम उठा लें। उनकी केन्द्रीय विधि इतिहास है। वे कहते हैं कि मुसलमानों, आदिवासियों, सिखों, जैन आदि समूहों का विलय हिन्दू जातियों में हो जाना चाहिये। इसी मुहावरे के अन्तर्गत वे कहते हैं कि अब तक का सम्पूर्ण भारतीय इतिहास हिन्दूकरण का इतिहास है। इसी विचारधारा को उनके शिष्य एम.एन. श्रीनिवास ने अधिक सशक्त रूप में रखा है जब वे संस्कृतीकरण (प्रारम्भ में इसे उन्होंने ब्राह्मणकरण नाम दिया था) की अवधारणा को रखते हैं। इस संस्कृतीकरण को योगेन्द्र सिंह ने आदिवासियों और मुसलमानों में भी देखा है। कुल मिलाकर घुर्ये का थीसिस आज का समाजशास्त्र भी दोहरा रहा है। परिवर्तन की प्रक्रियायें इस तरह चल रही हैं कि कोई भी समूह — बराबर हिन्दू बन रहा है। याद आता है जब मार्क्स ने कहा था — अब तक का इतिहास वर्ग संघर्ष का इतिहास है। घुर्ये ने कहा — भारत में अब तक का इतिहास हिन्दूकरण का इतिहास है। भारत एक धर्म निरपेक्ष, प्रजातांत्रिक, एकाधिक संस्कृति का देश है।

घुर्ये को आज कोई गंभीरता से नहीं पढ़ता

नवीन समाजशास्त्र के पुरोधा सी. राईट मिल्स ने एक बार कहा था — पारसन्स को अब पढ़ने की कौन परवाह करता है? उनकी दृष्टि में पारसंस अतीत के समाजशास्त्री हो गये थे। ठीक कुछ इसी लहजे में करोल उपाध्याय कहती हैं कि अब समाजशास्त्र में घुर्ये को कोई गंभीरता से नहीं पढ़ता। वे विद्यार्थी या अनुसंधानकर्ता जिनकी रुचि समाजशास्त्र के इतिहास में है, वे थोड़ा उनकी कृतियों को देख लेते हैं। वास्तविकता यह है कि आज घुर्ये की प्रासंगिकता नहीं रही फिर भी उनकी पुस्तक *कास्ट एण्ड रेस* एक महत्त्वपूर्ण पुस्तक मानी जाती है। अब तक इसके कोई पाँच संस्करण निकल चुके हैं और छह पुनर्मुद्रण (Reprint) आ चुके हैं। आज भी यह पुस्तक कई विश्वविद्यालयों में अपनी उपस्थिति दर्ज कराती है।

समाजशास्त्र की परिभाषा उपेक्षित रही है
(Definition of Sociology has Remained Neglected)

सन् 1919 में एक स्वतंत्र विधा की तरह समाजशास्त्र की शुरूआत मानी जाती है। इस युग में घुर्ये और इनके विद्यार्थियों से यह आशा की जाती थी

कि वे समाजशास्त्र को समाज विज्ञान की तरह स्थापित करते, इसकी विषय–वस्तु को निर्धारित करते, और इसकी विधि को पक्का करते। घुर्ये ने ऐसा कुछ नहीं किया। परिभाषा तो दूर की बात है, उन्होंने समाजशास्त्र का नाम भी नहीं लिया।

हुआ यह है कि समाज के बारे में उन्होंने जो कुछ लिखा है — परिवार, सभ्यता, वेश–भूषा, साधु, कामुकता और जाति, सभी कुछ समाजशास्त्र है। इसमें कहीं भी समाजशास्त्रीय संदर्श (Perspective) की चर्चा नहीं है। सरल शब्दों में कहें, तो कहना होगा कि *समाजशास्त्र का प्रोफेसर जो कुछ भी लिख दे, वह सब समाजशास्त्र है।* इसका अर्थ हुआ समाजशास्त्र की परिभाषा और विषय क्षेत्र पुख्ता करना किसी प्रोफेसर का काम है और घुर्ये ऐसे प्रोफेसर थे, जिन्होंने समाजशास्त्र में स्नातकोत्तर की डिग्री नहीं ली। उनके पास केवल कैम्ब्रिज विश्वविद्यालय से प्राप्त समाजशास्त्र का प्रशिक्षण था। अगर घुर्ये की शब्दावली में कहें तो कहना होगा कि समाजशास्त्र वह है जो भारतीय हिन्दू समाज का ब्राह्मणों के रीति–रिवाज का अध्ययन करे।

मानवजाति अध्ययन की शुरुआत (Beginning of Ethnology)

हटन ने इस बात को बराबर दोहराया है कि भारतीय उपनिवेशकाल वस्तुतः समाजशास्त्र और मानवशास्त्र की दृष्टि से मानवजाति (Ethnology) अध्ययन काल था। घुर्ये ने अपनी कृतियों में जाति, धर्म, परिवार, नातेदारी आदि से जुड़े हुए मुद्दों को उठाया है। इस तरह का मानवशास्त्रीकरण (Anthropolization) उपनिवेशवादियों की ताकत को बढ़ाने वाला था। अब अँग्रेज समझ गये थे कि भारत में हिन्दुओं और मुसलमानों के सम्बन्ध कैसे हैं, सिख और आदिवासी हिन्दुओं से कहाँ जुड़े हैं। मानवजाति अध्ययन ने जिस भाँति भारतीय समाज में विघटन किया है, उसकी टीस आज भी हमें चुभ रही है।

आदिवासी तथाकथित आदिवासी हैं (Tribals are so-called Tribals)

आदिवासियों को सरकार ने अनुसूचित जनजाति बना दिया है। वे वास्तव में हिन्दू हैं। उन्हें आदिवासी न कहकर पिछड़े हिन्दू (Backward Hindus) कहना चाहिये। घुर्ये की विचारधारा स्पष्ट रूप से कहती है कि आदिवासी

समुदाय को सुरक्षा प्रदान करने की कोई आवश्यकता नहीं, उन्हें तो पिछड़ी हुई जातियों में मिला देना चाहिये।

उपसंहार (Conclusion)

घुर्ये एक विवादास्पद समाजशास्त्रीय विचारक हैं। आज के समाजशास्त्र में जो संरचना, व्यवस्था, आधुनिकता, उत्तर आधुनिकता के संदर्भ में लिखा जाता है, घुर्ये का कोई महत्त्व नहीं। वे अतीत के समाजशास्त्री हैं। वे भविष्य में समाजशास्त्र के मार्गदर्शक नहीं कहे जा सकते। यह सही है कि भारतीय सभ्यता महान थी, यह भी सही है कि भारतीय समाज अतीत में एक धर्म–प्रधान समाज था, इसमें ब्राह्मण नियामक रहे हैं, लेकिन यह भी सही है कि आधुनिक समाज धर्म निरपेक्ष है, एकाधिक संस्कृतियों का है, बहु–भाषायी है, बहु–क्षेत्रीय है और इससे आगे यह प्रजातान्त्रिक और पूँजीवादी कार्पोरेट–औद्योगिक है। ऐसे समाज के लिये घुर्ये को विचारक कहना कहाँ तक संगत होगा? वे तो ठेठ हिन्दू समाजशास्त्री थे, ब्राह्मणों के प्रणेता थे और हिन्दू (आर्य) धर्म की ध्वजा को उठाने वाले थे। घुर्ये के अनगिनत विद्यार्थियों और उनके समाजशास्त्र के "मठाधीशों" को इस मुद्दे पर चिन्तन करना चाहिये।

संदर्भ पुस्तकें

Bose, Pradip Kumar, "A Narrative of Caste and Race in India", in Momin, A.R. (ed.), *The Legacy of G.S. Ghurye: A Centennial Festschrift*, Bombay, Popular Prakashan, 1996.

Carol Upadhyay, "The Hindu Nationalist Sociology of G.S. Ghurye", *Sociological Bulletin*, 51 (1), March 2002.

Chakravarti, Uma, "Whatever Happened to the Vedic Dasi, Orientatism, Nationalism and a Script for the Part" in K. Sangri and Vaid (Ed.); *Recasting Women: Essays in Indian Colonial History*, New Delhi, Kali For Women, 1983.

Cohn, Bernard, S. "Notes on the History of the Study of Indian Society" in Bernard S. Cohn, *An Anthropologist among the Listarians and other Essays*, 1987.

Momin, A.R. (ed.), *The Legacy of G.S. Ghurye: A Centennial Festschrift*, Bombay, Popular Prakashan, 1996.

Pillai, S. Devadas, *Indian Sociology Through Ghurye, A Dictionary*, Mumbai Popular Prakashan, 1997.

Pramanik, S.K., *Sociology of G.S. Ghurye*, Rawat Publications, Jaipur, 1994.

Sarkar, Sumit, "Indian Nationalism and the Politics of Hindutva", in Ludden, 1996.

Srinivas, M.N., "Itineraries of an Indian Social Anthropologist", in *Colleated Essays*, New Delhi: Oxford University Press.

Venugopal, C.N., "G.S. Ghurye's Ideology of Normative Hinduism : An Appraisal", *Contributions of Indian Sociology*, 20 (2): 305-14.

3

ए.आर. देसाई के समाजशास्त्र में मार्क्सवाद

(Marxism in A.R. Desai's Sociology)

अक्षय कुमार रमणलाल देसाई (1915–1994) बम्बई विश्वविद्यालय की उपज हैं। वे जी.एस. घुर्ये के समकालीन रहे हैं। दोनों के समाजशास्त्र में बहुत बड़ा अंतर है। घुर्ये हिन्दू या ब्राह्मण समाजशास्त्र के प्रणेता थे और ए.आर. देसाई के समाजशास्त्र का संदर्श मार्क्सवाद था। देसाई केवल मार्क्सवादी समाजशास्त्री ही नहीं थे, वे अव्वल दर्जे के कार्यकर्ता (Activist) भी थे। घर हो या चौपाल, गली या चौराहा, कहीं भी देसाई को अपने कार्यकर्ताओं के साथ देखा जा सकता था। उनका पोर्टफोलियो (Portfolio) ही उनका दफ्तर था जिसे वे बगल में दबाये रखते थे। वे एक्टिविस्ट होने के कारण वस्तुओं के करने में या क्रियान्वयन में विश्वास रखते थे।

समाज विज्ञान में यह एक पुराना विवाद रहा है। कुछ विचारकों का मत है कि एक वैज्ञानिक को किसी भी मसले में एक्टिविस्ट नहीं होना चाहिये। अगर वह सक्रिय कार्यकर्ता बन जाता है तो उसकी वैज्ञानिक निरपेक्षता (Nutrality) की धार भोथरी हो जाती है। दूसरी विचारधारा कहती है कि जब तक समाज वैज्ञानिक एक्टिविस्ट नहीं बनता, वह समस्या को गहराई नहीं दे सकता। उसका समाज विज्ञान तो आरामकुर्सी का

विज्ञान हो जाता है। अगर हम ए.आर. देसाई को देखें तो स्पष्ट है कि उनका समाजशास्त्र अनुभवजनित है। वह अभ्यास जनित (Praxis) है। एक और दृष्टान्त है। अरुन्धती राय ने बुकर पारितोषिक की विजेता होकर भी नर्मदा बचाओ आन्दोलन में सक्रियता से काम किया। विचारक बनने के लिये घटनाओं में भागीदारी करना तो लेखक के लिये आवश्यक है। ए.आर. देसाई एक्टिविस्ट समाजशास्त्री थे। वे कामगारों, किसानों और आदिवासियों के समाजशास्त्री थे। उन्होंने मार्क्सवाद को लेकर कुछ ऐसे मुद्दे उठाये हैं जो आज भी महत्त्वपूर्ण समझे जाते हैं। क्या भारत का राज्य पूँजीवादी राज्य है? इस राज्य की प्रकृति क्या है? और महत्त्वपूर्ण बात यह है कि पूँजीवाद किसे कहते हैं? राष्ट्रीयता की क्या परिभाषा है? ऐसे ढेरों प्रश्न हैं जिनका जवाब देने का देसाई ने प्रयास किया है। उनके आलोचकों का कहना है कि देसाई मतवादी (Doctrinaire) मार्क्सवादी थे। मूलभूत मार्क्सवाद से थोड़ा इधर–उधर होना उन्हें स्वीकार नहीं था। वास्तव में वे ट्राटस्वीवादी (Trotsyist) मार्क्सवादी धारा के अनुयायी थे। इधर वृहद् स्तर पर मार्क्सवाद में कई संशोधन हुए हैं। नव मार्क्सवाद (New-Marxism) आया है। उदाहरण के लिये बॉड्रिलार्ड (Baudrillard) ने सूचना प्रौद्योगिकी में मार्क्स की भूमिका को प्रस्तुत किया है। अलथ्यूजर (Althusser) ने अधि–संरचना (Super-Structure) को बुनियादी संरचना से अधिक महत्त्वपूर्ण बताया है। निकोस पुलोंज़ास (Nicos Poulantzas) ने राजनीतिक शक्ति और सामाजिक वर्ग की परिभाषा संशोधित रूप में रखी है।

मार्क्सवाद में कई संशोधन होने के बाद भी ए.आर. देसाई ने अपने आपको नहीं बदला। इसी कारण उन्हें ठेठ मार्क्सवादी या मतवादी (Doctrinaire) मार्क्सवादी कहते हैं। हाल में घनश्याम शाह ने उनके द्वारा संपादित पुस्तक *केपिटलिस्ट डेवलपमेंट* (*Capitalist Development, Critical Essays,* 1990) में देसाई को यांत्रिक मार्क्सवादी (Mechanical Marxist) कहा है। इसका मतलब हुआ देसाई मार्क्स के मूल सिद्धान्त से हटे नहीं हैं। उन्होंने इसे ही भारतीय समाज के विश्लेषण में लागू किया है।

मार्क्सवाद किसे कहते हैं? (What is Marxism?)

ए.आर. देसाई की कोई भी व्याख्या अधूरी है जब तक हम मार्क्स को नहीं समझते। कार्ल मार्क्स ने अपने सिद्धान्त को बड़े विस्तार से लिखा है। वे

अव्वल दर्जे के एक्टिविस्ट थे। उन्होंने राजनीतिक गतिविधियों में भी भाग लिया था। उनका अभ्यास जनित (Praxis) में विश्वास था। अर्थ हुआ वे क्रियान्वयन में विश्वास करते थे। उनका कहना था कि पूँजीवाद का उदय और विकास या पूँजीवाद की प्रकृति उत्पादन सम्बन्ध में निहित है। श्रमिक या मजदूर केवल श्रम (Labour) के मालिक हैं और श्रम संचयी (Cumulative) नहीं हैं। अगर एक श्रमिक आज मेहनत नहीं करता है तो कल उसके पास श्रम नहीं रहता। कल का उसका श्रम व्यर्थ गया। लेकिन वह व्यक्ति जिसके पास पूँजी (Property) है और आज बिक्री नहीं करता, उसकी दुकान बंद रहती है, कारखाना खुलता नहीं तब उत्पादन नहीं होगा लेकिन उसकी सम्पत्ति तो जैसी कि तैसी बनी रहती, नष्ट नहीं होती। स्थिति कुछ ऐसी है — श्रम नष्ट हो जाता है, पूँजी नष्ट नहीं होती। यह मार्क्स के सिद्धान्त की बुनियादी बात है।

मार्क्स के सिद्धान्त का दूसरा पहलू उत्पादन सम्बन्ध (Production Relations) हैं। जो पूँजी का मालिक (Owner of Property) है अर्थात् जो कारखाने का मालिक या इसी अर्थ में भूमिका मालिक है, उसके अधीनस्थ काम करने वाले श्रमिक उसके मातहत हैं। श्रमिकों के श्रम को वह वेतन या पगार देकर खरीदता है। इसके एवज में उसे उत्पादन मिलता है। इस उत्पादन को वह बाजार में बेचता है। जिस पूँजी के मालिक की उत्पादन शक्तियाँ गुणात्मक रूप से अधिक ताकतवर होती हैं, पूँजी के मालिक को उतना ही अधिक लाभ मिलता है, मुनाफा होता है। और इधर इस बढ़े हुए उत्पादन से श्रमिक को कुछ नहीं मिलता। इसी कारण श्रमिक कारखाने या उसके उत्पादन से अपने आपको कटा हुआ मानता है। मार्क्स इसे अलगाववाद (Alienation) कहते हैं। उसकी मुद्रा कुछ रामायण की मन्थरा की तरह है — कोई नृप होऊ, हमें का हानि, चेरी छोड़ि न होउब रानी। पूँजी के मालिक को कितना ही लाभ हो जाये, श्रमिक तो श्रमिक ही रहेगा। उसे कुछ नहीं मिलेगा। ऐसी अवस्था में मार्क्स कहते हैं — समाज में दो वर्ग हो जायेंगे — पूँजीपति या बुर्जुआ वर्ग और मजदूर अर्थात सर्वहारा वर्ग। लाभ यानी सरप्लस वेल्यू (Surplus Value) के कारण इन दोनों में संघर्ष होता है। मार्क्स इसे वर्ग संघर्ष कहते हैं। इस संघर्ष को समाप्त करने के लिये क्रांति का होना आवश्यक है। यह क्रान्ति टाली जा सकती है, लेकिन कभी भी रद्द नहीं की जा सकती।

कुल मिलाकर यदि मार्क्स के सिद्धान्त को सरल करके रखा जाये तो कहेंगे कि मार्क्स उत्पादन सम्बन्धों की चर्चा करते हैं, उत्पादन की शक्तियाँ होती हैं, जो उत्पादन को बढ़ाने में उत्तरदायी होती हैं। सम्पत्तियाँ पूँजी के मालिक के साथ श्रमिकों के सम्बन्ध होते हैं। ये श्रमिक अतिरिक्त मूल्य यानी मुनाफे के हकदार नहीं होते। इस कारण आज की पूँजीवादी व्यवस्था में दो वर्ग हो जाते हैं। ये वर्ग, इतिहास साक्षी है, बराबर संघर्ष करते हैं। इस संघर्ष के कारण क्रांति आयेगी। और अन्त में समाजवाद या साम्यवाद का उदय होगा।

ए.आर. देसाई भी कुछ इसी तरह के मार्क्सवादी थे। उन्होंने मार्क्सवाद से जुड़े हुए कुछ पहलुओं को भारतीय समाज पर लागू किया है। वे कहते हैं कि भारतीय राज्य अपने आप में पूँजीवादी हैं, वह अतिरिक्त लाभ यानी मुनाफे का मालिक, पूँजीपति की तरह वह भी शोषण करता। उसे हटाकर समाजवाद लाना होगा। मार्क्स समाजशास्त्री नहीं थे, पर उनके सिद्धान्त में समाजशास्त्र है। ए.आर. देसाई समाजशास्त्र में एम.ए. थे। समाजशास्त्र के प्रोफेसर थे और उन्होंने समाजशास्त्र को मार्क्सवाद में खोजा है। दूसरे शब्दों में, उन्होंने मार्क्सवाद की व्याख्या समाजशास्त्रीय संदर्श में की है। आखिर में, मार्क्स का सरोकार समाज से था, और ए.आर. देसाई का भी समाज से ही।

प्रारम्भिक जीवन (Early Life)

ए.आर. देसाई का जन्म 16 अप्रैल, 1915 में गुजरात के नडियाद कस्बे में हुआ था। यह कस्बा अहमदाबाद और वडोदरा के बीच में स्थित है। वे जाति से नागर ब्राह्मण रहे हैं। उत्तर भारत में मुंशी का काम जो कायस्थ करते रहे हैं, गुजरात में नागर ब्राह्मण इसी कार्य के लिये जाने जाते हैं। इस जाति के सदस्य निजी तथा सार्वजनिक विभागों में बड़ी संख्या में पाये जाते हैं। इस जाति को गुजरात में सूझ–बूझ वाली जाति समझा जाता है। देसाई के पिता रमणलाल वसन्त लाल देसाई उच्च कोटि के साहित्यकार थे। उनके उपन्यासों ने युवा पीढ़ी को ग्रामीण विकास कार्यों के लिये उत्साहित किया। रमणलाल जब पूर्व वडोदरा राज्य में अधिकारी थे, उन्होंने सरकारी कार्य के लिये राज्य भर में दौरे किये। इसका लाभ उनके पुत्र अक्षय को भी मिला। उन्होंने आम लोगों की त्रासदी को निकट से देखा था।

ए.आर. देसाई (1915–1994)

अक्षय देसाई ने फेबियन समाजवाद (Fabian Socialism) को अपने पिता से सीखा था। वडोदरा में उन्होंने विद्यार्थी आन्दोलनों में बड़ी सक्रियता से भाग लिया था। उनका कार्य क्षेत्र वडोदरा के अतिरिक्त सूरत और मुम्बई भी था। यहाँ उन्होंने अपनी पढ़ाई भी की। विद्यार्थी आन्दोलन में सक्रिय होने के कारण, उन्हें वडोदरा में कॉलेज से निष्कासित भी कर दिया गया था। उन्होंने बी.ए. की परीक्षा अर्थशास्त्र और राजनीतिक शास्त्र विषयों से उत्तीर्ण की थी। बाद में चल कर उन्होंने कानून की डिग्री भी हासिल कर ली। सन् 1946 में उन्होंने घुर्ये के मार्गदर्शन में पी.एच.डी. की उपाधि प्राप्त कर ली।

प्रेक्सिस और बौद्धिक प्रभाव (Praxis and Intellectual Impact)

ए.आर. देसाई के किसी भी मूल्यांकन में तीन बिन्दु महत्त्वपूर्ण हैं—

1. प्रेक्सिस या एक्टिविस्ट कार्य
2. मार्क्सवाद
3. समाजशास्त्रीय संदर्श

देसाई ने जीवन के प्रारम्भ से ही एक्टिविज्म को अपनी गतिविधियों का अंग बना लिया था। आन्दोलन, रैलियाँ, सार्वजनिक सभा उनकी दिनचर्या के अंग थे। कोई भी साम्यवादी हो, उसका जीवन सक्रियता से भरा हुआ होता है। देसाई की बौद्धिक पृष्ठभूमि के निम्नलिखित तथ्य हैं—

1. सी.जी. शाह, बम्बई के मार्क्सवादी चिंतक का प्रभाव
2. साम्यवादी संगठनों की सदस्यता
3. जनता के लिये क्षेत्रीय भाषाओं में लिखना
4. मार्क्सवादी जर्नल्स का संपादन
5. समाजशास्त्रीय सृजन या पुस्तक लेखन

सी.जी. शाह का प्रभाव

मुम्बई एक बड़ा महानगर है। इसमें कई तरह के चिंतक हैं। देसाई के तत्कालीन समय में एक पढ़े–लिखे और चिंतक सी.जी. शाह थे। वे मुम्बई में लोकप्रिय विचारक समझे जाते थे। यह 1930 और 1940 के दशकों की बात है। शाह से देसाई अत्यधिक प्रभावित थे। उनके प्रभाव के कारण ही देसाई सन् 1934 में साम्यवादी दल के सदस्य बन गये थे।

साम्यवादी संगठनों की सदस्यता

शाह और देसाई साम्यवादी दल के सदस्य तो बन गये लेकिन यह सदस्यता लम्बे समय तक नहीं चली। इधर विश्व युद्ध में जब ब्रिटिश भारत ने युद्ध का समर्थन किया, तब देसाई को लगा कि इस वातावरण में जो रुख साम्यवादी दल ने अपनाया था, उन्हें स्वीकार नहीं था। उन्होंने सी.जी. शाह के साथ इस दल को छोड़ दिया। यह त्याग पत्र उन्होंने 1939 में दिया।

अब देसाई पर रूस के साम्यवादी लेखकों और विचारकों का असर पड़ा। विशेष करके लोओन ट्रोटस्की की पुस्तकें — *दि हिस्ट्री ऑफ एशियन रिवोल्यूशन* (1932) और *दि रिवोल्यूशन ब्रिट्रेयड* (1937) ने उन्हें हिला दिया। ट्रोटस्की के अतिरिक्त देसाई को प्रभावित करने वाले लेखकों में मार्क्स, एंजिल्स, कोटस्की, बुखरिन, मोरिस जेब आदि भी सम्मिलित हैं। कुल मिलाकर ट्रोटस्की ने देसाई को ट्रोटस्कीवादी बना दिया।

देसाई के राजनीतिक जीवन में एक और परिवर्तन आया। उन्होंने साम्यवादी दल तो छोड़ दिया था। अब वे रिवोल्यूशनरी सोश्यलिस्ट पार्टी (RSP) के सदस्य बन गये। यह घटना 1953 की है। इस राजनीतिक दल का अखबार *दि कॉल* (*The Call*) था। इस समाचार पत्र में देसाई बराबर लिखते रहते थे। वे ट्रोटस्की के विचारों के सन्दर्भ में भारतीय समाज की व्याख्या करते थे। लेकिन देसाई का लेखन पार्टी तथा पत्र के सम्पादक को रास नहीं आता था। उनका आरोप था कि देसाई पत्र की रीति–नीति के अनुरूप नहीं लिखते थे। देसाई का कहना था कि पार्टी सुधारवादी नीति के अनुसार प्रजातांत्रिक व्यवस्था को स्थापित करना चाहती थी। पार्टी और देसाई के बीच खाई खुद गई और तब देसाई को लगा कि वे ट्रोटस्की की विचारधारा पर इस पार्टी में रहकर काम नहीं कर सकते। सन् 1918 में उन्होंने रिवोल्यूशनरी सोश्यलिस्ट पार्टी (RSP) को छोड़ दिया।

जनता के लिये क्षेत्रीय भाषाओं में लिखना

अगर हम उत्तर–आधुनिकता के संदर्श में कहें तो कहना होगा कि ए.आर. देसाई लघु वृत्तान्तों (Little Narratives) के लेखक थे। वे अपनी बात को जन–जन तक पहुँचाना चाहते थे। इसके लिये उन्होंने क्षेत्रीय भाषाओं (गुजराती और मराठी) को अपनाया। वे अँग्रेजी में तो लिखते ही थे। उनका यह मिशन था कि मार्क्सवाद, समाजवाद और क्रांति की बात सड़क के आदमी तक भी पहुँच पाये। वे छोटे–छोटे पेम्फलेट्स लिख दिया करते थे। आम लोगों के लिये भाषण दे देना, उनका दैनिक कार्यक्रम था। उन्होंने सी.जी. शाह के साथ मिलकर *रेड स्टार* (*Red Star*) एक जरनल भी निकाला था। अपने अंतिम दिनों तक वे एक गुजराती साप्ताहिक अखबार का भी संपादन करते थे।

ए.आर. देसाई अपने प्रारम्भिक जीवन में एक स्वतंत्र मार्क्सवादी थे। कहना चाहिये सी.जी. शाह उनके अनन्य सहयोगी थे और दोनों ने मिलकर मार्क्सवादी विचारधारा को मजदूरों, आदिवासियों और किसानों तक पहुँचाया। यह सब काम उन्होंने अपनी सक्रियता (Activism) के माध्यम से किया।

समाजशास्त्रीय लेखन

ए.आर. देसाई ने मुम्बई के सिद्धार्थ कॉलेज से अपने अकादमिक जीवन की शुरुआत की। वे 1946 में इस कॉलेज में लेक्चरर बने। वे बम्बई विश्वविद्यालय में 1951 में इसी पद पर नियुक्त हुए। आगे चलकर 1976 में इसी विभाग में वे प्रोफेसर और विभागाध्यक्ष बने। यहाँ से सेवानिवृत होने के बाद आई.सी.एस.एस.आर. (I.C.S.S.R.) ने उन्हें नेशनल फेलो के पद पर नियुक्त किया।

एक्टिविस्ट और एक समाजशास्त्रीय की दृष्टि से ए.आर. देसाई ने बहुत कुछ लिखा है — जन–जन के लिये, समाजशास्त्रियों और विद्यार्थियों के लिये उनका यह योगदान सहज रूप से उन्हें एक विचारक बना देता है।

ए.आर. देसाई की कृतियाँ (Works of A.R. Desai)

देसाई की पुस्तकों का कलेवर बहुत विशाल है। उन्होंने कई विषयों पर लिखा है — भारतीय राज्य, कृषक समुदाय, प्रजातांत्रिक अधिकार, नगरीकरण, कृषक आन्दोलन और ग्रामीण जनता। उनकी पुस्तकों में

सोश्यल बेक ग्राउण्ड ऑफ इंडियन नेशनलिज्म बहुत लोकप्रिय रही है। यही इनका पी.एच.डी. कार्य था। उनकी पुस्तकों में ऐसी पुस्तकें भी हैं जो लोकप्रिय हैं लेकिन जो संपादित भी हैं।

यहाँ हम उनकी कृतियों का विवरण देंगे—

- *सोश्यल बैकग्राउण्ड ऑफ इंडियन नेशनलिज्म (Social Background of Indian Nationalism,* 1946)
- *रिसेन्ट ट्रेन्ड्स इन इंडियन नेशनलिज्म (Recent Trends in Indian Nationalism,* 1960)
- *इंडियन फ्यूडल स्टेट्स एण्ड नेशनल लिबरेशन स्ट्रगल्स (Indian Feudal States and National Libration Struggles)*
- *गाँधीज़ ट्रूथ एण्ड नॉन–वायलेन्स एक्स–रेड (Gandhi's Truth and Non-violence X-rayed)*
- *रूरल सोश्योलॉजी इन इंडिया (Rural Sociology in India,* 1969)
- *स्लम्स एण्ड अरबेनाइज़ेशन* (डि. पिल्लई के साथ) (*Slums and Urbanization* (with D. Pillai) 1970)
- *एसेज़ ऑन अरबेनाइजेशन ऑफ अन्डरडेवलपमेंट सोसाइटीज़ (Essays on Urbanization of Underdevelopment Societies)*
- *ए पोजिटिव प्रोग्राम फॉर इंडियन रिवोल्यूशन (A Positive Programme for Indian Revolution)*
- *ए प्रोफाइल ऑफ एन इंडियन स्लम* (पिल्लई के साथ) (*A Profile of an Indian Slum,* with Pillai)
- *स्टेट एण्ड सोसायटी इन इंडिया — एसेज़ इन डिसेन्ट (State and Society in India: Essays in Dissent)*
- *पीजेन्ट् स्ट्रगल इन इंडिया (Peasant Struggle in India)*
- *इंडियाज़ पाथ ऑफ डेवलपमेंट (India's Path of Development, 1984)*
- *अग्रेरियन स्ट्रगल्स इन इंडिया आफ्टर इंडिपेन्डेंस (Agrarian Struggles in India After Independence,* 1986)
- *अरबन फेमिली एण्ड फेमिली प्लानिंग इन इंडिया (Urban Family and Family Planning in India)*

ए.आर. देसाई ने भारतीय समाज का व्यापक अध्ययन किया है। उन्होंने तेजी से होने वाले शहरीकरण और उससे उपजी समस्याओं जैसे कि गन्दी बस्तियों, पिछड़े हुए समाजों, शहरी परिवार और परिवार नियोजन पर खुलकर लिखा है। यह अध्ययन कई क्षेत्रों में साझा अध्ययन है। उनके सहयोगियों ने मिलजुल कर भारतीय संदर्श की पहचान की है और इस पर लिखा है। उदाहरण के लिये भारतीय ग्रामीण शास्त्र पर उन्होंने देश के विद्वानों को जो ग्रामीण अध्ययन में विशेषज्ञ हैं, एक संपादित पुस्तक के मंच पर खड़ा कर दिया है। *रूरल सोश्योलॉजी* जो एक भारी भरकम पुस्तक है, इस बात का दस्तावेज है कि समाजशास्त्री गाँवों को किस संदर्श में देखते हैं। इसी तरह उन्होंने किसानों के आन्दोलन और संघर्ष पर आधारित पुस्तक लिखी है। देसाई की मंशा रही है कि भारतीय समाज को यानी शहर, गाँव, आन्दोलन किसान, मजदूर और झोपड़पट्टी के लोगों का एक समग्र रूप प्रस्तुत किया जाये।

सही है कि ए.आर. देसाई ने भारतीय समाज के विभिन्न पहलुओं का पूरी ईमानदारी से अन्वेषण किया है। लेकिन ऐसा करने में उन्होंने मार्क्सवादी संदर्श (Marxian Perspective) को अपनाया है। इस समाज में वे क्रांति लाने की सम्भावना को ढूँढ़ते हैं। उनका लक्ष्य इस समाज को समाजवादी बनाने का रहा है। ऐसा करने के लिये उन्होंने अपनी लिखावट के अतिरिक्त कार्यकर्ता की तरह काम भी किया है।

ए.आर. देसाई का भारतीय समाज पर संदर्श
(A.R. Desai's Perspective on Indian Society)

हमने भारतीय विचारकों पर कुछ भी लिखने से पहले, इस पुस्तक के पहले अध्याय में यह कहा है, विचारक अपने समय के समाज की उपज होता है, वह समाज का दर्पण होता है। ए.आर. देसाई का समाज, आजादी की लड़ाई का समाज था, इस समाज ने सामन्तवाद और उपनिवेशवाद को भोगा था। देसाई की दृष्टि में तात्कालिक राज्य पूँजीवादी राज्य था और मजे की बात यह है कि स्वतंत्र भारत का राज्य भी पूँजीवादी राज्य है। देसाई का मार्क्सवादी संदर्श भारतीय राज्य को पूँजीवादी राज्य की तरह स्थापित करता है। इस राज्य की शिराओं में शोषण करने की तासीर है।

देसाई के बौद्धिक और क्रियात्मक क्षेत्र (Desai's Intellectual and Activist Areas)

भारतीय समाज की व्यापकता के चार मुख्य क्षेत्रों में ए.आर. देसाई ने काम किया है—

1. भारतीय राष्ट्रवाद (Indian Nationalism)
2. विकास का रास्ता (Path of Development)
3. कृषक आन्दोलन (Peasant Movements)
4. प्रजातांत्रिक अधिकार (Democratic Rights)

भारतीय राष्ट्रवाद (Indian Nationalism)

ए.आर. देसाई की राष्ट्रीयता या राष्ट्रवाद का संदर्श एक शक्तिशाली अवधारणा है। वे चाहते थे कि भारतीय समाज का विश्लेषण ट्रोटस्की की विचारधारा के अनुसार किया जाए। उन्होंने इतिहास का अपनी अध्ययन विधि के रूप में इस्तेमाल किया। इस संदर्भ में उनकी दो पुस्तकें — *सोश्यल बेकग्राउण्ड ऑफ इंडियन नेशनलिज्म* (*Social Background of Indian Nationalism,* 1948) और *रिसेन्ट ट्रेन्ड्स इन इंडियन नेशनलिज्म* (*Recent Trends in Indian Nationalism,* 1960) बहुत महत्त्वपूर्ण हैं। पहली पुस्तक उनकी पी.एच.डी. की थीसिस है। अब तक इस पुस्तक के दस संस्करण निकल चुके हैं। इसकी लोकप्रियता और ग्राह्यता का और क्या मापदंड हो सकता है। यह पुस्तक कई भाषाओं में अनूदित भी हुई है। दूसरे विश्व युद्ध के बाद यानी 1940 के दशक में इसे लिखा गया था। देसाई क्रियान्वयनवादी (Praxis) थे। वे चाहते थे कि ब्रिटिश उपनिवेशवाद में भारतीय समाज में कौन से संरचनात्मक परिवर्तन आये थे, उनका ज्ञान हमें होना चाहिये। वे सामन्तवाद में होने वाले उत्पादन सम्बन्धों की पहचान करना चाहते थे। इन उत्पादन सम्बन्धों की क्या भूमिका थी और किस तरह पूँजीवादी सम्बन्धों से राष्ट्रीय शक्तियों का उद्भव हुआ।

कुल मिलाकर भारतीय राष्ट्रवाद में, ए.आर. देसाई ने ब्रिटिशकाल में जो पूँजीवाद का विकास हुआ उसका विस्तृत विवेचन किया है। वे कहते हैं, उदाहरण के लिये, ब्रिटिश हुकूमत के आने से पहले इस देश में कोई निजी सम्पत्ति (Private Property) नहीं थी। गाँव की भूमि सम्पूर्ण ग्रामीण समुदाय की भूमि थी। किसी एक व्यक्ति का इस पर निजी अधिकार नहीं

था। कुछ ऐसा था जैसे 'सबै भूमि गोपाल' की यानी सारे गाँव की। अब ब्रिटिश सरकार ने भूमि सुधार आन्दोलन के अन्तर्गत भूमि को व्यक्तिगत (Private Property) के रूप में बदल दिया। भूमि पर कर (Tax) लगा दिया गया। भूमि बेची जा सकती थी, भूमि खरीदी जा सकती थी। भूमि निजी सम्पत्ति थी। यह पूँजीवाद का उदय था और इसे ब्रिटिश उपनिवेशवाद ने प्रारम्भ किया। देसाई अपनी पुस्तक में भारतीय समाज में पूँजीवाद की शुरुआत ब्रिटिश उपनिवेशवाद से मानते हैं।

ए.आर. देसाई राष्ट्रवाद को एक ऐतिहासिक वैचारिक रूप (Category) में देखते हैं। इसका विकास विभिन्न देशों में पाये जाने वाले सामाजिक, सांस्कृतिक ऐतिहासिक उलटफेर के सन्दर्भ में समझा जा सकता है। भारत में राष्ट्रवाद का विकास 19वीं शताब्दी में प्रारम्भ हुए कारकों के कारण समझा जाता है। इसके कई उदाहरण हैं। यहाँ मानव जातियों में विभिन्नता आ गई। जातियों की संख्या बढ़ गई। कई विदेशी समूह आ गये। नये क्षेत्र उभर आए। देश की परम्पराएँ तथा संस्थाएँ शक्तिशाली बन गईं।

देसाई अपनी दोनों पुस्तकों में यह स्थापित करते हैं कि हमारे यहाँ पूँजीवाद आने से पहले जो उत्पादन सम्बन्ध थे, उन्हें अँग्रेजों ने समाप्त कर दिया। जजमानी व्यवस्था की साँसें फूल गईं। अब विनियम (Exchange) वस्तु के माध्यम से नहीं रहा। विनिमय का साधन मुद्रा (Currency) हो गई। अब अंग्रेजों ने आधुनिक पूँजीवादी सम्बन्धों (Modern Capitalist Relations) को प्रारम्भ किया। उनकी पुस्तकों का यही केन्द्र बिन्दु है। इस सम्पूर्ण मसले में ए.आर. देसाई कहते हैं कि हमारे यहाँ पूँजीवाद तब आया जब हम गुलाम थे। ब्रिटिश लोग एक ऐसे देश से आये थे, जो उन्नत था, जहाँ प्रजातंत्र था। उन्होंने हमारे यहाँ आर्थिक संरचना को एकदम बदल दिया। यहाँ एक केन्द्रीय राज्य (Centralised State) की स्थापना की। उन्होंने आधुनिक शिक्षा, आधुनिक वर्ग व्यवस्था और एक तरह से नई व्यवस्था प्रारम्भ की। नई प्रक्रियाओं के सूत्रपात के परिणामस्वरूप अब भारत में राष्ट्रवाद का विकास हुआ।

भारत में उपनिवेशी युग में जो बढ़ोतरी हुई, वह एकाएक नहीं हुई। इसका विकास कई युगों में हुआ। इस क्रमिक विकास का अंतिम चरण तब

आया जब गाँधी जी के नेतृत्व में लोग संगठित होना प्रारम्भ हुए। गाँधी जी जनता के नेता थे। वे जमीन से जुड़े हुए थे। इधर देश में पूँजीवाद विकसित हो गया था। घनश्यामदास बिड़ला जैसे पूँजीपति शक्तिशाली हो गये थे। इन्होंने आजादी की लड़ाई में आर्थिक सहयोग दिया। यहाँ पर आकर देसाई कहते हैं कि धीरे–धीरे स्वतंत्रता की इस लड़ाई में पूँजीपतियों का प्रभुत्व बढ़ गया। आजादी के बाद तो यह प्रभुत्व और अधिक शक्तिशाली हो गया। आज स्थिति यह है कि उपनिवेशवाद और स्वतंत्र भारत में जो समस्याएँ हैं, इनका निराकरण पूँजीवाद नहीं कर सकता। देसाई ने भारतीय समाज को समझने का पूरा प्रयत्न किया है। इस समय तक भारतीय इतिहासकारों ने कोई विशेष काम नहीं किया था। डी.डी. कोसम्बी (D.D. Kosambi) विकासकाल में थे। कहना चाहिये देसाई के इस युग में मार्क्सवादी इतिहास लेखन का जन्म नहीं हुआ था। अधिक से अधिक इस काल में कुछ था तो यह कि रजनी पाम दत्त (Rajni Palme) और आर.सी. दत्त (R.C. Dutta) की पुस्तकें आ गई थीं। कुछ इसी तरह घुर्ये और राधा कमल मुकर्जी का लेखन भी अपने विकासकाल में ही था।

जब हम ए.आर. देसाई के मार्क्सवाद और राष्ट्रवाद की विवेचना करते हैं तब हमें तत्कालीन युग की स्थितियों को ध्यान रखना चाहिये। इस काल में कम से कम मार्क्सवादी इतिहास का उदय नहीं हुआ। किसी ने गंभीरता से पूँजीवाद का अध्ययन नहीं किया था। समाजशास्त्र में जो कुछ लिखा जा रहा था, वह केवल भारतविधा (Indology) के क्षेत्र में ही था। चर्चा हो रही थी; भारतीय–आर्यों (Indo-Aryans), प्रजाति और ब्राह्मण की। देसाई ने पहली बार भारतीय समाज को समझने का संदर्श बदला। भारतीय विधा को छोड़ कर उन्होंने मार्क्सवादी विचारधारा को अपनाया और यह उनका सबसे बड़ा योगदान है, यह योगदान ही उन्हें समाजशास्त्रीय विचारक बना देता है।

विकास का रास्ता (Path of Development)

ए.आर. देसाई ने इस मुद्दे पर विस्तारपूर्वक लिखा है कि स्वतंत्रता प्राप्ति के बाद भारत ने विकास के किस रास्ते को अपनाया है — क्या यह रास्ता मार्क्सवादी और समाजवादी है? क्या यह रास्ता पूँजीवादी है? इन प्रश्नों का

उत्तर वे मुख्यतया दो पुस्तकों में देते हैं। ये पुस्तकें हैं — *स्टेट एण्ड सोसायटी इन इंडिया* (*State and Society in India,* 1975) और *इंडियाज पाथ ऑफ डेवलपमेंट — ए मार्क्सिस्ट एप्रोच* (*India's Path of Development: A Marxist Approach,* 1984)। वास्तव में देखा जाये तो ये दोनों पुस्तकें भारत में पूँजीवाद के विकास पर एक ताकतवर टिप्पणी हैं। उन्होंने भारत में विकसित होते पूँजीवाद पर निम्नलिखित बिन्दु रखे हैं—

1. राज्य और पूँजीवादी वर्गों में बड़ा निकट का सम्बन्ध है। दोनों एक सिक्के के दो पहलू हैं।
2. भारत ही नहीं, तीसरी दुनिया के राज्य विभिन्न आर्थिक और सामाजिक गतिविधियों द्वारा पूँजीवादी वर्गों को संरक्षण देते हैं। उन्हें अधिक धनाढ्य बनाने का प्रयास करते हैं।
3. भारत में कानूनी और प्रशासनात्मक ढाँचा राज्य ने इस भाँति निर्मित किया है कि इससे जो विकास का रास्ता बना है, वह पूँजीवादी है।
4. राज्य ने जो सार्वजनिक क्षेत्रों (Public Sectors) को बनाया है, कल्याणकारी योजनाएँ (Welfare Programmes) बनाई हैं, वे और कुछ न होकर ऐसी रणनीतियां हैं जो बुर्जुआ और पूँजीपतियों के विकास और समृद्धि के लिये हैं।
5. राज्य की पूँजीवादी नीतियों के कारण गरीबों, मजदूरों, किसानों और शोषितों में आन्दोलन करने की जो तैयारी होती है, वह सुस्त हो गई।
6. भारत सरकार जैसी कि उसकी नीतियाँ हैं, एक पूँजीवादी सरकार (Capitalist State) है। बुर्जुआ लोगों के प्रभुत्व में काम करने वाली यह सरकार कभी भी देश के पिछड़ेपन को दूर नहीं कर सकती।

कृषक आन्दोलन (Peasant Movements)

ए.आर. देसाई की यह पक्की धारणा थी कि किसी भी क्रांति को लाने के लिये जन चेतना को जाग्रत करना आवश्यक था। इसके लिये उन्होंने मार्क्सवादी समाजशास्त्र का सृजन तो किया ही, कई पुस्तकों का संपादन भी किया, अखबार भी निकाले और आन्दोलन भी किये। देसाई ने स्पष्ट किया कि राज्य की पूँजीवादी नीतियों का भारतीय समाज पर बड़ा घातक प्रभाव पड़ा है। इसके लिये उनका सुझाव था कि अधिक से अधिक आन्दोलन किये जाने चाहिये। लोगों को संगठित होकर पूँजीवादी राज्य का मुकाबला करना चाहिये। यह गतिविधियाँ स्पष्ट रूप से बताती हैं कि देसाई

एक ऊँचे दर्जे के एक्टिविस्ट थे। वे विचारों के क्रियान्वयन (Praxis) के लिये हमेशा तत्पर रहते थे।

देसाई ने ग्रामीण समाजशास्त्र, आधुनिकीकरण, कृषक आन्दोलन तथा श्रमिक आन्दोलन पर पुस्तकों का संपादन किया है। उनके संपादन की भी अपनी एक विशेषता रही है। वे हरेक लिखावट पर अपनी संपादकीय टिप्पणी जड़ते हैं और यह स्थापित करते हैं कि राज्य पूँजीवादी रास्ते पर चल रहे हैं और इसका नतीजा गरीब आदमी को भुगतना पड़ता है। जब वे ग्रामीण और कृषक आन्दोलनों से जुड़ी हुई पुस्तकों का संपादन करते हैं तब पूरी शक्ति से यह बताते हैं कि अब किसान और ग्रामीण लोग पूँजीवाद के पहले के सम्बन्धों से आगे बढ़कर पूँजीवादी सम्बन्धों तक आ गये हैं। अब किसान कई तरह के हो गये हैं — कुलक या बड़े किसान, छोटे किसान, सीमान्त किसान और भूमिहीन किसान। इन किसानों में भी लड़ाई चल रही है। ऐसी ही स्थिति कुछ अन्य ग्रामीणों की है। वहाँ प्रभव जातियाँ (Dominant) गाँव की बागडोर को संभाल रही हैं। और हाशिये पर खड़ी छोटी जातियाँ अपना कोई अस्तित्व नहीं रखतीं।

गाँवों की स्थिति, देसाई कहते हैं, बड़ी विचित्र हो गई है। पूँजीवादी राज्य ने कृषि को पूँजीवादी उद्यम बना दिया है। अब गाँवों में वर्ग बन गये हैं, वर्ग संघर्ष आ गया है। सही है, राज्य ने जागीरदारों, जमींदारों और छोटे–बड़े ठाकुरों का उन्मूलन कर दिया है। पर अब बड़े किसानों, राजनीतिक नेताओं ने जागीरदारों और ठाकुरों का स्थान ले लिया है। देसाई का निष्कर्ष है कि राज्य द्वारा पोषित किये गये पूँजीवाद में पूँजीवादी शोषण बराबर चल रहा है।

प्रजातांत्रिक अधिकार (Democratic Rights)

ए.आर. देसाई प्रजातांत्रिक अधिकारों के पक्षधर थे। वे जीवन पर्यन्त किसानों, स्त्रियों, मजदूरों और आम आदमी के हक के लिये लड़ते रहे। वे जनता के वकील थे। उन्होंने प्रजातांत्रिक अधिकारों को तीन भागों में बाँटा है—

1. बुर्जुआ वर्ग के सम्पत्ति सम्बन्ध
2. नागरिक स्वतंत्रता/अधिकार
3. सर्वहारा वर्ग के अधिकार

बुर्जुआ वर्ग के सम्पत्ति सम्बन्ध

बुर्जुआ वर्ग में पूँजीपति, अधिकारी और सार्वजनिक क्षेत्र के पदाधिकारी आ जाते हैं। कानूनी तौर पर इस वर्ग को सम्पत्ति रखने का अधिकार है। यह अवश्य है कि इस वर्ग को एक निश्चित सीमा से अधिक सम्पत्ति होने पर आयकर देना पड़ता है लेकिन सम्पत्ति रखने का उन्हें पूरा अधिकार है — चाहे जितनी सम्पत्ति, चाहे जिस रूप में हो। आज लक्ष्मी मित्तल, अम्बानी बन्धु जैसे पूँजीपतियों को अपनी सम्पत्ति का स्वामित्व प्राप्त है। वे उसके अधिकारी हैं।

नागरिक स्वतंत्रता/अधिकार

भारत के प्रत्येक नागरिक को संविधान ने कुछ प्रजातांत्रिक अधिकार दिये गए हैं। इन अधिकारों में बोलने की स्वाधीनता, सभा करने की स्वतंत्रता, मीडिया की आजादी, सार्वजनिक निरपेक्ष और शिक्षा आदि सम्मिलित हैं। पूँजीपति और पिछड़े वर्ग इन अधिकारों का प्रयोग अपने वर्ग या निजी अधिकारों के बचाव के लिये कर सकते हैं। ए.आर. देसाई का इस सिलसिले में कहना है कि पूँजीपति वर्ग इन अधिकारों को इस तरह की चालबाजी से काम में लेते हैं कि इसमें गरीब तबका नुकसान का भागीदार बनता है। यद्यपि ये नागरिक अधिकार हर तरह से सभी के लिये समाज हैं, पर इनका लाभ पूँजीपति ही ले जाते हैं।

बुर्जुआ वर्ग के अधिकारों की तरह सर्वहारा वर्ग के भी अधिकार हैं

जिस प्रकार बुर्जुआ वर्ग के कुछ अधिकार होते हैं जैसे कि उनका अपनी सम्पत्ति पर अधिकार है, वैसे ही सर्वहारा के भी कुछ अधिकार हैं। वे राज्य या किसी संस्था के खिलाफ विरोध प्रदर्शन कर सकते हैं। इस विरोध में हड़ताल हो सकती है, पिकेटिंग की जा सकती है, और नारे लगाये जा सकते हैं। राज्य द्वारा इन वर्गों का जो शोषण किया जाता है, इसके खिलाफ लड़ने का सर्वहारा वर्ग को पूरा अधिकार है।

यद्यपि ए.आर. देसाई एक पक्के मार्क्सवादी थे फिर भी भारतीय कम्युनिस्ट पार्टियों से विरोध करने में उन्हें कोई हिचक नहीं थी। भारत की कम्युनिस्ट पार्टियाँ दो स्तर की क्रांतियों (Two Stage Revolution) की चर्चा करती हैं। पहले स्तर में तो ये पार्टियाँ जनता के प्रजातंत्र (People's Democracy) को लाना चाहती हैं। यह पहले स्तर की क्रांति है। इसके

प्राप्त हो जाने के बाद समाजवादी क्रांति (Sociologist Revolution) लाई जाती है। क्रांति लाने की इस रणनीति से ए.आर. देसाई सहमत नहीं थे। उनका कहना है कि भारत में आज पूँजीवाद इतना सुदृढ़ हो गया है कि यहाँ गरीबी, बेरोजगारी, और निरक्षरता का उन्मूलन करना बहुत कठिन है। ऐसे कार्यों को किसी समाजवादी क्रांति द्वारा ही पूरा किया जा सकता है। प्रजातांत्रिक क्रांति इस काम को नहीं कर सकती।

भारतीय पूँजीवाद (Indian Capitalism)

ए.आर. देसाई ने मार्क्सवादी समाजशास्त्र की संरचना की है। वे कहते हैं कि समाजशास्त्र एक ज्ञान शाखा के रूप में समाज का अध्ययन करता है। इस अध्ययन का एक संदर्श होता है। देसाई की दृष्टि में समाजशास्त्र का संदर्श मार्क्सवाद या समाजवाद है। वे कहते हैं कि यह समाज पूँजीवादी समाज है। इसमें क्रांति आनी चाहिये और इस समाज को समाजवादी व्यवस्था में बदला जाना चाहिये।

देसाई ने अपनी पुस्तकों में भारतीय पूँजीवाद पर खूब लिखा है। वे *स्टेट एण्ड सोसायटी इन इंडिया ऐसेज इन डिसेन्ट, पोजिटिव प्रोग्राम फोर इंडियन रिवोल्यूशन* तथा *रिसेन्ट ट्रेन्ड्स इन इंडियन नेशनलिज्म* में भारतीय पूँजीवाद की व्याख्या करते हैं। ऐसा करने में वे पूँजीवाद की प्रकृति पर प्रकाश डालते हैं और बताते हैं कि भारतीय समाज में पूँजीवाद का उद्‌गम ब्रिटिश काल में हुआ। ये पूँजीवादी ही हैं जो अपने प्रभाव से राज्य की नीतियों को निर्धारित करते हैं। अपने उपसंहार में वे कहते हैं कि भारतीय राज्य एक पूँजीवादी राज्य है।

भारतीय समाज या राज्य पूँजीवादी कैसे हैं? (How is Indian Society or State Capitalist?)

मार्क्सवादी पूँजीवाद का आधार सम्पत्ति सम्बन्धों (Property Relations) को मानते हैं। वही उनका केन्द्र है। यहाँ देसाई एक और बात पर जोर देते हैं। उनका कहना है कि किसी भी समाज के विश्लेषण में सम्पत्ति सम्बन्धों के अतिरिक्त कुछ और सम्बन्ध भी होते हैं जो अपनी स्वायत्तता रखते हैं। उदाहरण के लिये परिवार या जाति में सम्पत्ति सम्बन्ध ही सब कुछ नही होते, भावात्मक, बान्धव और वैवाहिक तथा दत्तक सम्बन्ध भी होते हैं। अतः सभी सम्बन्धों को पूँजी पर ही घटा देना अनुचित होगा।

देसाई ने भारतीय समाज या राज्य को पूँजीवादी होने के निम्न कारण दिये हैं—

पूर्व-पूँजीवादी उत्पादन सम्बन्धों की समाप्ति

प्राचीन भारत में लोगों के जो सम्बन्ध थे वे गैर–पूँजीवादी थे। वस्तु के बदले वस्तु होती थी। मध्यप्रदेश के कई आदिवासी अपनी चिरोंजी को नमक के बदले में दे देते थे। अर्थशास्त्र में इसे वस्तु विनिमय कहते हैं। भारत में अँग्रेजों के आने के बाद इस प्रकार का विनिमय समाप्त हो गया। अब विनिमय का माध्यम पूँजी हो गई। मुद्रा का संचालन और नियन्त्रण राज्य करने लगा।

भूमि कर

सामान्यतया राज्य का काम अपने नागरिकों को आन्तरिक और बाहरी खतरों से सुरक्षा प्रदान करना था। अब कामों के अतिरिक्त राज्य भूमि कर भी लगाने लगा। अपनी आवश्यकताओं को पूरा करने के लिये राज्य कई अन्य प्रकार के कर भी लगाने लगा। इसने राज्य को पूँजीवादी बनाने को दिशा दी। गाँधीजी ने जब दांडी यात्रा की थी, तब उन्होंने अँग्रेजों ने जो नमक कर लगाया था, उसका विरोध किया था। ब्रिटिश काल में उपनिवेशवादी हुकूमत राज्य को बराबर पूँजीवादी बनाने का प्रयास कर रही थी।

पूँजीवादी व्यवस्था को कायम रखने के लिये कानून और प्रशासन बनाया

उपनिवेशकाल में राज्य बराबर पूँजीपतियों को सुरक्षा प्रदान करता था। उसने कानून और व्यवस्था को बनाये रखने के लिये अपने प्रशासन को मजबूत किया था। यह प्रशासन बुर्जुआ और पूँजीपति के हक में था।

राज्य ने औद्योगीकरण का विकास पूँजीपतियों के हित के लिये किया था

देसाई का तर्क है कि राज्य को पूँजीवादी बनाने का उत्तरदायित्व ब्रिटिश उपनिवेशवाद का है। आजादी के बाद भी देश को औद्योगिक बनाने के लिये राज्य ने पूँजीपतियों को पूरा प्रोत्साहन दिया। दुनिया के बड़े पूँजीपतियों की तालिका है, उसमें भारतीय उद्योगपतियों का स्थान गरिमा पूर्ण है। आगे कई नए पूँजीपति उभर कर आ गये हैं।

सार्वजनिक क्षेत्र का विकास राज्य के पूँजीवादी होने का प्रमाण है

जब नेहरू जी ने भारतीय समाज को समाजवादी बनाने का निश्चय किया था तब उन्होंने सार्वजनिक क्षेत्र की अवधारणा को उद्योग में रखा था। ये सार्वजनिक क्षेत्र भी शोषण के साधन बन गये और कुछ क्षेत्रों में तो उत्पादन का एकाधिकार (Monopoly) उन्हीं के हाथों में आ गया।

राज्य पूँजीपतियों को पूरा संरक्षण देता है

ए.आर. देसाई के अतिरिक्त अन्य कई मार्क्सवादी लेखक जैसे भट्टाचार्य, उदय मेहता आदि यह स्वीकार करते हैं कि भारतीय राज्य कई दृष्टियों से पूँजीवादी राज्य हैं। यह स्वयं तो सर्वहारा का शोषण करता ही है, साथ ही पूँजीपतियों के हितों की रक्षा करने में भी अग्रणी है।

राज्य और बुर्जुआ वर्ग दोनों की साजिश है कि सर्वहारा यानी मजदूरों की हालत में कोई सुधार न हो पाये। गाँवों में परिवर्तन का जो दौर चला रखा है वह केवल प्रभुत्व वर्गों के लिये ही है। इससे राज्य और बुर्जुआ वर्ग अधिक शक्तिशाली हो रहे हैं।

राज्य भी एक वर्ग है (State is a Class)

कुछ लेखक जिन्होंने पूँजीवाद पर लिखा है, उनका कहना है कि स्वतंत्रता प्राप्ति के बाद भी राज्य एक बुर्जुआ वर्ग की तरह काम कर रहा है। वह पूँजीपतियों का हमदर्द है और उसकी प्रकृति एक वर्ग की प्रकृति की तरह है। वर्ग पूँजीपति है, सामन्त (Feudal) है और कभी–कभी वह समाजवादी दिखाई देता है।

ए.आर. देसाई अपनी कृतियों में बार–बार इस तथ्य को दोहराते हैं कि ब्रिटिश उपनिवेशवाद में राज्य पूँजीवादी था और स्वतंत्र भारत में भी यह बराबर पूँजीवादी रहा है। इस अवधि में उसने अपने पूँजीपतियों के साथ तालमेल बैठाकर अपने लक्ष्य की पूर्ति की है। इस भाँति भारत में उत्पादन प्रक्रिया में राज्य का बहुत बड़ा हिस्सा है। देसाई के इस कथन से कई मार्क्सवादी और गैर–मार्क्सवादी विद्वान असहमत हैं। मार्क्सवादियों का कहना है कि उत्पादन के इस विवाद में राज्य तटस्थ है। राज्य पूँजीवाद को लेकर अपनी एक निजी नीति रखते हैं। ये विद्वान राज्य को या तो आधुनिक कहकर या परम्परागत मानकर छोड़ देते हैं। गैर–मार्क्सवादियों का कहना है कि राज्य पूँजीवादी वर्ग की तरह है।

रजनी कोठारी जो उदारवादी राजनीति के विद्वान रहे हैं, जो गैर–मार्क्सवादी हैं, कहते हैं कि भारतीय राज्य एक पूँजीवादी राज्य नहीं है। लेकिन इस राज्य की पूँजीवाद के विकास में बहुत बड़ी भूमिका है। देखा जाये तो राज्य और पूँजीवाद के सम्बन्ध भारत में परस्पर विरोधी रहे हैं। वे यूरोप का दृष्टान्त देते हुए कहते हैं कि वहाँ बुर्जुआ लोगों ने क्रांति की और राज्य की शक्ति को अपने हाथों में ले लिया। इसी बुर्जुआ वर्ग ने औद्योगिक क्रांति को अपनी गिरफ्त में ले लिया। इसका परिणाम यह हुआ कि यूरोप और इसके बाहर के देशों में साम्राज्य आ गया।

रजनी कोठारी कहते हैं कि तीसरी दुनिया के देशों में ऐसा कुछ नहीं हुआ। यहाँ पूँजीवाद ने साम्राज्यवाद को नहीं पनपाया है। स्वतंत्र होने के बाद भारत ने इस बात की पहल की है कि अन्य देश जैसे कि जावा, सुमात्रा, इंडोनेशिया भी शीघ्र आजाद हो जायें। ऐसे देश धन का संचय करने लगें। । इस भाँति ए.आर. देसाई की मान्यता से ठीक विपरीत, रजनी कोठारी ने यह स्थापित किया कि कम से कम छठे दशक तक तो भारतीय राज्य पूँजीपति के गिरफ्त से दूर था। लोगों की निगाह में बहुत लम्बी अवधि तक राज्य को मुक्ति देने वाले संगठन के रूप में जाना जाने लगा। राज्य का लक्ष्य समाज में समानता लाने का रहा है।

कोठारी कहते हैं कि आपात स्थिति के बाद राज्य की प्रकृति बदल गई। अब लगने लगा कि पूँजीपति वर्ग अपने आकार में बहुत विस्तृत हो गया है। अब राज्य हाशिये पर आ गया है। ऐसी स्थिति में भारत में राज्य की प्रकृति पूँजीवादी प्रकृति हो गई है। मगर ए.आर. देसाई जब भारतीय राज्य को पूँजीवादी कहते हैं तब ऐसा कहने वालों में वे अकेले ही नहीं हैं, बुद्धदेव भट्टाचार्य और उदय मेहता का भी यही कहना है कि भारत का राज्य पूँजीवादी राज्य है। यह राज्य शुरू से ही उत्पादन के निजी साधनों को सुरक्षा देता है और सार्वजनिक क्षेत्रों के माध्यम से उत्पादन भी करता है।

आज भारत में राज्य की प्रकृति को लेकर कोई निश्चित विवाद नहीं है। यह सम्पूर्ण मसला विवादास्पद है। इस विवाद में ए.आर. देसाई का विचार बहुत स्पष्ट है। उनकी दृष्टि में किसी भी उत्पादन में राज्य पिछड़े हुए वर्गों का शोषण करता है। संविधान ने लोगों को जो मौलिक अधिकार दे रखे हैं, लोग उनका उपभोग नहीं कर पाते। राज्य कई विधियों द्वारा हिंसा के माध्यम से लोगों को अपने नियन्त्रण में लाता है और अल्पसंख्यकों पर दबाव डालता है।

उपसंहार (Conclusion)

ए.आर. देसाई बड़े जीवट वाले मार्क्सवादी समाजशास्त्री थे। उनमें अनन्य क्रियाशीलता थी। मार्क्सवादी समाजशास्त्री होने के नाते उनका लक्ष्य केवल यही था कि इस विषय परम्परागत (Un-traditional) संदर्श में अध्ययन किया जाये। मजे की बात यह है कि जब देसाई ने समाजशास्त्र को मार्क्सवाद में उतारा तब न मार्क्सवादी इतिहासकार थे, न अन्य कोई साम्यवादी समाज वैज्ञानिक। अगर मार्क्सवादी समाजशास्त्र की चर्चा हमारे यहाँ करें तो ए.आर. देसाई निश्चित रूप से इसके जनक थे। वे क्रांति के प्रणेता थे, वे समाजवादी व्यवस्था को लाना चाहते थे।

ए.आर. देसाई अव्वल दर्जे के समाजशास्त्री थे। एक और इनकी विशेषता है। वे एक्टिविस्ट भी थे। इनकी क्रियाशीलता का क्षेत्र, युवक, मजदूर, किसान, झोपड़पट्टी के लोग, स्त्रियाँ और ग्रामीण–जन थे। इनके समाजवाद की बुनियाद ये ही लोग थे। इनका समाज का विश्लेषण यहीं से प्रारम्भ होकर यहीं समाप्त हो जाता है। वे कट्टर राष्ट्रवादी थे। उनका तर्क था कि भारत का राष्ट्रवाद शून्य से पैदा नहीं होता, इसका उद्गम ऐतिहासिक, सामाजिक और सांस्कृतिक शक्तियों से होता है और इसलिये इसका विश्लेषण इन्हीं के संदर्भ में होना चाहिये।

● संदर्भ पुस्तक

Ghanshyam Shah (ed.), *Capitalist Development Critical Essays*, Falicitations Volume, *Essays in Honour of A.R. Desai,* Popular Prakashan, 1990.

4

एम.एन. श्रीनिवासः संरचनात्मक-प्रकार्यवाद

(M.N. Srinivas: Structure-Functioning)

घटना कोई बीसवीं शताब्दी के मध्य की है। इस समय समाजशास्त्र में परंपरा से हटकर एक नई चेतना चल रही थी। समाजशास्त्री भारत विधा यानी इण्डोलॉजी के अध्ययन में जुटे थे। वे ब्राह्मणों, पुराणों, वेदान्त, भारतीय–आर्य, परिवार, जाति और विवाह के विश्लेषण में व्यस्त थे और दूसरी तरफ मानवशास्त्री सूक्ष्म (Micro) समुदायों की संरचना और प्रकार्य में जुटे थे। समाजशास्त्री और मानवशास्त्री एक विकट संघर्ष से गुजर रहे थे। हिन्दू संस्थाओं को समाजशास्त्री संस्कृत ग्रंथों में खोज रहे थे। घुर्ये ऐसे ही कार्यों में व्यस्त थे और एम.एन. श्रीनिवास जैसे मानवशास्त्री लघु समुदायों और सूक्ष्म संगठनों को सूक्ष्म कार्यों (Micro-works) द्वारा समझने का प्रयास कर रहे थे। समाजशास्त्री और मानवशास्त्री दोनों ही अपनी आंखें समाज को समझने के लिए गड़ाये हुए थे। लक्ष्य एक था — समाज का विश्लेषण करना। लेकिन दोनों की अध्ययन विधि जुदा थी। समाजशास्त्री संस्कृत और इतिहास के आधार पर प्राचीन समाज की खोज कर रहे थे; और मानवशास्त्री क्षेत्र में जाकर–गांव के चौपाल और चौराहे पर पहुंचकर गांव के बारे में अपनी समझ की धार को तेज कर रहे थे।

समाजशास्त्री में वह सब कुछ था, जो पुस्तकों में होता है, मानवशास्त्री में वह कुछ था, जो आंखों से देखा जा सकता था।

इधर एक और समानता समाजशास्त्री और मानवशास्त्री में देखने को मिलती है। दोनों ही संरचनात्मक–प्रकार्यात्मक रहे हैं। विचारों से दोनों ही रूढ़िवादी हैं। दोनों ही पूंजीवाद के पोषक रहे हैं। श्रीनिवास सूक्ष्म का अध्ययन करते हैं, संरचनात्मक और प्रकार्यवादी हैं। वे मूलतः भारत विधा या हिन्दू विचारधारा के प्रणेता रहे हैं। देखा जाये तो धर्म और श्रीनिवास में विचारों की समानता है। वे एक ही जाजम के भागीदार हैं।

श्रीनिवास भारतीय समाजशास्त्रियों में अग्रणी समझे जाते हैं। मुख्यतया इसके दो कारण है — पहला तो यह कि उन्होंने ग्रामीण जनजीवन को अपने अध्ययन का गहन विषय बनाया। उनका रायपुरा गांव का अध्ययन एक मील के पत्थर की तरह है। उनकी दूसरी उपलब्धि अध्ययन विधि के क्षेत्र में है। वे एक ही गांव में महीनों भर रहे। ग्रामीण अध्ययन की स्मृतियों को उन्होंने अपनी पुस्तक *दि रिमेम्बर्ड विलेज,* 1976 (*The Remembered Village,* 1976) में रखा है। जब वे सहभागी अवलोकन विधि को काम में लाते तब उनका अध्ययन तर्क प्रकार्यात्मक होता है। विचारधारा की दृष्टि से श्रीनिवास भारतविधा (Indology) के हामी थे। उन्हें लगता था कि भारत में तीव्र गति से जो सामाजिक परिवर्तन हो रहा है, वह एक प्रकार से ब्राह्मणीकरण (Brahmanisation) है।

समाजशास्त्र में जब कभी श्रीनिवास की चर्चा होती है, उनकी अवधारणाओं–संस्कृतीकरण और पाश्चात्यीकरण का उल्लेख अवश्य किया जाता है और जब ग्रामीण भारत का संदर्भ आता है, प्रभव जाति (Dominant Caste), आधुनिकीकरण, लौकिकीकरण (Parochialization) और फैलाव (Spread) की चर्चा अवश्य की जाती है। श्रीनिवास वस्तुतः सामाजिक परिवर्तन की प्रक्रियाओं के विश्लेषण के मसीहा थे और जब यह प्रश्न उठता है कि श्रीनिवास भारतीय समाज को परिवर्तित करके कहाँ ले जाना चाहते हैं तो उनका स्पष्ट उत्तर है–उच्च हिन्दू जातियों की ओर। वे राष्ट्रीय संस्कृति के प्रणेता थे। श्रीनिवास के योगदान पर बहस हो सकती है, लेकिन समाजशास्त्र को जो उनकी देन है, उसे नजरअंदाज नहीं किया जा सकता।

एम.एन. श्रीनिवास (1916–1999)

प्रारंभिक जीवन (Early Life)

मैसूर नरसिम्हाचार श्रीनिवास का जन्म पूर्व मैसूर राज्य (हाल कर्नाटक) में 1916 में हुआ था। प्रारंभिक पढ़ाई के बाद वे उच्च अध्ययन के लिए मुंबई आ गये। यहाँ उन्होंने घुर्ये के सान्निध्य में एम.ए. पास किया। उन्होंने एम.ए. के शोध–प्रबंध में "मैसूर में विवाह और परिवार" (Marriage and Family in Mysore) को अपने अध्ययन का विषय बनाया। इस शोध में श्रीनिवास ने कन्नड़ भाषा बोलने वाली जातियों के विवाह और परिवार की जानकारी दी है। इसके लिए तथ्य सामग्री विभिन्न प्रकाशित स्रोतों से ली है। उन्होंने जन–रीतियों, मुहावरों, उपन्यासों और विविध गद्यों से सामग्री को बटोरा है। इस पुस्तक में श्रीनिवास ने उन सभी रीति–रिवाजों और संस्कारों का उल्लेख किया है जिनका संबंध विवाह, जन्म, परिवार, बान्धव और मृत्यु में रहा है।

देखा जाये तो श्रीनिवास ने अपने इस एम.ए. के शोध प्रबंध में वही सब कुछ किया है जो उस समय के मानवशास्त्री आदिवासियों और नृजातीय अध्ययन में करते थे। इसमें कुछ भी नया नहीं था। सब कुछ परंपरा पर

आधारित था। विवरण मात्र था, कोई समाजशास्त्रीय विश्लेषण नहीं था। परिवार और विवाह में श्रीनिवास की जो प्रारंभिक रुचि थी, वह लंबे समय तक चलती रही। वास्तविकता यह है कि बंबई विश्वविद्यालय के प्राध्यापक इन दिनों अपने अध्ययन का क्षेत्र विवाह और परिवार तक ही सीमित रखते थे। के.एम. कापड़िया, आई.पी. देसाई, घुर्ये, इरावती कर्वे सभी ने विवाह और परिवार पर जमकर लिखा है। श्रीनिवास इसके अपवाद थे। उन दिनों घुर्ये इन्हीं विषयों पर शोध करवा रहे थे और उधर आजादी की लड़ाई लड़ने वाली भारतीय जनता के सामने किसानों और आंदोलनों की सांस फूल रही थी। समाजशास्त्रीय लेखन और भारतीय समाज की वास्तविकता में कितनी प्रतिकूलता थी।

बौद्धिक प्रभाव (Intelligential Influence)

मुंबई में रहकर श्रीनिवास ने अपनी पीएच.डी. की उपाधि के लिए दक्षिण भारत के कूर्ग (Coorgs) लोगों का अध्ययन किया। उनकी यह पुस्तक *रिलिजन एण्ड सोसायटी अमांग दि कूर्ग्ज ऑफ साउथ इंडिया* (*Religion and Society among the Coorgs of South India,* 1952) काफी लोकप्रिय हुई। इस पुस्तक ने उन्हें ब्रिटेन जाने का अवसर दिया। उन्हें ब्रिटिश अकादमी की फैलोशिप मिल गई। वे ऑक्सफोर्ड विश्वविद्यालय पहुंच गये। यहाँ इनका संपर्क रेडक्लिफ–ब्राउन और इवान्स–प्रिचार्ड से हुआ। दोनों ही उच्च कोटि के मानवशास्त्री थे। श्रीनिवास के लिए समझने और सीखने के बहुत बड़े अवसर थे। उन पर ब्राउन का प्रभाव बहुत ज्यादा दिखाई देता है।

इधर घुर्ये के प्रभाव को भी नकारा नहीं जा सकता। घुर्ये पूरी तरह से भारत विधा के पक्षधर थे। उनके लिए आर्य संस्कृति वस्तुतः ब्राह्मण संस्कृति थी। श्रीनिवास भी ऐसे ही विचारों से परिपूर्ण थे। वे भी जाति से ब्राह्मण थे। दबी जबान से वे भी राष्ट्रीय संस्कृति के पोषक थे। श्रीनिवास ने संरचनात्मक–प्रकार्यवाद की विधि को ब्रिटेन से लिया और यह इन्हीं के कारण है कि आज भारत में समाजशास्त्र की जो भी विधियां प्रचलित हैं, इनमें तीन–चौथाई विधियां संरचनात्मक–प्रकार्यात्मक ही हैं। हमारा यह कथन आई.सी.एस.एस.आर. (ICSSR) के सर्वेक्षण के हर अनुमान के अनुसार है।

ऑक्सफोर्ड से लौटकर श्रीनिवास वडोदरा आये। यहाँ वे अधिक समय नहीं रह पाये। दिल्ली (दिल्ली स्कूल ऑफ इकॉनोमिक्स के अध्यापक — DSE) पहुंच गये। इस तरह की स्थानीयता ने उन्हें दुनिया भर के समाजशास्त्रियों से संपर्क कराया। कर्नाटक में अपने मूल निवास स्थान का लगाव और अपने अनुसंधान के गांव–रामपुरा का आकर्षण उन्हें बेंगलूर में नव स्थापित सामाजिक–आर्थिक परिवर्तन संस्थान में खींच लाया। प्रारंभ में उन्हें इस संस्थान में अध्ययन–शोध का वह परिवेश नहीं मिला जिसकी आकांक्षा लेकर उन्होंने दिल्ली छोड़ा था, किन्तु बाद में जब वे इस संस्थान के अध्यक्ष बन गये, तब उन्होंने समाजशास्त्र, सामाजिक मानवशास्त्र और यहाँ तक कि अर्थशास्त्र के बीच में जो अंतर है, उसे पाटने का प्रयास किया।

एम.एन. श्रीनिवास की कृतियां (Works of M.N. Srinivas)

श्रीनिवास ने विविध विषयों पर लिखा है। समाजशास्त्र में उनकी प्रशस्ति मूल रूप से सूक्ष्म यानी छोटे अध्ययनों के लिए है। यद्यपि उन्होंने किसी समाजशास्त्रीय सिद्धांत का निर्माण नहीं किया, लेकिन उन्होंने कतिपय अवधारणाओं (Concepts) को अवश्य बनाया है जिसके कारण उन्हें समाजशास्त्र का विचारक समझा जाता है। उनकी पुस्तकें निम्न प्रकार है—

- *मेरिज एंड फेमिली इन मैसूर* (*Marriage and Family in Mysore,* 1942)
- *रिलिजन एण्ड सोसायटी अमांग दि कूर्ग्स ऑफ साउथ इंडिया* (*Religion and Society among the Coorgs of South India,* 1952)
- *इंडियाज विलेजेज* (संपादित) (*India's Villages (ed.),* 1955)
- *कास्ट इन मॉडर्न इंडिया एण्ड अदर ऐसेज* (*Caste in Modern India and Other Essays,* 1962)
- *सोश्यल चेंज इन मॉडर्न इंडिया (Social Change in Modern India, 1966)*
- *इंडिया — सोश्यल स्ट्रक्चर* (*India: Social Structure,* 1969)

- *इंटिनेरिस्ट ऑफ एन इंडियन सोश्यल एन्थ्रोपोलॉजिस्ट* (*Itinerist of an Indian Social Anthropologist,* 1973)
- *दि रिमेम्बर्ड विलेज* (*The Remembered Village,* 1976)
- *नेशन बिल्डिंग इन इंडिपेन्डेंट इंडिया* (*Nation Building in Independent India,* 1976)
- *डाइमेन्शन्स ऑफ सोश्यलचेंज इन इंडिया* (संपादित) (*Dimensions of Social Change in India,* 1977)
- *माई वड़ोदरा डेज (My Vadodara Days)*
- *दि डोमिनेन्ट कास्ट एण्ड अदर ऐसेज (The Dominant Caste and Other Essays, 1986)*
- *दि कोहिजिव रोल ऑफ संस्कृताईजेशन (The Cohesive Role of Sanskritisation, 1989)*
- *ऑन लिविंग इन ए रिवोल्यूशन एण्ड अदर ऐसेज* (*On Living in a Revolution and Other Essays,* 1972)
- *सोश्योलॉजी इन देहली* (*Sociology in Delhi,* 1993)
- *विलेज, कास्ट, जेन्डर एण्ड मेथड* (*Village, Caste, Gender and Method,* 1996)
- *कास्ट — इट्स सेवन्टीएथ सेन्चुरी अवतार (Caste : Its Twentieth Century Avatar)*
- *इंडियन सोसायटी थ्रू पर्सनल राइटिंग्ज (Indian Society Through Personal Writings, 1996)*

श्रीनिवास ने लगभग अठारह पुस्तकें लिखी हैं। समाजशास्त्र का यह पुस्तक भंडार किसी भी अर्थ में छोटा नहीं है। उनकी एक निश्चित धारणा थी। वे कहते हैं कि पुस्तकों में जो कुछ लिखा है, उस पर अपनी समझ विकसित करना, केवल किताबी ज्ञान (Book View) है। वास्तविक ज्ञान तो क्षेत्रीय ज्ञान (Field View) है। इसका अर्थ हुआ लोग अपने दिन–प्रतिदिन के व्यवहार में जिस तरह की अंतर्क्रिया (Interaction) करते हैं, वही वास्तविक ज्ञान है। इसे देखा जा सकता है, इसमें भाग लिया जा सकता है, इसे परखा जा सकता है। जो कुछ श्रीनिवास ने लिखा है, वह वास्तव में घटित है, उन्होंने देखा है, उनकी अनुभूति है। रामपुरा गांव के

साथ उनका जो अनुभव रहा है, वह उन्होंने भोगा है। लोगों के आपसी झगड़ों में, उनसे हस्तक्षेप करने को कहा गया है, उनसे सुलह कराने की प्रार्थना की गई है। क्षेत्र से जब उनकी विदाई हुई, लोग उन्हें बैंड–बाजे के साथ छोड़ने आये। इससे अधिक किसी भी अनुसंधानकर्ता का अपने क्षेत्र के साथ जुड़ाव नहीं हो सकता, तादात्म्य नहीं हो सकता। वास्तविकता जानने की यही सही विधि। इसी क्षेत्रीय ज्ञान को श्रीनिवास के अनुसंधान करने की विधि बताया गया है। दूसरी ओर देखें तो ए.आर. देसाई एक एक्टिविस्ट थे। वे क्रियान्वयन (Praxis) में विश्वास रखते थे और घुर्ये ऐसे समाजशास्त्री थे जिनके लिए बुक व्यू ही सब कुछ था। संस्कृत ग्रंथ ही उनकी धरोहर था। हमने देखा कि अध्ययन विधि के बदल जाने से सामाजिक व्यवस्था की हमारी समझ भी बदल जाती है।

एम.एन. श्रीनिवास का समाजशास्त्र को योगदान
(M.N. Srinivas' Contributions to Sociology)

श्रीनिवास ने समाजशास्त्र के ज्ञान कोश में काफी वृद्धि की है। उन्होंने इसकी परिभाषा दी है। वे कहते हैं कि भारतीय समाज के संदर्भ में हमें धर्म, वर्ग, जाति, परिवार, गांव और जन–रीतियों को समझना चाहिए। ये सब संस्थाएं ही भारतीय समाज की मूल हैं, इन्हें समझ लिया तो संपूर्ण समाज को ही समझ लिया। यहाँ हम श्रीनिवास ने अवधारणात्मक रूप से समाजशास्त्र को जो कुछ दिया है, उसका विश्लेषण करेंगे।

दक्षिण भारत के कूर्ग लोगों में धर्म और समाज
(Religion and Society among the Coorgs of South India)

श्रीनिवास की कूर्ग लोगों पर लिखी गई इस पुस्तक का बड़ा दिलचस्प इतिहास है। सर्वप्रथम यह पुस्तक 1952 में प्रकाशित हुई थी और इसके मार्गदर्शक घुर्ये थे। भारतविधा के क्षेत्र में लिखी गई इस पुस्तक का बड़ा सम्मान हुआ। *कोन्ट्रीब्यूशन्स टू इंडियन सोश्योलॉजी* (1959) पत्रिका में ड्यूमो और पोकोक ने अपनी आलोचना में कहा कि यह पुस्तक अपने आप में शास्त्रीय यानी क्लासिकल है। इस पुस्तक में श्रीनिवास ने भारी–भरकम तथ्यों का विस्तृत (टाइप किये हुए कोई सौ पृष्ठों में) विश्लेषण किया। इसके बाद यह पुस्तक छपी थी। अब इसमें परिवर्तन आया। श्रीनिवास ने

इस थीसिस का मार्गदर्शक ही बदल दिया। अब घुर्ये का मार्गदर्शन नहीं रहा। उन्होंने ऑक्सफोर्ड विश्वविद्यालय के रेडक्लिफ–ब्राउन को मार्गदर्शक बनाया। लेकिन ब्राउन बहुत जल्दी सेवानिवृत्त हो गये और श्रीनिवास ने इवान्स–प्रिचार्ड को अपना नया मार्गदर्शक बनाया। सन् 1952 में कूर्ग की यह पुस्तक संशोधित रूप में आई। इस भांति इस पुस्तक के तीन मार्गदर्शक रहे हैं — पहले घुर्ये, दूसरे रेडक्लिफ–ब्राउन और तीसरे प्रिचार्ड। पहली बार यह पुस्तक पीएच.डी. डिग्री के लिए बंबई विश्वविद्यालय से थी और दूसरी बार अपने संशोधित रूप में ऑक्सफोर्ड से।

स्पष्ट है, यह पुस्तक तीन–तीन हाथों और दो–दो विश्वविद्यालयों से निकलने के बाद 'परिपक्व' हो गई। इस पुस्तक की ताकत यह है कि इसे ठोस सैद्धांतिक धरातल पर रखा गया है और इसे इस स्वरूप में रखने के प्रयास में रेडक्लिफ–ब्राउन की भूमिका महत्वपूर्ण रही है। इस तरह की टिप्पणी टी.एन. मदन ने अपनी पुस्तक *पाथवेज* (*Pathways,* 2000) में रखी है। श्रीनिवास अपनी पुस्तक में बड़ी सफलता के साथ यह बताते हैं कि कूर्ग समाज का धार्मिक विधियों (Rituals) के साथ बड़ा गहन संबंध था। इस पुस्तक की तीन मुख्य विशेषताएं रही हैं—

1. धार्मिक विधियों में विशुद्धता (Purity) और अपवित्रता (Pollution) की अवधारणा।
2. हिन्दू सामाजिक व्यवस्था की प्रवृत्ति गैर–हिन्दू धर्मों और समुदायों को अपने अंदर समाविष्ट करने की रही है।
3. सामाजिक व्यवस्था प्रकार्यात्मक (Functional) है। इसका एक भाग दूसरे भाग से जुड़ा हुआ है। यहीं पहली बार श्रीनिवास ने संरचना और प्रकार्य की अवधारणा को रखा।

वास्तव में कूर्ग पुस्तक के लिए तथ्य (Data) सामग्री एकत्र करने में श्रीनिवास को चार वर्ष लगे (1940–1943)। हुआ यह कि जब श्रीनिवास अपने अध्ययन क्षेत्र में थे, तो कई बार अस्वस्थ हो गये। क्षेत्र में आये, कुछ दिन रहे, और लौट गये। इस क्रम ने उन्हें हतोत्साह किया। वास्तव में उनकी रुचि सिद्धांत के क्षेत्र में काम करने की थी। लेकिन घुर्ये का आग्रह था कि वे क्षेत्र में जाकर ही काम करें। इधर एक और बदलाव आया। जब वे ऑक्सफोर्ड विश्वविद्यालय में थे तब उन्हें पुनः सिद्धांत के क्षेत्र में काम

करने की सलाह दी गई। इसका परिणाम यह हुआ कि श्रीनिवास के क्षेत्रीय कार्य और सिद्धांत का सही अनुपात है।

श्रीनिवास के कूर्ग के अध्ययन की बहुत बड़ी उपलब्धि यह है कि इन्होंने इसमें संरचनावाद और प्रकार्यवाद की अवधारणाओं का सूत्रपात किया। इसी पुस्तक में इन्होंने संस्कृतीकरण की अवधारणा को भी रखा है। देखा जाये तो इवान्स–प्रिचार्ड श्रीनिवास के गुरु थे, पर उन्होंने कूर्ग के विश्लेषण में कोई हस्तक्षेप नहीं किया। प्रिचार्ड का नूएर (अफ्रीका की जनजाति) का अध्ययन एक अलग ही प्रकार का अनुसंधान था। इन्हीं दिनों एस.एफ. नडेल की पुस्तक जो नूप जनजाति (1954) के बारे में थी, प्रकाशित हुई। इसमें भी विश्लेषण के लिए प्रकार्यात्मक विधि को अपनाया गया था। ब्राउन, नडेल आदि शक्तिशाली मानवशास्त्री थे पर श्रीनिवास इन सबसे ज्यादा मेलिनोस्की के अध्यापन से प्रभावित थे।

कूर्ग पर लिखने के बाद श्रीनिवास ने अन्य कई पुस्तकें भी लिखी हैं। लेकिन टी.एन. मदन कहते हैं कि आज भी कूर्ग पर लिखी गई पुस्तक उनकी सर्वोत्तम पुस्तक समझी जाती है। इस पुस्तक में वे अपनी ऊंचाइयों पर हैं। यह इसी पुस्तक में है कि श्रीनिवास ने उनकी संस्कृतीकरण (Sanskritization) विस्तार (Spread) की अवधारणाओं को रखा है। कूर्ग के समाज और धर्म की व्याख्या करते–करते हुए श्रीनिवास, जाति व्यवस्था, और हिन्दू धर्म पर भी लिखते हैं। उन्होंने अपनी अन्य कृतियों में भी जाति के विषय में बहुत कुछ लिखा है। वे जाति और राजनीति, जाति के भविष्य और जाति तथा पाश्चात्यीकरण पर भी लिखते हैं। वैसे संस्कृतीकरण की अवधारणा का उदय कूर्ग के अध्ययन से हुआ है, उस समय उनके दिमाग में पाश्चात्यीकरण की अवधारणा का कोई विचार नहीं था। यह अवधारणा स्पष्ट है, बाद की उपज है।

कूर्ग्स पर लिखी पुस्तक की आलोचना (Criticism of Coorgs' Book)

मैं निश्चित रूप से श्रीनिवास का जो स्थान समाजशास्त्र में है, इसका बहुत बड़ा कारण उनकी कूर्ग जाति पर लिखी गई पुस्तक है। इस पुस्तक के माध्यम से उन्होंने मुख्य रूप से निम्न योगदान दिया है—

प्रकार्यवाद को अपनाना

कूर्ग पुस्तक की बहुत बड़ी शक्ति उसके द्वारा प्रकार्यवाद को अपनाने की है। श्रीनिवास ने अपने क्षेत्रीय कार्य के आधार यह स्थापित किया है कि कूर्ग जाति की एकता का बहुत बड़ा कारण यह है कि इसके विभिन्न भाग एक–दूसरे से जुड़े हुए हैं। राजनीति, जाति, धर्म, कानून सब ताने–बाने में हैं। अगर कोई एक भाग काम करना बन्द कर दे तो लगेगा कि जैसे–जैसे सम्पूर्ण समाज ही ठप हो गया है। समग्रता कूर्ग जाति का मुहावरा है।

धर्म का अर्थ धर्मविधि (Ritual) के रूप में

कूर्ग पुस्तक का शीर्षक कूर्ग समाज में धर्म का स्थान है। मतलब है, धर्म समाज को जोड़ने वाली शक्ति है। यह सब होते हुए भी श्रीनिवास धर्म का वर्णन बहुत निम्न स्तर पर करते हैं। वे सम्पूर्ण पुस्तक को एक कर्मकाण्ड और धर्म विधि के रूप में देखते हैं। पूजा, आरती और धार्मिक त्यौहारों को मनाना धर्म विधि है। ये धर्म विधियाँ सम्पूर्ण कूर्ग जाति को एक सूत्र में बांधे रखती हैं। सामाजिक व्यवस्था के रख–रखाव का काम धर्म यानी धर्मविधियाँ ही करती हैं। आत्मा, परमात्मा, पाप–पुण्य आदि ऐसे धार्मिक सत्य हैं जिनको श्रीनिवास केवल छूते मात्र हैं। इनकी गहराई तक नहीं जाते।

संस्कृतीकरण (Sanskritization)

यह कूर्ग की तथ्य सामग्री से ही है कि श्रीनिवास ने संस्कृतीकरण की अवधारणा को रखा है। श्रीनिवास के बारे में लोग और कुछ जानें या न जानें, वे इस अवधारणा से भली–भांति परिचित हैं। यह अवधारणा ऐसी है जिसे सभी विद्वान समाजशास्त्र के साथ जोड़ते हैं।

श्रीनिवास ने पाया कि निम्न जातियों के लोग अपने–आपको ऊँचा उठाने के लिए, उच्च जातियों के विश्वास, रीति–रिवाज, धर्म, धर्मविधियाँ और खान–पान तथा पहनावे को अपनाते हैं। अर्थ हुआ, निम्न जातियाँ, ऊँची जातियों की संस्कृति को अंगीकार करने का प्रयास करती हैं। यह अवधारणा जातियों में होने वाले सामाजिक–सांस्कृतिक परिवर्तन को बताती है। इसमें निम्न जातियाँ, उच्च जातियाँ तो नहीं बन पातीं, पर शुद्धीकरण (Purity) अवश्य आ जाता है।

प्रारंभ में तो श्रीनिवास का कहना था कि निम्न जातियाँ ब्राह्मणों के रीति–रिवाजों और विश्वासों को अपनाती हैं। यह एक प्रकार का ब्राह्मणीकरण (Brahmanisation) था। इस तरह का विश्लेषण श्रीनिवास को भारत विधा के क्षेत्र में ले आता है। इसकी आलोचना हुई और श्रीनिवास ने अपने विश्लेषण में बदलाव ला दिया। उन्होंने ब्राह्मणों के स्थान पर उच्च जातियों को रख दिया।

हिन्दू धर्म की व्यापकता (Spread of Hindu Religion)

कूर्ग में संस्कृतीकरण की जिस अवधारणा का उल्लेख श्रीनिवास ने किया है, उसकी व्याख्या अधूरी है यदि हम उनकी एक और अवधारणा व्यापक (Spread) का विश्लेषण नहीं करते हैं तो हिन्दी में समाजशास्त्र लिखने वाले समाजशास्त्रियों ने अंग्रेजी शब्द स्प्रेड का अनुवाद फैलाव भी किया है। श्रीनिवास ने संस्कृतीकरण की व्याख्या को कई स्तरों पर देखा है — स्थानीय (Local), क्षेत्रीय (Regional) और अखिल भारतीय स्तर (All India Level) हिन्दू धर्म का फैलाव या उसकी व्यापकता बहुत विशाल है। इस धर्म में कुछ मूल्य हैं जो इसे सारे देश में एक समान बना देते हैं। जाति व्यवस्था दस सजातीय मूल्यों के साथ जुड़ी है। जब श्रीनिवास संस्कृतीकरण की चर्चा करते हैं। तो कहते हैं कि सभी निम्न जातियों में यह बदलाव देखने को मिलता है कि वे अखिल भारतीय स्तर पर उच्च जातियों का अनुकरण करना चाहती हैं। श्रीनिवास का तर्क हिन्दू धर्म की व्यापकता या फैलाव से है। कूर्ग की जाति व्यवस्था की तरह सम्पूर्ण देश में जाति व्यवस्था है और सम्पूर्ण देश में हिन्दू धर्म की व्यापकता है। वे आग्रहपूर्णक कहते हैं कि देश के दूर–दराज के कोनों में सांस्कृतिक मूल्य देखने को मिलते हैं। अतः यहाँ भी संस्कृतीकरण की प्रक्रिया दृष्टिगोचर होती है।

श्रीनिवास ने कूर्ग पुस्तक में अम्मा कूर्ग जाति का उल्लेख किया है। अम्मा कूर्ग विशाल कूर्ग जाति की एक उपजाति है। इस उपजाति ने संस्कृतीकरण के माध्यम से मूल कूर्ग जाति से अपने आपको बहुत आगे बढ़ा दिया है। अब यह अम्मा उपजाति एक प्रगतिशील जाति समझी जाती है जबकि मूल कूर्ग जाति दकियानूस और पिछली मानी जाति है। श्रीनिवास का निष्कर्ष है कि संस्कृतीकरण की प्रक्रिया प्रगतिशील प्रक्रिया है।

आखिर संस्कृति से श्रीनिवास का क्या तात्पर्य है? उनका कहना है कि संस्कृति के मूल्य संस्कृत ग्रन्थों में भरे पड़े हैं। ये ग्रन्थ केवल स्थानीय नहीं हैं। इनकी व्यापकता सम्पूर्ण देश में है। यहाँ तक कि पिछड़े राज्यों में भी संस्कृत ग्रन्थों की महिमा महत्वपूर्ण रही है। अतः संस्कृति वह है जो संस्कृत ग्रन्थों में है। ब्राह्मण या द्विज जातियाँ संस्कृत ग्रन्थों में निहित इसी संस्कृति को अपनाती हैं। नियमित पूजा करना, उपवास रखना, तीर्थ यात्रा करना, लक्ष्मी या शंकर का उपवास रखना, दशहरा या छठ पूजा ये सब धर्म विधियाँ संस्कृत ग्रन्थों से ली गई हैं या सीता और द्रोपदी के दृष्टान्त, अनुसूया और सावित्री के आख्यान, राम और युधिष्ठिर के मिथक, सभी द्विज जातियों के मार्गदर्शक हैं। इनको अपनाना संस्कृतीकरण है। इसमें श्रीनिवास ने दो मुख्य तत्वों पर जोर दिया है। पहला तो यह कि संस्कृत ग्रन्थों में हमारी संस्कृति का भण्डार भरा पड़ा है, और दूसरा यह है कि इस भंडार की व्यापकता (Spread) विशाल है — स्थानीयता से लेकर क्षेत्रीयता और अखिल भारतीय स्तर तक।

संस्कृतीकरण के संदर्भ में यहाँ एक बात और कहनी चाहिए। जब कोई निम्न जाति उच्च जाति के रीति–रिवाज, विश्वास और परम्परा को अपना लेती है, तो इसमें जाति का परिवर्तन नहीं आता। श्रीनिवास का कहना है कि जाति की जो उच्चोच्च व्यवस्था है, वह तो बनी रहती है लेकिन निम्न जाति का इस व्यवस्था में जो पद या स्थान (Position) था, वह ऊँचा हो जाता है। उदाहरण के लिए चमार की मरे हुए जानवर के मांस को खाने की जो रीति थी या जानवर की खाल उतारने की जो परम्परा थी, जब संस्कृतीकरण द्वारा त्याग दी जाती है तब जातियों में इनका स्थान ऊँचा हो जाता है। फिर भी से वे क्षत्रिय या ब्राह्मण का दर्जा नहीं ले पाते।

संस्कृतीकरण की अवधारणा जातियों में होने वाले परिवर्तन को बताती है। तब क्षैतिज (Horizontal) परिवर्तन है। आज जब देश में परिवर्तन तीव्र गति से हो रहे हैं, भूमण्डलीकरण आ रहा है, ऐसी अवस्था में संस्कृतीकरण की अवधारणा महत्वपूर्ण बन जाती है।

कूर्ग जाति में धर्म और समाज

यह घुर्ये थे जिन्होंने श्रीनिवास को मैसूर की कूर्ग जाति के अध्ययन की सलाह दी थी। इस प्रबंध को प्रारंभ में बंबई विश्वविद्यालय में प्रस्तुत किया

गया था। इसका संशोधित रूप ऑक्सफोर्ड विश्वविद्यालय में दिया गया। यह कृति आज भी एक महानतम ग्रंथ समझी जाती है। श्रीनिवास ने कूर्ग के अध्ययन के बाद मुख्य रूप से समाजशास्त्र को निम्न योगदान दिया—

1. प्रकार्यवाद — धर्म का संपूर्ण समाज के साथ प्रकार्यात्मक संबंध है।
2. फैलाव या व्यापकता — हिन्दू धर्म या इस अर्थ में जातियां हैं — स्थानीय, क्षेत्रीय और अखिल भारतीय।
3. संस्कृतीकरण — वे मूल्य और परंपराएं जो संस्कृत ग्रंथों में निहित हैं। निम्न जातियां इनका अनुकरण उच्च जातियों से करती हैं। यह एक प्रकार का ब्राह्मणीकरण या द्विजीकरण है।
4. समावेशन की समस्या — श्रीनिवास कूर्ग पुस्तक में यह तो बताते हैं कि कूर्ग जाति के लोग संस्कृतीकरण की प्रक्रिया को अपनाकर हिन्दू जाति व्यवस्था में तो अपना समावेश कर लेते हैं लेकिन निम्न जातियां इस प्रक्रिया द्वारा हिन्दू व्यवस्था में अपना पृथक स्थान बना सकेंगी या नहीं, इस विषय पर कोई टिप्पणी नहीं करते।

कूर्ग जाति पर लिखी श्रीनिवास की पुस्तक महत्वपूर्ण इसलिए है कि इसमें उन्होंने कुछ ऐसी अवधारणाएं दी हैं जिन पर आज भी विवेचन हो रहा है। ये अवधारणाएं प्रकार्यवाद, फैलाव, संस्कृतीकरण और हिन्दू समाज में समावेशन (Incorporation in Hindu Society) की हैं। श्रीनिवास का यह योगदान अवधारणाओं तक ही सीमित है। इन अवधारणाओं को किसी भी अर्थ में सिद्धांत नहीं कहा जा सकता। सिद्धांत तो सार्वभौमिक (Universal) होते हैं, अवधारणाएं विशिष्ट या स्थानीय।

जाति — हिन्दू धर्म का संरचनात्मक आधार
(Caste: Structural Basis of Hinduism)

श्रीनिवास के किसी भी विवेचन में धर्म बहुत महत्वपूर्ण है और धर्म से उनका तात्पर्य हिन्दू धर्म से है और हिन्दू धर्म को वे धर्म विधियों के माध्यम से समझते हैं। विधियां मूल्यों से बनी हैं। इन मूल्यों को श्रीनिवास ने संरचना (Structure) के रूप में देखा है और यह संरचना मूल में जाति व्यवस्था है। इसी कारण श्रीनिवास की पुस्तकों में जाति पर लिखी पुस्तकों की बहुतायत है। वे भारतीय संरचना का तात्पर्य भी जाति व्यवस्था से ही लेते हैं। उनकी

रुचि संरचना की गतिशीलता (Dynamics) में भी रही है। जब वे जाति का विश्लेषण करते हैं, तब जाति परिवर्तन के कई मुद्दे उठाते हैं। अध्याय के इस भाग में हम जाति से जुड़ी हुई, कई अवधारणाओं का उल्लेख करेंगे। ये अवधारणाएं श्रीनिवास की उपलब्धियां (Achievements) हैं।

प्रभव जाति (Dominant Caste)

श्रीनिवास ने ग्रामीण अध्ययन में बड़ी रुचि दिखाई है। देखा जाये तो बीसवीं शताब्दी के मध्य में चलकर भारत में ग्रामीण अध्ययन का एक ऐसा दौर आया कि हर कोई इसी अध्ययन में लग गया। गांवों का अध्ययन करना समाजशास्त्रियों के लिए फैशन बन गया। स्वयं श्रीनिवास ने *इंडियाज विलेजेज* (*India's Villages*) पुस्तक का संपादन किया। रामपुरा गांव के अध्ययन के लिए तो वे एक लोकप्रिय मानवशास्त्री रहे हैं। इन्हीं गांवों के लिए उन्होंने प्रभव जाति (Dominant Caste) की अवधारणा को रखा है। सबसे पहले यह अवधारणा श्रीनिवास ने अपने एक लेख में 1951 में रखी थी। इस लेख का वर्णन था — "सोश्यल स्ट्रक्चर ऑफ ए मैसूर विलेज" *इकॉनोमिक वीकली* (*Economic Weekly*) में छपा था। इसके बाद इस अवधारणा को अधिक विस्तार के साथ उन्होंने अपने एक और निबंध में रखा। इसे *अमेरिकीन एन्थ्रोपोलॉजिस्ट* (1959) ने छापा। इसका शीर्षक भी रामपुरा में प्रभव जाति, था और इसके बाद तो स्वयं श्रीनिवास और अन्य मानवशास्त्रियों ने प्रभव जाति की अवधारणा का प्रयोग कई राजनीतिक प्रक्रियाओं के रूप में विश्लेषण में किया।

मानवशास्त्र में यह भी कहा जाता है कि प्रभव जाति की अवधारणा को श्रीनिवास ने अफ्रीका के समाजशास्त्र से चुरा लिया है। श्रीनिवास ने इस आरोप का खण्डन किया है। वे कहते हैं कि रामपुरा और कूर्ग की जो तथ्य सामग्री है, वह इतनी वजनदार है कि इसी के आधार पर उन्होंने इस अवधारणा को रखा है। यह तथ्यों का दबाव है। इसमें अफ्रीका से कुछ चुराने की बात नहीं है। कूर्ग में स्थानीय कूर्ग और ओकीलिया जातियों का इतना प्रभाव है कि अन्य जातियां कुछ नहीं कर सकतीं।

प्रभव जाति किसे कहते हैं? (What is Dominant Caste?)

सामान्यतया भारत के अधिकांश गांवों में एक से अधिक जातियां रहती हैं। अपवाद रूप में ही एक गांव में केवल एक ही जाति रहती है। दक्षिण भारत

के गांवों में एकाधिक जातियां पाई जाती हैं। ऐसी अवस्था में गांव पर किस जाति का प्रभुत्व रहता है। यानी गांव को कौन चलाता है? गांव पर किसकी हुकूमत चलती है? ऐसे कई प्रश्नों के उत्तर खोजने का प्रयास श्रीनिवास ने किया है। विशेषकर कूर्ग जातियों और रामपुरा गांव की जातियों में। उन्हें जो तथ्य सामग्री मिली इसके आधार पर उन्होंने प्रभव जाति के निम्न लक्षण बताये हैं—

1. प्रभव जातियों के पास निर्णायक शक्ति (Decisive Power) होती है। ये जिधर चाहे, उधर पासा पलट सकती हैं।
2. प्रभव जाति के पास बहुमत की प्रबलता होती है। यह जाति ग्रामीण स्तर पर बहुसंख्यक (Majority) होती है। ग्रामीण अध्ययनों के आधार पर और सामान्य जानकारी के हिसाब से हम कहते हैं कि यह गांव ब्राह्मणों का गांव है, राजपूतों का गांव है। इसका यह अर्थ नहीं कि इस गांव में ब्राह्मणों या राजपूतों के अतिरिक्त और कोई जातियां नहीं रहतीं। रहती तो अवश्य हैं लेकिन बहुसंख्यक होने के नाते, ये गांव इन जातियों के नाम से जाने जाते हैं।
3. प्रभव जातियां आर्थिक दृष्टि से सम्पन्न होती हैं। इसका तात्पर्य यह हुआ कि प्रभव जाति के पास गांव में सबसे अधिक भूमि होती है। या कहिये उपजाऊ और सिंचित भूमि का बहुत बड़ा भाग इन जातियों के पास होता है। ये जातियां नकद फसल पैदा करती हैं। इनका उत्पादन उपयोग से कहीं अधिक होता है। इनके खेतों पर कई दिहाड़ी मजदूर काम करते हैं।
4. प्रभव जातियां संस्कृतीकरण की मॉडल होती हैं। श्रीनिवास का यह भी कहना है कि गांव की अ–प्रभव जातियां प्रभव जातियों को संस्कृतीकरण के लिए उपयुक्त मॉडल या आदर्श मानती हैं।
5. प्रभव जाति की अवधारणा में संघर्ष निहित है। ऐसा गांव में नहीं होता कि किसी जाति की प्रभवता को कोई चुनौती नहीं देता। आये दिन चुनाव होते हैं। फसल बढ़ जाती है, गिर जाती है, प्रतिस्पर्द्धा चलती ही रहती है। पंचायती राज के फंडे होते ही रहते हैं। इस सबमें प्रभव जाति को हमेशा संघर्ष से गुजरना पड़ता है।

संस्कृतीकरण एक सकारात्मक (Positive) प्रक्रिया है। इसके द्वारा निम्न जातियां अनुकरण करके उच्च जातियों के स्तर पर आने का प्रयास करती हैं। इस अवस्था में संघर्ष की धार भोथरी हो जाती है।

6. धर्म विधि में उच्च स्थान — श्रीनिवास का कहना है कि प्रभव जाति का धर्म विधि में या स्तरीकरण में ऊंचा स्थान होना चाहिए।

प्रभव जाति की आलोचना (Criticism of Dominant Caste)

जब 1950 के दशक में प्रभव जाति की अवधारणा का आविर्भाव हुआ था, इसकी खूब चर्चा हुई थी, आज तो यह अवधारणा लगभग अप्रासंगिक हो गई है। एस.सी. दुबे, बी.के. राय बर्मन जैसे मानवशास्त्रियों ने तो इस अवधारणा को सिरे से नकार दिया। यहाँ हम इस अवधारणा की आलोचना निम्न बिंदुओं में करेंगे—

कई नये लक्षणों का आविर्भाव

यह सही है कि प्रभव जाति की अवधारणा का संबंध श्रीनिवास ने गांवों के साथ जोड़ा है। वे शहरी समाज की कोई चर्चा इस विषय में नहीं करते, लेकिन गांव में आज किसी केप्स्यूल की तरह देखा या क्षेत्र की मुख्य धारा से पृथक नहीं हैं। उनमें भी अब प्रभव जाति बनने के कई अन्य लक्षण आ गये हैं। यांत्रिकी (Technology) अब पर्याप्त रूप में आ गई है। खेती स्वयं पूंजीवादी हो गई है। तकनीकी शिक्षा गांवों के लिए सामान्य बात हो गई है। अब गांव मीडिया से जुड़ गये हैं। लक्षण बहुत हैं और प्रभव जाति के बनाने तथा बिगाड़ने में इनका योगदान किसी तरह कम नहीं है।

स्वयं श्रीनिवास भी इस तथ्य को स्वीकार करते हैं। उस समय कूर्ग जाति और रामपुरा में उन्हें जो कुछ मिला, उसी का विश्लेषण उन्होंने किया है।

जातियों का राजनीतिकरण

श्रीनिवास की प्रभव जाति की कब्रगाह सरकार की आरक्षण नीति (Reservation Policy) सिद्ध हुई है। अल्प संख्या में रहते हुए भी वे कमजोर वर्ग जो अनुसूचित जाति, जनजाति की श्रेणी में हैं, प्रभव (Dominant) समझे जाते हैं। गांव की बागड़ोर उन्हीं के हाथों में होती है। वे ही गांव पर हुकूमत करते हैं।

प्रभव जाति और संस्कृतीकरण में साम्यता

सूरज बन्ध्योपाध्याय ने प्रभव जाति की आलोचना में कहा कि श्रीनिवास संस्कृतीकरण और इस अवधारणा में बड़ी साम्यता रखते हैं। प्रभव जाति संघर्ष के माध्यम से अपने उद्देश्यों को पूरा करती है। उसके पास शक्ति है, धन है, राजनीतिक अधिकार हैं, अधिक जमीन है, उसके खेत पर खेतिहर मजदूर हैं। दूसरी ओर निम्न जातियां अनुकूलन और सामंजस्य द्वारा प्रभव जाति के समकक्ष आने का प्रयास करती हैं। इस दृष्टि से देखें तो अपने–अपने उत्कर्ष के लिए दोनों जाति व्यवस्था में अपनी स्थिति को सुधारना चाहती हैं।

श्रीनिवास जाति व्यवस्था में आने वाले परिवर्तन की व्याख्या प्रभव जाति के माध्यम से करते हैं। इसकी आलोचना भी खूब हुई है। एस.सी दुबे का कहना है कि ग्रामीण सामाजिक परिवर्तन की व्याख्या जाति के माध्यम से करना केवल पूर्वाग्रह मात्र है। कई जातियों से जुड़े हुए लोग परिवर्तन लाने में भागीदार होते हैं। किसी भी एक जाति को चाहे वह कितनी ही शक्तिशाली न हो, समझाया नहीं जा सकता है।

श्रीनिवास का यह कहना बहुत महत्वपूर्ण है कि उन्होंने कहीं भी अछूत जाति को प्रभव जाति होते हुए नहीं देखा। इससे आगे बढ़कर आज के संदर्भ में यह कहना प्रासंगिक है कि पंचायती राज के इस दौर में प्रभव जाति कोई मतलब नहीं रखती। भारत एक प्रजातांत्रिक, धर्मनिरपेक्ष और एकाधिक संस्कृतियों का देश है। इसमें किसी एक जाति की प्रभुता नहीं चल सकती। स्थिति तो यह है कमजोर और दलित वर्गों की भागीदारी के बिना गांव की व्यवस्था, प्रशासन और कानून नहीं चल सकते।

यह स्थापित करने के लिए कोई भगीरथ प्रयास करने की आवश्यकता नहीं है कि आज के समाजशास्त्र में प्रभव जाति की अवधारणा कोई महत्वपूर्ण अवधारणा है। यह अवधारणा कल महत्वपूर्ण थी, आज नहीं है। आज तो इसका यही महत्व है समाजशास्त्र के अवधारणात्मक रथ को आगे ढेलने में श्रीनिवास का योगदान बहुत ही महत्वपूर्ण रहा है।

जाति का राजनीति से संयोजन (Linkage of Caste with Politics)

जब श्रीनिवास ने कूर्ग जाति का अध्ययन किया था, उनके दिमाग में मुख्य फोकस धर्म का था। वे स्थापित करना चाहते थे कि ग्रामीण समाज या

जातियां धर्म और धर्म विधियों (Ritual) से जुड़े हुए थे। श्रीनिवास का केन्द्र बिन्दु धर्म था। इस पुस्तक को लिखने के बाद वे फिर कभी धर्म के विश्लेषण के लिए नहीं लौटे। यह अवश्य है कि *एनक्लोपेडिया ऑफ दि सोश्यल साइन्सेज और एनस्लाइकोपेडिया ब्रिटेनीका* के लिए उन्होंने हिन्दुत्व पर रुचिकर लेख लिखे। पर इसके बाद उन्होंने धर्म पर लिखने के लिए कभी कलम नहीं चलाई।

धर्म की व्याख्या करते हुए उन्होंने जाति को उठाया और कहा कि जाति धर्म का संरचनात्मक मूल है। धर्म को यदि मूल रूप में देखना हो तो जातियों को देखिये। इस मसले को मेक्स वेबर ने जब उन्होंने हिन्दू धर्म की व्याख्या की तब उठाया था। वेबर का विचार था कि जाति की उत्पत्ति धर्म से है। श्रीनिवास ने भी इसी विचार को रखा कि धर्म को जाति में देखा जा सकता है। ऐसा कहने में श्रीनिवास किसी भी रूप में वेबर से प्रभावित नहीं थे।

श्रीनिवास ने कूर्ग पुस्तक के बाद जाति को अपना फोकस बनाया। वे जाति के कई रूप देखते हैं। इसके कई अवतार हैं। जाति राजनीति में है, शिक्षा में है, प्रशासन में है, गांव और शहर में है। देखा जाये तो संपूर्ण भारतीय समाज, विभिन्न जातियों का समाज है। भारतीय सामाजिक व्यवस्था जातीय व्यवस्था है।

इंडियन साइन्स कांग्रेस के अधिवेशन में जो मानवशास्त्र और पुरातत्व शास्त्र पर आधारित था, सन् 1957 में श्रीनिवास ने एक बड़ा महत्वपूर्ण व्याख्यान दिया। इसमें उन्होंने कई जाने–माने विद्वानों और पत्र–पत्रिकाओं का संदर्भ देकर बताया कि प्रजातांत्रिक राजनीतिक लाभ के लिए अब जाति को राजनीति में घसीटा जा रहा है। जाति का राजनीतिकरण किया जा रहा है।

श्रीनिवास किसी भी स्थिति में देश में राष्ट्रीय एकीकरण (National Integration) को लाना चाहते थे। उन्होंने अपने व्याख्यान में कहा—

> देश में विभाजन (जातियों को) को लेकर भयभीत होने की हमें कोई आवश्यकता नहीं है। यह सही है कि व्यक्ति अपने आप को जाति, गांव, क्षेत्र, राज्य और धर्म का मानता है। कहता है कि वह इन सबके प्रति निष्ठावान् है। लेकिन यह सब होते हुए भी गणतांत्रिक भारत के नागरिक होने की उसकी वफादारी में कोई कमी नहीं।

जाति के सिलसिले में श्रीनिवास के बारे में एक और बात कहनी चाहिए। यह सही है कि आज प्रभव जाति की प्रासंगिकता इतनी नहीं है, जब इस पर लिखा गया था। टी.एन. मदन *पाथवेज* में लिखते हैं कि श्रीनिवास के जाति पर लिखे गए निबंध 1950 के दशक के हैं। उस समय राजनीतिक गतिविधियां चरम सीमा पर थीं। सभी ओर चुनावी माहौल था। जब श्रीनिवास के लेख स्थानीय अखबारों और व्यावसायिक जनरल्स में छपे तब उनकी बड़ी चर्चा हुई। प्रभव जाति राजनीतिज्ञों के सूटकेस में गई और लाखों लोगों को लगा कि समाजशास्त्र कोई विलासिता का समाज विज्ञान नहीं है, इसका उपभोग आम आदमी के लिए है। शायद श्रीनिवास की समाजशास्त्र को यह बहुत बड़ी देन है।

सन् 1962 में श्रीनिवास की पुस्तक *फास्ट इन मॉडर्न इंडिया एण्ड एसेस* प्रकाशित हुई। इसमें उन्होंने जाति व्यवस्था पर ढेर सारे प्रश्न उठाये। संस्कृतीकरण, पाश्यात्यीकरण, औद्योगीकरण आदि मुद्दों को उन्होंने इस पुस्तक में रखा। जाति और राजनीति, भारतीय एकता, जाति व्यवस्था का भविष्य आदि समस्याओं पर उन्होंने अपने विचारों को रखा है। जाति पर लिखी इस पुस्तक के कई संस्करण प्रकाशित हुए हैं। इससे पहले 1959 उन्होंने अपने तीन सहयोगियों के जाति पर एक ट्रेन्ड रिपोर्ट को भी लिखा है।

श्रीनिवास के जातियों के परिवर्तन पर विचार
(Srinivas on the Changing Caste)

अमेरिका के बर्कले में स्थित कैलिफोर्निया विश्वविद्यालय में श्रीनिवास ने टैगोर मेमोरियल व्याख्यान माला में समाज तथा जाति के संबंध में व्याख्यान दिये। इन व्याख्यानों को उन्होंने *सोश्यल चेंज इन मॉडर्न इंडिया* में 1966 में प्रकाशित किया। यह पहली बार था कि श्रीनिवास ने सूक्ष्म अध्ययन (Micro-studies) को छोड़कर अखिल भारतीय ऐतिहासिक प्रक्रियाओं का सहारा लेकर सामाजिक परिवर्तन की व्याख्या की थी।

श्रीनिवास ने जाति में होने वाले परिवर्तन को गांव से बाहर निकलकर विशाल स्तर पर देखने का प्रयास किया। यद्यपि संविधान जाति को सरकारी काम–काज में कोई स्थान नहीं देता फिर भी श्रीनिवास को लगा

कि जाति भारतीय जीवन के हर क्षेत्र में उपस्थित है। कानूनी तौर पर राज्य जाति को कोई मान्यता नहीं देता लेकिन व्यावहारिक स्तर पर राज्य में परोक्ष रूप से जाति का पूरा महत्व है।

अध्ययन विधि के स्तर से देखें तो श्रीनिवास अब मानवशास्त्री के साथ समाजशास्त्री भी बन गये। अब उनकी विधि सूक्ष्म (Micro) से विशाल (Macro) की ओर आ गई। उन्होंने सूक्ष्म विधि द्वारा जाति की जो तथ्य सामग्री ग्रामीण स्तर पर एकत्र की थी उसका सामान्यीकरण (Generalization) देश के विभिन्न भागों पर किया। संस्कृतीकरण और प्रभव जाति की अवधारणाओं को उन्होंने हिन्दू जातियों ही नहीं, मुसलमानों और आदिवासियों पर भी लागू किया। श्रीनिवास ने कोशिश की कि जाति की अवधारणाओं को सार्वभौमिक बनाया जाये।

श्रीनिवास के जाति से जुड़े अध्ययन की आलोचना (Criticism of Srinivas's Study on Caste)

यह संयोग ही था कि धर्म और समाज का अध्ययन करने वाले श्रीनिवास जाति के अध्ययन में जुट गये और जाति का यह अध्ययन सूक्ष्म से विशाल की ओर पहुंच गया। वैसे हमारे यहाँ उपनिवेश युग को मानवजाति अध्ययन (Ethnic) युग कहा जाता है। अंग्रेज यहाँ अपनी जड़ें जमाना चाहते थे। वे इस समाज के रीति–रिवाज को समझना चाहते थे। हटन ने तर्क दिया था कि जाति को समझना भारतीय समाज को समझने के लिए आवश्यक है। मानवशास्त्र ने उपनिवेशवादी हुकूमत को मजबूत करने में बड़ी मदद की थी। यह मानवशास्त्र की कुसेवा थी।

पचास के दशक में हम स्वतंत्र हो गये थे। हमारा संविधान बन गया था। जाति को हमने नकार दिया था। ऐसी स्थिति में श्रीनिवास का जाति पर भारी–भरकम साहित्य किस काम का था। क्या यह भारतीय मानवजाति अध्ययन के संग्रह को मजबूत करना था। पचास के दशक में देश के सामने समस्याओं का अंबार था। देश का विभाजन हो गया था। दिल्ली में लौटने वाली रेलगाड़ियां लाशों से भरी होती थीं। नगर और महानगर शरणार्थियों के तंबुओं से अटे पड़े थे।

श्रीनिवास के जाति पर लिखे साहित्य की आलोचना हम निम्न बिन्दुओं में करेंगे—

समाजशास्त्र में गुटबन्दी

किसी भी विधा की तरह समाजशास्त्र में भी गुटबंदी है। यहाँ मुम्बई के समाजशास्त्र का गुट है और दूसरा गुट यू.पी. का। ये गुट अपने धड़े के समाजशास्त्रियों को मठाधीश की तरह स्थापित करने का प्रयास करते हैं। इस दौड़ में लिखे हुए काम की अच्छाई खो जाती है। कुछ आलोचकों का कहना है कि श्रीनिवास इस गुटबंदी के कारण ही समाजशास्त्रीय विचारक समझे जाते हैं।

आर्थिक संदर्श का अभाव

श्रीनिवास जातियों को धर्म विधि (Rituals) के संदर्श में देखते हैं। देखा जाये तो धर्म उनका पूर्वाग्रह (Prejudice) है। वे इसे छोड़ नहीं सकते। इसी कारण उन्होंने द्विज जातियों के धर्म, विश्वास, संस्कार, पूजा–पाठ को संस्कृतीकरण का क्षेत्र माना है। पहले उन्होंने इसे ब्राह्मणीकरण की प्रक्रिया ही कहा था। वे निम्न जातियों के लिए ब्राह्मणों को आदर्श बनाना चाहते थे। किसी भी एकाधिक संस्कृति (Plural Culture) वाले समाज में जाति का इस तरह का विश्लेषण, सही नहीं कहा सकता। जातियों की समस्याएं संस्कृति की नहीं आर्थिक हैं। निम्न जातियों में तो गरीबी भयंकर है। इस पर श्रीनिवास चुप हैं।

हाल में आरक्षण का जो आंदोलन देश में चला है, उससे उच्च जातियां परेशान हैं। ब्राह्मणों का, जाति स्तरीकरण में धर्म विधि की दृष्टि से सबसे ऊंचा स्थान है। इसमें कोई विवाद नहीं। यह होने पर भी आरक्षण के इस दौर में द्विज जातियां भी आंदोलन करने को तैयार हैं। उन्हें धर्म विधि स्थिति की चिंता नहीं है। उन्हें तो आरक्षण चाहिए — भौतिक लाभ चाहिए। ये आंकड़े एकबारगी श्रीनिवास को अप्रासंगिक बना देते हैं।

जातियों का अध्ययन भारत विधा के अतिरिक्त कुछ नहीं

शायद हटन और रिजले के अतिरिक्त, श्रीनिवास ही तीसरे समाजशास्त्री हैं, जिन्होंने जाति व्यवस्था पर बहुत बड़े साहित्य का निर्माण किया है। उन्हें भारत विद्या शास्त्री कहा जाना चाहिए। वे मूलतः इन्डोलॉजिस्ट (Indologist) थे। उनका यह पूर्वाग्रह अन्य वर्गों पर लिखने के लिए प्रेरित नहीं करता। मुसलमान, सिख, ईसाई उनके अध्ययन क्षेत्र से बाहर हैं।

उपसंहार (Conclusion)

श्रीनिवास द्वारा जाति व्यवस्था पर किया गया विश्लेषण बहुत ही अमूल्य है। इस विश्लेषण के आधार पर उन्होंने संस्कृतीकरण, फैलाव और प्रभव जाति जैसी अवधारणाएं भी दी हैं। लेकिन उनमें विरोधाभास भी कम नहीं है। ऐसा लगता है कि अपने समय के समाज की समस्याओं को उन्होंने अनदेखा कर दिया। समझा गया है कि जाति देश को तोड़ने वाली है। इसे असंवैधानिक बना दिया गया। फिर भी लगातार 1950 के दशक से वे जाति पर ही लिखते रहे। देश के कई अन्य मसले रहे हैं, चुनौतीपूर्ण भी रहे हैं, पर इन पर श्रीनिवास ने कलम नहीं चलाई।

श्रीनिवास की अंतिम पुस्तक — *स्मरण रखा गया गांव (रामपुरा)* [Srinivas's Last Book: *Remembered Village (Rampura)*]

श्रीनिवास की पुस्तक *रिमेम्बर्ड विलेज* की एक बड़ी दिलचस्प कहानी है। घटना सन् 1970 की है। श्रीनिवास पालो आल्टो (अमेरिका) में थे। वे अपने अध्ययन के लिए गांव (दक्षिणी कर्नाटक राज्य) रामपुरा में गये थे। तथ्यों का पुलंदा उन्होंने पिट्सबर्ग यूनिवर्सिटी के दफ्तर में दिया। दूसरे दिन जब वे दफ्तर पहुंचे तो नम आंखों से देखा कि उनका दफ्तर धूं–धूं करके धधक रहा था। सब कुछ खाक हो गया। रामपुरा की तथ्य सामग्री जल चुकी थी। अब रामपुरा के बारे में श्रीनिवास को जो कुछ जानकारी थी, वह उनके मस्तिष्क में ही थी, विस्मृति के गर्त में ही थी। अब वे क्या करें उदास और निराश्रय।

पछताने से क्या हो सकता है। उनके मित्रों ने और विशेष करके सोल टोक्स ने सलाह दी कि उन्हें रामपुरा के बारे जो कुछ याद है, उसी को वे लिख देंवे। अब श्रीनिवास ने विस्मृत रामपुरा को याद करने की कोशिश की और इसके परिणाम *रिमेम्बर्ड विलेज* पुस्तक में हमारे सामने आए। इसीलिए इसे श्रीनिवास ने इसे स्मरण किया गया गांव नाम दिया है।

रामपुरा गांव की पुस्तक की विशेषताएं (Attributes of the Book on Rampura)

समाजशास्त्र में *रिमेम्बर्ड विलेज* को एक क्लासिकल प्रबंध माना जाता है। इसे लिखने की सलाह श्रीनिवास को लंदन में रेडक्लिफ–ब्राउन ने 1945 में दी थी। बाद में जब वे भारत लौटे, इस अध्ययन के लिए क्षेत्रीय कार्य को

उठाया। यह कार्य कर्नाटक राज्य के एक गांव में किया गया। पुस्तक में कुल ग्यारह अध्याय हैं।

पहले अध्याय में उन्होंने बताया है कि इस पुस्तक को लिखने का विचार उनके मस्तिष्क में कैसे आया। गांव का चयन, वे कहते हैं, किसी तर्क, विधि द्वारा नहीं किया गया। वास्तव में रामपुरा गांव उन्हें भा गया। उनका मन इस गांव का अध्ययन करने के लिए भावुक हो गया। पुस्तक का दूसरा अध्ययन रामपुरा गांव का परिचय देता है। श्रीनिवास गांव के लोगों के साथ किस भांति सामाजिक संबंध स्थापित कर पाये, इसका ब्यौरा भी इसी अध्याय में है। श्रीनिवास ने दूसरों को किस भांति अपना मित्र बनाया और दूसरों ने उन्हें कैसे अपना मित्र बनाया, यह सब इस अध्याय में है। यहाँ पर लेखक गांव की आर्थिक दशा का भी विवरण देते हैं। किसानों की माली दशा का उल्लेख भी करते हैं।

पुस्तक का तीसरा अध्याय हमें रामपुरा गांव की सामाजिक संरचना की जानकारी देता है। गांव में तीन व्यक्ति महत्वपूर्ण हैं — कूले गोवड़ा, नाडू गोवड़ा और स्वयं श्रीनिवास का अनुसंधान सहायक। इन्हीं व्यक्तियों ने बतलाया कि गांव की आर्थिक व्यवस्था कैसे चलती है और गांव में लोग किस भांति कृषि मजदूरी करते हैं।

श्रीनिवास रामपुरा पुस्तक के चौथे अध्याय में कृषि का वर्णन करते हैं। इस गांव का मुख्य व्यवसाय खेती है। खेती को वे सबसे बड़ा व्यवसाय मानते हैं। यही यहाँ की महत्वपूर्ण गतिविधि है। सब कुछ कृषि के इर्द–गिर्द घूमता है। इसी अध्यय में श्रीनिवास भूमि, फसल, पशु और वृक्षों का विवरण देते हैं। इस संबंध में लेखक के पास आंकड़े नहीं हैं, पर वे बड़ी खूबी के साथ कृषि संबंधी गुणात्मक जानकारी देते हैं। उनका अगला अध्याय (पांचवां) गांव के परिवारों और घर–बार के बारे में है। पुरुष और स्त्री किस भांति अपने काम का बंटवारा घर और बाहर करते हैं।

श्रीनिवास के रामपुरा गांव की पुस्तक का छठा अध्याय, केन्द्रीय अध्याय है। इस अध्याय में जातियों के पारस्परिक संबंधों का लेखक ने विश्लेषण किया है। हरिजनों और मुसलमानों के अन्य जातियों के साथ जिस प्रकार के संबंध हैं, श्रीनिवास ने इसका सिलसिले के साथ वर्णन किया है। जहाँ तक उन्हें याद है (क्योंकि यह पुस्तक उनकी यादों पर ही निर्भर है) परंपरागत जजमानी व्यवस्था शांतिपूर्ण ढंग से गांव में चलती है।

वे यह भी बताते हैं कि जातियों के बीच गुटबंदी भी पर्याप्त मात्रा है, फिर भी रामपुरा में जनजीवन ठीक–ठाक ढंग से चल रहा है।

आजादी की लड़ाई के बाद रामपुरा यांत्रिक परिवर्तन के दौर में आ गया। इसके परिणामस्वरूप गांव की आर्थिक स्थिति में सुधार आया। खेतों में ट्रेक्टर चलने लगे, सिंचाई के पम्पों का उपयोग होने लगा। यह सब विवरण श्रीनिवास ने आठवें अध्याय में दिया है। उनका नवां अध्याय बड़ा रुचिकर है। इसमें वे रामपुरा की स्तरीकरण व्यवस्था को बताते हैं, मित्रता का वर्णन करते हैं, लोगों के आपसी झगड़ों, अफवाहों और चौपाल पर होने वाली गप्पों का मजा लेते हैं।

दसवें अध्याय में श्रीनिवास धर्म की चर्चा करते हैं। वे वैदिक धर्म का उल्लेख नहीं करते। अपने दिन–प्रतिदिन के व्यवहार को लोग कैसे पूजा–उपासना में निकालते हैं, किन देवी–देवताओं की आरती उतारते हैं, यह सब इस अध्याय की विषय सामग्री है। कहीं–कहीं पर लेखक ने रामपुरा गांव के लोगों के धार्मिक विचारों का भी विश्लेषण किया है। यह सब बड़ा दिलचस्प है।

अंतिम अध्याय वार्षिक विदाई (Farewell) का है। यह अध्याय बड़ा संवेदात्मक है। जैसा पुस्तक का पहला अध्याय है, ठीक वैसा ही अंतिम अध्याय भी। भावनाओं से ओत–प्रोत। वे बताते हैं कि किस भांति उन्होंने रामपुरा को अपना लिया और रामपुरा ने उन्हें अपनाया।

पुस्तक के अंत में परिशिष्ट है और आखिर में कन्नड़ पदों की शब्दावली।

रामपुरा गांव के अध्ययन का मूल्यांकन या उसकी आलोचना (Study of Rampura Village: Its Evaluation and Criticism)

श्रीनिवास का याद किया गया (Remembered Village) गांव रामपुरा है। यह कोई असली गांव नहीं है। लेखक ने असली गांव के नाम को बदल दिया है। यह नाम नकली नाम है। कूर्ग की पुस्तक के बाद रामपुरा का अध्ययन श्रीनिवास का मील का पत्थर है। इसे क्लासिकल अध्ययन कहा जाता है। ग्रामीण अध्ययनों में रामपुरा एक शक्तिशाली अध्ययन है, पर इसे आलोचक कई अर्थों में एक कमजोर अध्ययन भी मानते हैं। इस अध्ययन का लेखा–जोखा, हम निम्न बिंदुओं में विस्तार के साथ रखेंगे—

यह एक बहुत बड़ा ग्रंथ है

इस पुस्तक में कोई साढ़े तीन सौ पृष्ठ हैं। इसका लक्ष्य भी बड़ा विशाल है। रामपुरा गांव कर्नाटक राज्य के दक्षिण में बसा है।

रामपुरा ने स्वयं लेखक को प्रभावित किया

यह गांव वस्तुतः एक मानवजाति अध्ययन (Ethnographic) है। इसमें श्रीनिवास ने जो कुछ अपनी आंखों से देखा है, कानों से सुना है, उसे ज्यों का त्यों धर दिया है। इसमें पूरी ईमानदारी भी बरती गई है। लेकिन देखने और सुनने ने भी श्रीनिवास को प्रभावित किया है। किसी भी आनुभविक अध्ययन की इससे बढ़कर किसी भी लेखक के लिए और क्या उपलब्धि हो सकती है।

रामपुरा ही हूबहू तस्वीर

इस पुस्तक को लिखने के लिए श्रीनिवास कोई बहुत बड़ी महत्वाकांक्षा लेकर गांव में गये थे। सिद्धांत निर्माण का उनका कोई इतना बड़ा इरादा नहीं था। वे तो रामपुरा को जैसा उन्होंने देखा, वैसा रखना चाहते थे। कोई सिद्धांत नहीं, कोई ऊंची उड़ान नहीं। अपनी प्रारंभिक दो पुस्तकों में श्रीनिवास ने मैसूर के शादी और परिवार की व्याख्या कर दी थी। इन्हें उन्होंने रामपुरा में छोड़ दिया। वे तो केवल सामाजिक संरचना, बान्धव, धर्म और खेती–बाड़ी पर लिखना चाहते थे। सन् 1948 में रामपुरा का जो हुलिया था, मिजाज थे, उसे उन्होंने खींच दिया। लक्ष्य पूरा हो गया।

जाति की व्याख्या

टी.एन. मदन ने *पाथवेज* (*Pathways*) में रामपुरा की आलोचना में कहा कि इसमें श्रीनिवास ने जातियों के बारे में बड़ी तीखी टिप्पणियां की हैं। वे लिखते हैं—

> वास्तव में रामपुरा का अध्ययन अनिवार्य रूप से एक गांव का अध्ययन है, पर इसमें श्रीनिवास ने जातियों के विश्लेषण को सर्वश्रेष्ठ स्थान दिया है और इसमें भी ऊंची जातियों और अभिजनों को।

रामपुरा की समग्रता (Totality)

याद किये गये रामपुरा गांव की जो अंतर्वस्तु श्रीनिवास ने दी है, आलोचक इसे अधिक महत्वपूर्ण नहीं मानते। उनकी दृष्टि में श्रीनिवास ने जो कारगर बात कही है वह है रामपुरा की समग्रता (Totality)। मनुष्य में जो मानवीय

तत्व (Human Element) होता है, उसे बड़ी सफलता के साथ श्रीनिवास ने इस पुस्तक में रखा है। गांव की जो भावना है, उसे श्रीनिवास ने बड़ी खूबी के साथ पाठकों तक पहुंचाया। अपनी पहले की पुस्तकों में श्रीनिवास ऐसा करने में सफल नहीं रहे थे।

चाई नाकाने (Chie Nakane) जो एक जापानी महिला मानवशास्त्री हैं और ग्रामीण अध्ययन में निष्णात हैं, उन्होंने कहा कि रामपुरा के अध्ययन में श्रीनिवास ने एक सफल चित्रकार की तरह रामपुरा की हूबहू तस्वीर खींच दी है। सोल टेक्स (Sol Tax) जिन्होंने इस पुस्तक की प्रस्तावना लिखी है, कहते हैं श्रीनिवास का यह मानवजातीय अध्ययन वस्तुतः एक कलात्मक कृति है।

रामपुरा में सामाजिक परिवर्तन का कोई उल्लेख नहीं

सही है, श्रीनिवास ने रामपुरा की एक बिना हिलती–डुलती तस्वीर खींच दी है जैसे कोई बेजान कलाकृति हो। उन्होंने इस गांव में होने वाले किसी परिवर्तन का उल्लेख नहीं किया है। वे तो अपना पूरा ध्यान जाति पर ही केन्द्रित रखते हैं और जातियां भी बदल रही हैं, इस पर वे चुप हैं।

रामपुरा के अध्ययन में उधारी बहुत है

कुछ आलोचक कहते हैं कि श्रीनिवास ने रामपुरा के अध्ययन में रेडक्लिफ–ब्राउन (Radcliffe-Brown) से बहुत कुछ उधार लिया है। कुछ का कहना है, रोबर्ट रेडफील्ड (Robert Redfield) के ग्रामीण से भी उन्होंने उधारी की है। कुछ अन्य का कहना है कि इन्होंने इवान्स–प्रिचार्ड (Evans-Pritchard) से भी थोड़ा बहुत लिया है।

विधि संबंधी समस्याएं — भीतरी (Insider) और बाहरी (Outsider) मानवशास्त्रीय अनुसंधानकर्ता

रामपुरा गांव के अध्ययन पर समाजशास्त्र और मानवशास्त्र में कई बहसें हुई हैं, विवाद हुए हैं। इससे निश्चित है, श्रीनिवास की यह बात नजरअंदाज नहीं की जा सकती। यह सोचने और मनन करने को बाध्य करते हैं। इस पुस्तक का सबसे बड़ा मसला अध्ययन विधि से जुड़ा हुआ है। सवाल है — क्या एक मानवशास्त्री अपने ही क्षेत्र का अध्ययन कर सकता है? ऐसा करने में क्या उसकी पूर्वधारणाएं अध्ययन की तटस्थता (Neutrality) को कमजोर नहीं कर देंगी?

अमेरिका जैसे देश में तो मानवशास्त्री, यह मानकर चलता है कि क्षेत्रीय अध्ययन अपने देश से बाहर का होना चाहिए। इसी कारण रिवर्स (Rivers) ने भारत में क्षेत्रीय अध्ययन किया। ए.सी. मायर (A.C. Myers) ने मध्यप्रदेश के देवास में जाति का अध्ययन किया, और ओवेन लिन्च ने आगरा के जाटवों की राजनीति का विश्लेषण किया। इसी संदर्भ में श्रीनिवास का अपने ही कन्नड़ क्षेत्र (कर्नाटक) के रामपुरा का अध्ययन करना क्या एक मानवशास्त्री तटस्थ बना पाया है? यह प्रश्न विधिशास्त्र से जुड़ा है। श्रीनिवास ने इसका हल दिया है। वे कहते हैं कि अध्ययन क्षेत्र का भीतरी (Insider) व्यक्ति धोखा नहीं खा सकता। वह भाषा से परिचित होता है, स्थानीय रीति–रिवाजों को जानता है और उसकी आंतरिक मामलों में पैठ होती है और श्रीनिवास इस तर्क के साथ यह भी कहते हैं कि भीतरी होकर भी मानवशास्त्री किसी भी बाहरी (Outsider) अनुसंधान की तरह तटस्थ रह सकता है। रामपुरा के अध्ययन में उन्होंने ऐसा ही किया है।

उपसंहार (Conclusion)

श्रीनिवास के कई योगदान हैं। उन्होंने संरचनात्मक प्रकार्यवादी विधि को सफलतापूर्वक कूर्ग जाति के अध्ययन पर लागू किया। संस्कृतीकरण, पाश्चात्यीकरण, जातियों की क्षेत्रीय व्यापकता, फैलाव तथा प्रभव जाति की अवधारणाओं का सूत्रपात अपने आनुभविक अध्ययनों के माध्यम से रखा। धर्म, जाति और सामाजिक परिवर्तन पर उनके निबंध समाजशास्त्र की धरोहर कहे जा सकते हैं।

श्रीनिवास, ऐसा लगता है, बुनियादी तौर पर भारत विधावादी (Indologist) थे लेकिन उनका भारतीय एकीकरण में पूरा विश्वास था। अपने कई व्याख्यानों में उन्होंने दोहराया है कि भारत की एकाधिक संस्कृति–जाति, धर्म, क्षेत्र, रीति–रिवाज और परंपरा, इसकी एकता को कभी खतरा नहीं पहुंचा सकती।

● संदर्भ पुस्तक

Madan, T.N., *Pathways*, Oxford, New Delhi, 1994.

5

लुई ड्यूमो: जाति संस्तरण

(Louis Dumont: Caste Hierarchy)

भारतीय समाजशास्त्र में जाति व्यवस्था पर बहुत अधिक लिखा गया है। जो कुछ लिखा है, सब एक जैसा नहीं है। कहते हैं — जातियाँ भारतीय समाज की टूटन हैं, विभाजक हैं, ज़हर हैं, जो लोगों को आपस में लड़वाती है, राजनीतिक दुराव पैदा करती हैं। जातियाँ रबर के एक तम्बू की तरह हैं जिधर चाहें उधर खींच लें। कुछ लोग कहते हैं कि जाति भारतीय समाज के संस्तरण का बहुत अच्छा दृष्टान्त हैं और कोई भी समाज बिना ऊँच–नीच के यानी संस्तरण के नहीं रह सकता। संस्तरण के समाज को लाभ भी हैं और हानियाँ भी। बहुत समय पहले भारतीय मानवशास्त्री इरावती कर्वे ने कहा था कि यदि कोई भारतीय समाज को समझना चाहता है तो उसे तीन संस्थाओं को जानना होगा — (1) जाति, (2) परिवार, और (3) भाषा समूह।

समाजशास्त्रियों ने जाति को समझने का पूरा प्रयत्न किया है। इन प्रयत्नों में ड्यूमो ने एक नया उपागम अपनाया है। ब्रिटिश और अमेरिकी उपागम सामान्तया हमारे यहाँ जाति के अध्ययन में लोकप्रिय रहा है। यह पहली बार था कि लुई ड्यूमो ने जातियों को यूरोप के उपागम से समझा है। इस सिलसिले में उनकी पुस्तक *होमो हिरारकिकस* (*Homo Hierarchicus*) एक उच्च कोटि की रचना समझी जाती है। ड्यूमो का विश्लेषण थीम (Theme) जाति संस्तरण है। ड्यूमो का विश्लेषण इस भारी

भरकम पुस्तक (पृष्ठ 385) में घुम–फिर कर ऊँची–नीची जातियों के पारस्परिक सम्बन्धों पर टिकता है।

ड्यूमो का महत्त्व इस कारण भी है कि उन्होंने इस पुस्तक में यह स्थापित करने का प्रयास किया है कि कोई भी समाज हो, कहीं का भी हो, उसमें किसी न किसी तरह का संस्तरण अवश्य होता है। वर्ग में संस्तरण है। सामंतवाद में भी ऊँच–नीच रही और इसलिये दुनिया भर के लिये संस्तरण का बहुत अच्छा दृष्टान्त भारत की जाति व्यवस्था है। वास्तव में ड्यूमो ने यह पुस्तक फ्रांसीसी पाठकों (वे फ्रांसीसी थे) के लिये लिखी है। वे उन्हें सम्बोधित करते हुए लिखते हैं—

> *भारत हमें संस्तरण की शिक्षा देता है, और यह कोई साधारण सबक नहीं है।*

जाति संस्तरण की इस पुस्तक में ड्यूमो ने कई और अपरम्परागत बातें भी कही हैं। वे कई अन्य तथ्यों के कारण भी फ्रांसीसी होते हुए भी, भारतीय सामाजिक विचारकों की श्रेणी में रखे जाते हैं। इन्होंने दक्षिण भारतीय भाषाओं का अध्ययन किया है। वे उत्तर भारत के गाँवों के अध्ययन में भी व्यस्त रहे हैं। वहाँ के कई विश्वविद्यालयों में उन्होंने व्याख्यान भी दिये हैं। देश के बौद्धिक समुदाय ने उन्हें सुना है। यहाँ के लिये एक अनियमित (Irregular) जर्नल को भी उन्होंने पोकोक (Pocock) के सहयोग से प्रकाशित किया है। इस पत्र का मुख्य मुद्दा यह था कि क्या भारत के लिये एक पृथक समाजशास्त्र की आवश्यकता है। इस पत्र ने देश में ऐसा वातावरण बनाया कि सभी जगह सेमिनार और गोष्ठियों द्वारा यह चर्चा हुई कि क्या भारत का कोई खास समाजशास्त्र होना चाहिये। ड्यूमो का यह तर्क था कि भारत में समाजशास्त्र और मानवशास्त्र को भारत विधा के साथ समावेश करना होगा। ड्यूमो का भारत विधा शास्त्र से तात्पर्य भारतीय विचारधारा और मूल्यों से था। उनका मानना था कि मानवजाति अध्ययन में विचारधारा प्रधान होती है। ड्यूमो का उपागम विशुद्ध रूप से संरचनात्मक (Structural) था। वे जाति को हिन्दुओं की विशिष्टता (Specificity) मानते थे।

ड्यूमो का जीवन रेखा चित्र (Dumont's Life Sketch)

ड्यूमो का जन्म फ्रांस के सलोमिका में 1911 में हुआ था। उनके पिता पेशे से इन्जीनियर थे जो रेलवे के निर्माण कामों में लगे थे। उनकी शिक्षा–दीक्षा

लुई ड्यूमो (1911–1998)

पेरिस में हुई थी। बहुत कम अवस्था में ड्यूमो के पिता का देहान्त हो गया था। और तब उनके जीवन में एक के बाद एक आपदायें आ पड़ीं। ये सब उनकी माँ ने झेलीं। बालक ड्यूमो ने कई तरह की नौकरियाँ की। झाड़ू लगाने के काम से लेकर म्यूजियम के काम तक। वे मॉस के सम्पर्क में आये और उन्हें अनुसंधान करने की सूझी।

1939 में विश्व युद्ध प्रारम्भ हो गया। ड्यूमो फौज़ में भर्ती हो गये। फौजी जीवन में उन्हें थोड़ा अवकाश मिल जाता था। यहाँ उन्होंने व्याकरण की एक पुस्तक की सहायता से जर्मन भाषा सीखी। फौज से मुक्त होने के बाद वे खेतों पर मजदूर की तरह काम करने लग गये। यहाँ कठिन काम नहीं था और खाने के लिये भोजन की कोई कमी नहीं थी। इस काम को करते हुए उन्होंने फ्रांसीसी लोक कथाओं की तीन पुस्तकों का अनुवाद किया। उनकी रुचि संस्कृत भाषा सीखने की हुई। उनकी पत्नी जीनी ने उन्हें संस्कृत की कुछ पुस्तकें भेज दीं। संस्कृत का यह ज्ञान उनके लिये तमिलनाडु के क्षेत्रीय अध्ययन में बड़ा सहायक सिद्ध हुआ। अब वे मानवशास्त्री बनने के हकदार हो गये।

वे दक्षिण भारत में जाने का मन बना रहे थे। इस बीच लुई रिनो (Louis Renou) ने उन्हें क्षेत्रीय कार्य तमिलनाडु में करने का निमन्त्रण दिया। 1949–50 में उन्होंने प्रमलाई में कल्लार लोगों की नातेदारी व्यवस्था पर कार्य किया। यह क्षेत्रीय कार्य उनका भव्य कार्य कहा जाता है। यहाँ से लौटने के बाद, उनकी पेरिस में लेवी–स्ट्रास से दो बार मुलाकात हुई। स्ट्रास का कार्यालय ब्राजील में था। लंदन में ड्यूमो फरवान डेहर डोर्फ से भी मिले। वहीं उनका मिलना रेडक्लिफ–ब्राउन से भी हुआ। ड्यूमो को फ्रांस में भारत का विशेषज्ञ कहा जाता है।

ड्यूमो के बौद्धिक जीवन पर फ्रांसीसी विचारकों का प्रभाव (Impact of French Thinkers on Dumont's Intellectual Life)

अलेक्सी तोकेवाल (Alexis Tocqueville) का ड्यूमो पर ही नहीं, फ्रांस के कई विद्वानों पर बहुत बड़ा प्रभाव था। उन्होंने तुलनात्मक समाजशास्त्र के क्षेत्र में काम किया है। अमेरिका के प्रजातंत्र के वे निष्णात पंडित समझे जाते हैं। वे प्रजातंत्र के मूलभूत सिद्धान्तों — स्वतंत्रता और समानता की बहुत अच्छी वकालत करते हैं। तोकेवाल के प्रजातंत्र की विचारधारा का ड्यूमो ने पूरी ताकत से विरोध किया है। इस दृष्टि से ड्यूमो का समाजशास्त्र फ्रांस की परम्परा के विरोध में है। आज विश्व में सभी बौद्धिक स्वतंत्रता और समानता के पक्षधर हैं। यहाँ तक कि नेपाल जैसे छोटे देश ने भी राजशाही का अन्त कर दिया है। ऐसे वातावरण में ड्यूमो का यह स्थापित करना और फ्रांस के पाठकों के सामने बताना कि जाति संस्तरण सम्पूर्ण विश्व के लिये, एक सबक है, बड़ा अटपटा लगता है।

ड्यूमो फ्रांसीसी समाजशास्त्री थे। वे भारत आये। यहाँ उन्होंने विवाह, बान्धव, परिवार, जाति और गाँव के जीवन का बड़ी सघनता से अध्ययन किया। वे फ्रांस की बौद्धिक परम्परा से अभिभूत थे। लेकिन भारतीय जाति व्यवस्था ने उन्हें हिला दिया। उन्होंने कहा कि यहाँ की सामाजिक व्यवस्था पश्चिमी देशों से भिन्न है। यहाँ समाज शुद्ध (Pure) और अशुद्ध (Impure) के विरोध (Opposition) की कगार पर खड़ा हुआ है। जाति व्यवस्था पर विचारधारा — इसके मूल्य हैं और ये मूल्य परस्पर विरोधी हैं।

वे विद्वान जिनका प्रभाव ड्यूमो पर रहा है, मूलतः फ्रांसीसी हैं। बोगले (Bougle) ने जाति पर बहुत कुछ लिखा है। मारसेल मॉस ने विभिन्न अवसरों पर दिये जाने वाले गिफ्ट/उपहार (Gift) का बड़ा सुन्दर विश्लेषण किया है। मारसेल मॉस कहते हैं कि उपहार सामाजिक जीवन का मूलाधार हैं। ड्यूमो होकार्ट से भी प्रभावित थे। उन्होंने कहा कि दरअसल वे अपने लेखन में फ्रांस के समाजशास्त्र की परम्परा से पूरी तरह अवगत थे। इसकी छाप उनकी कृतियों पर है। देखा जाये तो फ्रांस में समाजशास्त्र की बड़ी धनाढ्य परम्परा रही है। इस परम्परा के प्रवर्तकों में दुर्खीम और लेवी–स्ट्रास भी हैं।

जब हम ड्यूमो के भारत में किये गये विवाह, परिवार और जाति के अनुसंधान कार्य को देखते हैं तो मेकिम मेरियट और मेन्डलबॉम के योगदान

भी हमारे सामने आते हैं। इन मानवशास्त्रियों ने भोजन और पानी स्वीकार करने के लिये जो रिवाज हैं, उनके आधार पर विभिन्न जातियों का श्रेणीकरण (Rating) किया है। जातियों के संस्तरण में ड्यूमो ने इसमें भी लाभ लिया है।

ड्यूमो के मानवशास्त्रीय जीवन पर कुछ और प्रभाव भी देखने को मिलते हैं। पोकोक के साथ *कन्ट्रीयूब्यूशंस टु इंडियन सोश्योलॉजी* जर्नल के प्रकाशन में उन्होंने बड़ी रुचि रखी, विश्वविद्यालयों में भाषण दिये। और इस अनुभव ने उन्हें भारतीय समाज के बारे में अच्छा फीडबेक दिया। उन्होंने भारत में प्रकाशित होने वाले जर्नल जैसे कि *मेन इन इंडिया* में भी लेख लिखे। ड्यूमो फ्रांसीसी होते हुए भी भारत में बौद्धिक जीवन में घुल–मिल गये।

ड्यूमो ने भारत की जाति व्यवस्था पर तो बहुत अच्छा काम किया है। हम इसे अच्छा काम इसलिये कहते हैं कि जाति संस्तरण पर लिखना बड़ी टेढ़ी खीर है। इस पर बहुत लिखा जा चुका है। हटन, रिज़ले, ओ–मेले, होकार्ट, घुर्ये जैसे कई विद्वान हैं — एक लम्बी विशिष्ट विधा है — जिसने बड़ी मेहनत और मनन के साथ जाति पर गैलनों स्याही उँडेली है। ड्यूमो ने इस पर अधिकृत रूप से लिखा है और इसी कारण उनकी पुस्तक *होमो हिरारकिकस* एक सशक्त प्रबन्ध है।

ड्यूमो ने जाति–व्यवस्था के अतिरिक्त दक्षिण भारत की बान्धव व्यवस्था पर भी अधिकाधिक रूप से लिखा है। ऐसा करने में वे अपने गुरु क्लाड लेवी–स्ट्रास से भी आगे बढ़ गये। उन्होंने परमरी कल्लार नामक समुदाय पर मानवशास्त्रीय क्षेत्रीय कार्य किया है। ड्यूमो के अध्ययन की जाति और बान्धव के अतिरिक्त एक और दिशा फ्रांसीसी समाज से जुड़ी है। उन्होंने अपनी पुस्तक *होमो एक्विलस*, जो फ्रेंच भाषा में है, में कतिपय विचारकों का विश्लेषण किया है — मण्डवेली से मार्क्स तक। यहाँ वे कहते हैं कि यूरोप की विचारधारा व्यक्तिवाद पर आधारित है। यह भारत की विचारधारा से एकदम जुदा है। यूरोप की इसी विचारधारा को उन्होंने व्यक्तिवाद पर आधारित एक निबन्ध में रखा है। जहाँ भारत में ड्यूमो समग्रवाद और सामूहिकता की पहल करते हैं, वहीं यूरोप में वे व्यक्तिवाद पर लिखते हैं। भारत और यूरोप के तुलनात्मक अध्ययन के बाद उनका आक्षेप है कि मानवशास्त्र ने समाजों में पाई जाने वाली समानता और विभिन्नता को स्पष्ट नहीं किया है।

ऐसा लगता है कि ड्यूमो को दो देशों या महाद्वीपों के तुलनात्मक अध्ययन में बड़ी विशिष्टता प्राप्त थी। उन्होंने अपनी एक और पुस्तक द *इंडिओलॉजी* में जर्मन और फ्रेंच की संस्कृति का तुलनात्मक विवेचन किया है। यहाँ हमें एक और महत्त्वपूर्ण तथ्य रखना है — जब मानवशास्त्री किसी पराये या दूसरे समाज की संस्कृति को समझने का प्रयास करता है, तब वह अपनी संस्कृति को अच्छी तरह से समझ पाता है। ड्यूमो ने भारत की जाति व्यवस्था को समझा, और इससे उनके लिये फ्रांस या यूरोप की संस्कृति को समझना सरल हो गया।

ड्यूमो की कृतियाँ (Works of Dumont)

- *हिरारकी एण्ड मेरेज एलायन्स इन साउथ इंडियन किनशिप* (*Hierarchy and Marriage Alliance in South Indian Kinship,* 1954)
- *होमो हिरारकिकस* (*Homo Hierarchicus,* 1970)
- *रिलिजन, पोलिटिक्स एण्ड हिस्ट्री इन इंडिया* (*Religion, Politics and History in India,* 1970)
- *ऐसेज ऑन इन्डिविज्यूएलिज्म* (*Essays on Individualism,* 1986)
- *ली. आइडियोलॉजी अल्मन्डे* (*L ideologie Allemande,* 1994)

ड्यूमो एक बहुसर्जक विचारक थे। वे एक साथ मानवशास्त्री, समाजशास्त्री थे और अव्वल दर्जे के भारत विधा के विद्वान थे। उनका मूलभूत विचार यह रहा है कि समाज एकीकृत समष्टियाँ हैं, लेकिन उनकी प्रकृति गुणात्मक दृष्टि से उनको बनाने वाले भागों के योग से भिन्न होती है। समाज को जोड़ने वाले तत्त्व समाज के मूल्य होते हैं। यह मूल्यों की सहलग्नता (Linkage) ही समाज को एकीकृत करती है। मूल्य व्यवस्था ही समाज की विचारधारा को बनाती है। उनकी सम्पूर्ण कृतियों में मूल्य और विचारधारा ही केन्द्रीय तत्त्व हैं। जातियों और संस्कृतियों में संस्तरण (Hierarchy) है, उसका मूल आधार मूल्य और विचारधारा है।

ड्यूमो यद्यपि फ्रांसीसी थे, उन्होंने लम्बे समय तक ऑक्सफोर्ड विश्वविद्यालय में अध्यापन किया। लगभग 1955 के आसपास वे फ्रांस लौट गये। वहीं पर उन्होंने लेखन और अध्यापन किया। फ्रांस की एक बड़ी विशेषता रही है। यहाँ के विचारक अपने मूल में सिद्धान्तवेत्ता रहे हैं। दुर्खीम

इसके ज्वलंत दृष्टान्त हैं। सिद्धान्त के प्रति ड्यूमो की भी बहुत अच्छी रुचि रही है। उनकी सभी कृतियों में यह रुचि स्पष्ट है।

होमो हिरारकिकस पुस्तक का संक्षिप्त परिचय
(A Short Introduction to *Homo Hierarchicus*)

टी.एन. मदन ड्यूमो को एक भारतवादी (Indianist) मानवशास्त्री मानते हैं। सच में देखा जाये तो वे एक अन्तर्राष्ट्रीय ख्याति प्राप्त व्यक्ति हैं, जिन्होंने उच्च स्तर के मानवशास्त्र को विकसित किया है। हम पुनः दोहरायेंगे कि वे एक मानवशास्त्री, समाजशास्त्री और भारत विधाशास्त्री रहे हैं। उनकी पुस्तक की विषय–वस्तु बहुत व्यापक है। वे हिन्दू धर्म, जाति, बान्धव व्यवस्था, विवाह और आधुनिक भारत में होने वाले सामाजिक आन्दोलनों का विश्लेषण करते हैं। होमो हिरारकिकस पुस्तक की सोच और उसका कलाकार एकदम भव्य है।

पुस्तक में ड्यूमो क्या करना चाहते हैं, यह उसके उपशीर्षक से स्पष्ट है — जाति व्यवस्था और उसके तात्पर्य। मतलब हुआ, वे जाति की परिभाषा करना चाहते हैं और यह कहना चाहते हैं कि जाति का मतलब स्तरीकरण नहीं है। यह विशुद्ध रूप से मानवजाति–वर्णन (Ethnographic) है। ड्यूमो की समझ है कि भारत की जाति व्यवस्था यूरोप की वर्ग व्यवस्था की तरह स्तरीकरण (Stratification) नहीं है। ड्यूमो कहते हैं कि जाति व्यवस्था का समतावाद (Egalitarianism) और व्यक्तिवाद से भी कोई मतलब नहीं है। निश्चित रूप से जाति अर्थ गैर–बराबरी (Inequality) है लेकिन यह बराबरी के विपरीत नहीं है। जाति में जो गैर–बराबरी या असमानता है, वह विशिष्ट प्रकार की है। यह समाजशास्त्री का काम है कि वह जाति की सही प्रकृति को स्पष्ट करे।

जाति संस्तरण पर ड्यूमो की यह पुस्तक 1965 में समाप्त हो गई थी। मूल रूप से फ्रांसीसी भाषा में इसका प्रकाशन 1967 में हुआ। भारत में यह पुस्तक अँग्रेजी भाषा में (1970) प्रकाशित हुई। पुस्तक का महत्त्व कई कारणों से है। लेकिन इसमें महत्त्वपूर्ण बात यह है कि ड्यूमो जाति को सामाजिक स्तरीकरण के रूप में नहीं देखते। वे तो इसे केवल संस्तरण (Hierarchy) मात्र समझते हैं।

अगले पृष्ठों में हम इस पुस्तक का संक्षेप में परिचय देंगे हैं।

परिचय (Introduction)

पुस्तक की प्रस्तावना में ड्यूमो स्पष्ट करते हैं कि फ्रांसीसी भाषा की यह पुस्तक विशेष करके उन्होंने फ्रांसीसी पाठकों के लिये लिखी है। यह पुस्तक उनके लिये बहुत रुचिकर होगी। साथ ही वे यह विश्वास दिलाते हैं कि उनका समतावाद और व्यक्तिवाद में अटूट विश्वास है। कोई भी प्रजातंत्र व्यक्तिवाद के बिना नहीं चल सकता। व्यक्ति को स्वतंत्रता होनी चाहिये, बोलने की, लिखने की। कोई भी प्रजातंत्र व्यक्ति का दमन करके, उसका गला घोंटकर, जीवित नहीं रह सकता। व्यक्तिवाद सर्वोपरि है। इस भावना के विपरीत भारत की जाति व्यवस्था है। इसमें व्यक्ति का यानी उसकी सम्पूर्ण जीवन पद्धति पर, जाति का नियन्त्रण होता है। वह क्या खायेगा, क्या पहनेगा, किसकी उपासना करेगा और उसके जीवनयापन का कौनसा व्यवसाय होगा? इन्हीं लक्षणों पर व्यक्ति का संस्तरण निश्चित होगा। इस व्यवस्था में व्यक्तिवाद टूट जाता है। इस दृष्टि से देखें तो फ्रांस की जनता को भारत की जाति व्यवस्था नया सबक देती है। यह जातियों का संस्तरण है जो एक समाज की व्याख्या नये स्तर पर करती है।

जाति की संस्तरण प्रधान यह व्याख्या फ्रांस की जनता को प्रजातंत्र, समतावाद और व्यक्तिवाद को समझने में अधिक ताकतवर होगी। जाति व्यवस्था का संदर्श, संस्तरण है, गैर–बराबरी नहीं।

प्रथम तीन अध्यायों में ड्यूमो ने अपनी पुस्तक में प्रयुक्त अवधारणाओं का खुलासा किया है। वे पश्चिमी विचारकों की आलोचना करते हुए कहते हैं कि इन्होंने भारत की जातियों को ठीक से नहीं समझा है। ये जातियाँ इनके लिये स्तरीकरण या विभाजन मात्र रही हैं। उनमें समतावाद का अभाव रहा है, कमजोर व्यक्तिवाद रहा है। उन्होंने जातियों का संस्तरण की दृष्टि से कभी अध्ययन नहीं किया। इन्हीं अध्यायों में ड्यूमो कहते हैं कि जाति एक व्यवस्था (System) है, एक संरचना (Structure) है और इसे विचारों (Ideas) और मूल्यों (Values) के संदर्श में देखना चाहिये। यह एक विस्तृत, युक्ताक्त (Rational) और औपचारिक व्यवस्था है। जातियाँ सैकड़ों हैं पर ये एक संरचना को इसलिये बनाते हैं कि इनमें जुड़ाव, विरोध या प्रतिकूलता (Opposition) के तत्त्व हैं। एक तरफ शुद्ध (Pure) है और दूसरी तरह अशुद्ध (Impure) है। यह शुद्ध और अशुद्ध की प्रतिकूलता ही जातियों की एक संरचना बनाती है। एक जाति (ब्राह्मण) पूजा–पाठ करती

है, भगवान का भजन करती है, और दूसरी जाति अछूत है जो गंदा काम करती है। यही संस्तरण का बुनियादी सिद्धान्त है। मतलब है, वे जातियाँ जो शुद्ध काम करती हैं, संस्तरण में ऊँची हैं, और जो अशुद्ध काम करती हैं, वे निम्न हैं।

तीसरे अध्याय में ड्यूमो संस्तरण की अवधारणा को अधिक विस्तार से देखते हैं। वे जाति तथा वर्ण के अन्तर को स्पष्ट करते हैं। इसी सिलसिले में वे प्रतिष्ठा (Status) और शक्ति (Power) के अन्तर की व्याख्या को रखते हैं। राजा के पास शक्ति और प्राधिकार दोनों होते हैं और पुरोहित के पास प्रतिष्ठा। यहाँ आकर ड्यूमो जातियों के संस्तरण को कोटियों या क्रम व्यवस्था (Ranking) में रखते हैं और कोटियों के पीछे विचारधारा होती है।

अध्याय चार में वे विचारधारा पर विस्तार से लिखते हैं। वे कहते हैं कि एक जाति का दूसरी जातियों के साथ सम्बन्ध परम्परा द्वारा निर्धारित होता है। कुम्हार परम्परा के अनुसार मिट्टी के बर्तन बनाते हैं, खाती लकड़ी पर काम करते हैं। जातियों का यह श्रम विभाजन आर्थिक कारण से नहीं है, परम्परा के अनुसार है। जजमानी व्यवस्था परम्परा है, आर्थिक विनिमय नहीं।

अध्याय 5 व 6 विवाह से सम्बन्धित हैं। इन्हीं अध्यायों में जातियों के परस्पर सम्बन्धों की चर्चा की गई है। खान–पान, वेश–भूषा आदि का विवरण भी यहीं पर है। 7वें और 8वें अध्यायों में विवादास्पद मसले उठाये गये हैं। उदाहरण के लिये विचारधारा और वास्तविक व्यवहार में जो अन्तर मिलता है, इसका विवरण ड्यूमो यहाँ करते हैं। वे अपने निष्कर्ष में लिखते हैं—

> शक्ति प्रतिष्ठा के समान दिखाई देती है। धर्म एक प्रकार से राजनीति को अपने अन्दर समेट लेता है और अर्थव्यवस्था राजनीति को अपने आगोश में ले लेती है।

ड्यूमो अपनी पुस्तक के 9वें और 10वें अध्यायों में जाति व्यवस्था को भारत और यूरोप के सन्दर्भ में देखते हैं। यूरोप में व्यक्ति प्रधान है जबकि भारत में सामूहिक व्यक्ति (Collective Man)। यह सब होते हुए भी दोनों जगहों की सामूहिक संरचना एक समान है। वे कहते हैं कि भारत में विचारधारा और संस्तरण जाति व्यवस्था को बनाते हैं। लेकिन वे समाज (जैसे कि यूरोप) दूसरे धर्म को अपनाते हैं, उनमें भी कोई न कोई संस्तरण अवश्य होता है। इसका अर्थ हुआ जाति व्यवस्था या उससे मिलती–जुलती

कोई संस्तरण व्यवस्था अन्य देशों में ही हो सकती है। लेकिन इसके लिये उनकी शर्त यह है कि प्रतिष्ठा और शक्ति (Status and Power) जाति से पृथक होने चाहिये। अर्थ हुआ, जाति संस्तरण में शक्ति और प्रतिष्ठा नहीं होते।

11वें अध्याय में ड्यूमो अपने तुलनात्मक अध्ययन को आगे बढ़ाते हैं और जातियों में होने वाले परिवर्तन की व्याख्या करते हैं। इस सम्बन्ध में उनका यह निष्कर्ष बार–बार उद्धृत किया जाता है—

एक बात निश्चित है — कुल मिलाकर जाति व्यवस्था में कोई परिवर्तन नहीं आया है। जाति के अन्दर तो परिवर्तन आया है, पर स्वयं का जाति का कोई परिवर्तन नहीं है। वह तो ज्यों का त्यों है।

इसी अध्याय में ड्यूमो कहते हैं कि तकनीकी–आर्थिक परिवर्तन ने जाति व्यवस्था को झकझोर तो दिया है, जाति बिना किसी परिवर्तन के वैसी ही है, जैसी प्रारम्भ में थी। ड्यूमो ने जाति पर लिखी इस पुस्तक में यह आग्रहपूर्वक कहा है कि संस्तरण कोई जाति में ही हो, ऐसा नहीं है। यह सभी समाजों में होता है — देशी और विदेशी। अगर यह स्पष्ट रूप से दिखाई नहीं देता तो अस्पष्ट रूप से यह व्याधिकीय रूप से प्रकट होता है। इसका बहुत अच्छा दृष्टान्त प्रजातिवाद और जातिवाद है।

ड्यूमो ने जाति पर लिखी हुई इस पुस्तक को फ्रांसीसी पाठकों के लिये क्यों रखा है, इसका कारण है। वे चाहते हैं कि भारतीय जाति व्यवस्था का मूल सिद्धान्त संस्तरण है और यहाँ के लोगों को देखना चाहिये कि यहाँ वर्ग व्यवस्था में कोई न कोई संस्तरण अवश्य है। बिना संस्तरण के सामाजिक संरचना बन नहीं सकती। अतः सामाजिक संरचना का मूल आधार संस्तरण है। इसके तत्त्व कोटिकरण (Rating) हैं।

देखा जाये तो ड्यूमो की रुचि जाति व्यवस्था में नहीं थी। वे जाति व्यवस्था को बचाना नहीं चाहते थे। लेकिन इसके गंभीर अध्ययन द्वारा वे फ्रांस के संस्तरण को सही तरीके से समझना चाहते थे। वहाँ के संस्तरण की पुख्ता पहचान, ड्यूमो की दृष्टि में जाति के अध्ययन से हो सकती थी।

ड्यूमो का भारतीय समाजशास्त्र को योगदान
(Dumont's Contributions to Indian Sociology)

ड्यूमो ने भारतीय समाज का गहन अध्ययन किया है। जो कुछ उन्होंने लिखा है, भव्य है। उनका अध्ययन क्षेत्र उत्तर प्रदेश और तामिलनाडु राज्य

रहे हैं। जाति, विवाह, और बन्धुत्व व्यवस्था उनके अध्ययन के विशिष्ट क्षेत्र रहे हैं। उनका योगदान आनुभविक व सैद्धान्तिक विधा में महत्त्वपूर्ण रहा है। यहाँ समाजशास्त्र के जिन क्षेत्रों में उनका उल्लेखनीय योगदान रहा है, उनका हम सिलसिले से वर्णन करेंगे—

1. जाति संस्तरण की प्रकृति (Nature of Caste Hierarchy)
2. संस्तरण का सिद्धान्त — शुद्ध और अशुद्ध (Theory of Hierarchy: Pure and Impure)
3. सभ्यताओं की तुलना (Comparison of Civilizations)
4. व्यक्तिवाद (Individualism)
5. विधि और सिद्धान्त के नये संदर्श (New Perspectives in Theory and Method)

जाति संरचना की प्रकृति (Nature of Caste Hierarchy)

लुई ड्यूमो ने जाति व्यवस्था पर बहुत अधिक लिखा है। इस संदर्भ में उनकी पुस्तक *होमो हिरारकिकस* एक भव्य प्रबन्ध है। दुनिया भर में इस प्रबन्ध को आदर की दृष्टि से देखा गया है। इसकी कड़वी और मीठी आलोचनाएँ भी हुई हैं। इस पुस्तक में उन्होंने कहा है कि जाति व्यवस्था हिन्दुओं की विशेषता है। वे पश्चिमी विद्वानों से एकदम असहमति जताते हैं कि जाति व्यवस्था स्तरीकरण का एक स्वरूप है। इस तरह का कथन पश्चिमी विचारधारा पर केन्द्रित है। उनके विचार में भारतीय जाति व्यवस्था को समानता के दृष्टिकोण से नहीं देखा जा सकता। यह व्यवस्था संस्तरणवादी है। इसमें उच्चोच्च श्रेणियां होती हैं। देखा जाये तो ड्यूमो जाति को संस्तरण (Hierarchy) व्यवस्था मानते हैं जिसकी प्रकृति सम्पूर्णवादी (Holism) या समग्रवादी हैं। ईसा से पहले ब्राह्मण ग्रन्थकारों ने प्रतिष्ठा और शक्ति (Status and Power) के अन्तर को बताया था। प्रतिष्ठा से उनका तात्पर्य धार्मिक प्रतिष्ठा था और शक्ति से उनका मतलब राजनैतिक शक्ति से था। ड्यूमो ने प्रतिष्ठा और शक्ति के इस विभाजन को विस्तारपूर्वक रखा है। वे कहते हैं कि शक्ति के सामने प्रतिष्ठा गौण हो जाती है। गौण हो जाने का यह सिद्धान्त हमें वैदिक काल की वर्ण व्यवस्था की ओर ले जाता है। इस काल में समाज चार वर्णों में विभाजित था —

ब्राह्मण, क्षत्रिय, वैश्य और शूद्र। ड्यूमो की दृष्टि में वर्ण व्यवस्था संस्तरण का बड़ा सुन्दर दृष्टान्त है।

जाति समग्रवादी और संस्तरणात्मक है (Caste is Holistic and Hierarchical)

ड्यूमो का कहना है कि जाति की प्रकृति समग्रवादी है। वह सम्पूर्ण उच्चोच्च व्यवस्था का प्रतिनिधित्व करती है। शुद्ध और अशुद्ध दोनों प्रकार की जातियाँ इस समग्रता में आ जाती हैं। लेकिन प्रत्येक जाति अपनी पृथक पहचान (Identity) रखती है। उसका एक निश्चित नाम होता है। उसकी बसावट का एक निश्चित स्थान होता है। कान्यकुब्ज ब्राह्मण केरल और तमिलनाडु में नहीं होते और नायर कश्मीर में नहीं पाये जाते। इस विभिन्नता के होते हुए भी जातियाँ अपने स्वरूप में वृहद् हैं।

ड्यूमो ने यह भी पाया कि ये जातियाँ किसी न किसी संस्तरण में अवश्य होती हैं। ये कोटियों में बँधी होती हैं। 1931 की जनगणना में सम्पूर्ण देश में कोई तीन हजार जातियाँ थीं। 1984 में के.एस. सिंह ने अपने विशाल प्रोजेक्ट में बताया कि देश में कुल चार हजार के लगभग समुदाय (Communities) हैं। वे जाति के स्थान पर समुदाय को देश की इकाई मानते हैं। संविधान जाति, लिंग और धार्मिक सम्प्रदायों के बीच में कोई भेदभाव नहीं करता। जो भी जातियाँ और समुदाय देश में हैं, सभी समाज नहीं हैं, उनमें सामाजिक–सांस्कृतिक अन्तर है। यह अंतर ही संस्तरण के लिये उत्तरदायी है।

जाति व्यवस्था व्यक्तिवाद की विरोधी है (Caste System is Inimical to Individualism)

हाल में आर.एस. खरे द्वारा संपादित एक पुस्तक लुई ड्यूमो के बारे में आई है। इस पुस्तक का शीर्षक *कास्ट, हेरारकी एण्ड इन्डीविज्यूलिज्म* (*Caste, Hierarchy and Individualism,* Oxford, 2006) है। संपादक खरे का कहना है कि ड्यूमो का योगदान इस सूत्र में रखा जा सकता है—

ड्यूमो = जाति + संस्तरण + व्यक्तिवाद

ड्यूमो कहते हैं कि जाति व्यवस्था में जहाँ संस्तरण है, वहीं व्यक्तिवाद का हनन भी है। जाति अपने सदस्यों पर पूरा नियन्त्रण रखती है। विवाह,

खान–पान, भोजन, सभी कुछ जाति के नियन्त्रण क्षेत्र में आ जाता है। व्यक्ति की स्वतंत्रता कहीं नहीं रहती। वह मांसाहारी भोजन अपनी इच्छा के अनुसार नहीं कर सकता; विवाह सम्बन्ध नहीं रखता, मद्यपान नहीं कर सकता। गाँवों में तो कहीं–कहीं मतदान भी जाति के निर्देश के बाहर नहीं हो सकता। एक प्रकार से जातियाँ राजनीतिक दलों में बँट जाती हैं। दूसरी ओर पश्चिमी देशों में व्यक्ति अपने आप को बलपूर्वक व्यक्त करता है।

जाति के दो मॉडल हैं (There are Two Models of Caste)

ड्यूमो ने जाति व्यवस्था की प्रकृति पर जो कुछ लिखा है, उस पर एम.एन. श्रीनिवास ने एक व्याख्यान में टिप्पणी की है। वे कहते हैं कि भारत में आज जाति के दो मॉडल काम कर रहे हैं — (1) वर्ण, और (2) जाति। वर्ण व्यवस्था वैदिक काल का वर्गीकरण है। यह वर्गीकरण वास्तव में व्यावसायिक वर्गीकरण है। इसके अनुसार ब्राह्मणों का व्यवसाय कर्मकाण्ड है — पूजा, उपासना, और आराधना। क्षत्रिय सुरक्षा प्रदान करते हैं; वैश्य व्यवसाय और उद्योग करते हैं जबकि शूद्र नौकर का काम करते हैं। वर्ण व्यवस्था देशव्यापी है। वर्णों में अन्तर नहीं होता। वे अपरिवर्तनीय यानी स्थिर होते हैं।

जातियाँ अन्तर्वैवाहिकी (Endogamy) होती हैं। सामान्यतया ये परम्परागत व्यवसाय करती हैं। और एक छोटे से स्थान या गाँव में निवास करती हैं। एक गाँव में दस से लेकर तीस जातियाँ तक पाई जाती हैं।

वर्ण और जाति की विशेषताएँ (Attributes of Varna and Caste)

ड्यूमो ने वर्ण की दो विशेषताएँ बताई हैं। वर्ण प्रतिष्ठा और शक्ति में बहुत स्पष्ट अन्तर करते हैं। प्रतिष्ठा से उनका अर्थ धर्म से है और शक्ति का मतलब अर्थ से। ब्राह्मणों की प्रतिष्ठा उनका धर्म है और क्षत्रियों तथा वैश्यों की शक्ति उनका अर्थ है। ड्यूमो कहते हैं कि अर्थ राजनीति के सामने गौण हो जाता है। धर्म में विचारधारा प्रधान होती है और शेष सब अर्थ की श्रेणी में आ जाता है।

ड्यूमो का कहना है कि वर्ण व्यवस्था उच्चोच्च व्यवस्था नहीं है। उसमें संस्तरण नहीं होता। सभी वर्ण पृथक हैं। ब्राह्मण वर्ण अपना निर्धारित काम करता है। वर्णों के बीच में पारस्परिक निर्भरता नहीं होती। जाति व्यवस्था

वर्ण से भिन्न है। ड्यूमो यहाँ आकर जाति और वर्ण को पृथक करते हैं। इस पृथकता के तीन लक्षण हैं—

1. संस्तरण (Hierarchy)
2. पृथकता (Separation)
3. अन्तर्निर्भरता (Interdependence)

वास्तव में जाति के ये तीन लक्षण जाति की प्रकृति को बताते हैं। शुरू में इन लक्षणों को बोग्ले (Bougle) ने रखा था और ड्यूमो ने इन्हें ज्यों का त्यों अपना लिया।

वर्ण और जाति में समजातीयता
(Homology between Varna and Caste)

ड्यूमो आग्रहपूर्वक कहते हैं कि विश्लेषण के लिये जाति और वर्ण का अन्तर किया जा सकता है। पर वास्तविकता यह है कि ये दोनों ही उच्चोच्च या संस्तरण व्यवस्थाएं हैं और इन्होंने हिन्दू समाज का खण्डात्मक (Segmental) विभाजन कर रखा है।

संस्तरण का सिद्धान्त — शुद्ध और अशुद्ध
(Theory of Hierarchy: Pure and Impure)

ड्यूमो का बहुत बड़ा योगदान उनका जाति संस्तरण का सिद्धान्त है। उन्होंने इस सिद्धान्त के निर्माण में भारत में उपलब्ध मानवजाति अध्ययन की तथ्य सामग्री को खूब काम में लिया है। *होमो हिरारकिकस* में उन्होंने जाति के बारे में जो कुछ कहा है, उसका आधार मानवजाति अध्ययन के आनुभविक तथ्य हैं। संस्तरण के इस सिद्धान्त को आलोचकों ने विभिन्न नामों से परिभाषित किया है। वीणा दास कहती हैं कि यह हिन्दू विचारों और व्यवहारों का सिद्धान्त है। इस सिद्धान्त को 'शुद्ध और अशुद्ध' के विरोध का सिद्धान्त (Opposition to Pure and Impure) भी कहा जाता है।

ड्यूमो से पहले फ्रांसीसी विचारक दुर्खीम ने धर्म की परिभाषा करते हुए पवित्र (Sacred) और अपवित्र (Profane) की प्रतिकूलता को रखा था। उन्होंने कहा कि संसार की वे सब वस्तुएँ जिन्हें हम आदर (Respect) की दृष्टि से देखते हैं, पवित्र हैं। पेड़, पानी, पृथ्वी आदि हमारे लिये पवित्र हैं

और वे वस्तुएँ जिन्हें हम उपयोगिता की दृष्टि से देखते हैं, अपवित्र हैं। हल, इंजन, कपड़े, सभी अपवित्र हैं, हमारे लिये उपयोगी हैं।

दुर्खीम की परम्परा में ड्यूमो ने जातियों के संस्तरण को शुद्ध और अशुद्ध की विचारधारा से देखा है। पूजन–पाठ, आराधना शुद्ध है, और कचरा, गंदगी हटाना अशुद्ध है। वे कहते हैं कि शुद्ध–अशुद्ध की तुलना में वरिष्ठ या बेहतर है, और अशुद्ध निम्न है। इसका तात्पर्य यह हुआ कि अशुद्ध को हमेशा शुद्ध से पृथक रहना चाहिये। इस तरह की विचारधारा केवल हिन्दू मानस की हो, ऐसा नहीं है। दुर्खीम ने भी ऐसा ही किया था।

अपने इस सिद्धान्त के आधार पर ड्यूमो ने ब्राह्मणों के विवाह और मौत से जुड़े हुए रीति–रिवाज़ों को शुद्धता के आधार पर देखा है। वे उन रीति–रिवाजों को भी देखते हैं। ड्यूमो अपने शुद्ध–अशुद्ध के सिद्धान्त को लगता है, बड़ी जल्दी में लागू कर गये हैं। हिन्दू विचारधारा को उन्होंने व्यापक रूप में परखा नहीं है। इस कमजोरी के होते हुए भी, वे हिन्दू समाज के संस्तरण को इसी सिद्धान्त द्वारा समझाते हैं।

सभ्यताओं की तुलना (Comparision of Civilizations)

वे विद्यार्थी जो मानवशास्त्र की परिभाषा देते हैं, कहते हैं कि यह समाज विज्ञान मनुष्य जाति का अध्ययन (Study of Mankind) करता है। लघु समुदायों के अध्ययन के आधार पर अन्य समुदायों की तथ्य सामग्री के माध्यम से वृहद् सामान्यीकरण करना मानवशास्त्र का उद्‌देश्य होता है और यह सब तुलना के बिना नहीं हो सकता। ड्यूमो ने दो भारतीय समाज का अध्ययन इसलिये किया कि वे इस अध्ययन के द्वारा यूरोप या फ्रांसीसी समाज को सफलतापूर्वक समझ सकें।

सीखने का एक तरीका समाज वैज्ञानिक अपनाते हैं। वे अपने देश के गाँवों को समझने के लिये पहले दूसरे देश के गाँवों को समझने की कोशिश करते हैं। कुछ ऐसा ही ड्यूमो ने किया। उन्होंने भारतीय सामाजिक संरचना को समझा। यहाँ की जाति व्यवस्था को निकटता से देखा और फिर यूरोप के समतावादी (Egalitariam) समाज की व्याख्या की। ड्यूमो की पहली रुचि जाति व्यवस्था को समझने की नहीं थी। इसके माध्यम से वे यूरोप की सामाजिक समता को समझना चाहते थे। सच में देखा जाये तो

यूरोप के समाज को समझना उनकी पहली रुचि थी। यूरोप को समझने का रास्ता, उनके हिसाब से भारत होकर जाता था।

ड्यूमो की अध्ययन विधि तुलना थी। इसे उन्होंने मॉस से सीखा था। मॉस प्रथम श्रेणी के तुलनात्मक विधिवेत्ता थे। वे संस्कृत भाषा के भी प्रकाण्ड विद्वान थे। मॉस का ड्यूमो को दिया गया उपदेश — अगर अपने समाज को समझना है, तो पहले दूसरों के समाज को समझो, पूरी तरह समझ में आ गया।

ड्यूमो वस्तुतः यूरोप की सभ्यता को समझना चाहते थे। इसके लिये उन्होंने भारतीय समाज को समझने का प्रयास किया। ड्यूमो ने तुलनात्मक विधि को दो स्तरों पर लागू किया। पहले तो उन्होंने तमिलनाडु में विवाह के अध्ययन को अपना विषय बनाया। इस अध्ययन के आधार पर उन्होंने उत्तर भारत में (गोरखपुर) जाति पर अपने आपको केन्द्रित किया और इससे आगे उन्होंने यूरोपीय समाज को तुलनात्मक रूप से देखा।

दक्षिण भारत की उत्तर से तुलना करने के लिये ड्यूमो ने प्रेमलाई की कल्लार उपजाति को अपने अध्ययन में शामिल किया। यह क्षेत्र तमिलनाडु में है। उन्होंने पाया कि यहाँ चचेरे–ममेरे विवाह (Cross-cousin Marriage) प्रथा लोक प्रिय है। इसमें लड़के या लड़की का विवाह अपनी माँ के भाई की लड़की या लड़के के साथ होता है। इस अध्ययन के लिये ड्यूमो ने उपलब्ध मानवजाति तथ्यों की छान–बीन की। लेवी–स्ट्रास के तथ्यों को जाँच की। इस आधार पर बान्धव सम्बन्धी निष्कर्षों को रखा। अध्ययन के तुरन्त बाद तो कल्लार जाति के इन आँकड़ों की वे उत्तर भारत से तुलना नहीं कर पाये। यह इसलिये कि यहाँ ऐसे अध्ययन हुए नहीं थे। ऐसा करना उनके लिये दस वर्ष बाद सम्भव हो सका, लेकिन वे यह बराबर कहते रहे कि जाति व्यवस्था का बुनियादी सिद्धान्त मित्रता (Alliance) का है। यही सिद्धान्त बान्धव व्यवस्था पर भी लागू होता है।

ड्यूमो ने सर्वप्रथम भारतीय समाज की जाति व्यवस्था को समझा। यह व्यवस्था ऊँच–नीच की व्यवस्था है। शुद्ध और अशुद्ध के विरोध की व्यवस्था है और इसे स्पष्ट करने के बाद वे पश्चिमी समाज को उठाते हैं। यह समतावादी समाज है। इसमें व्यक्ति जिन्दा रहता है। उसकी बात चलती है। जाति व्यवस्था में व्यक्ति गौण हो जाता है, उसका गला रुंध जाता है।

पूर्व और पश्चिम की सभ्यताओं का तुलनात्मक अध्ययन करने के बाद ड्यूमो अपनी पुस्तक *जर्मन आईडियोलॉजी* (*German Ideology,* 1994) में फ्रांस और जर्मनी की तुलना को लेते हैं। प्रबोधन (Enlightenmist) फ्रांस में भी आया और जर्मनी में भी, लेकिन जर्मनी में इसे धार्मिक रूप दिया गया और फ्रांस में इसे सांस्कृतिक विधा समझा गया। फ्रांस के लोगों में बराबर राजनीतिक क्रांति का प्रभाव दिखाई देता है।

यह समझना भूल होगी कि ड्यूमो केवल एक भारत विशेषज्ञ (India Expert) थे। देखा जाये तो तुलनात्मक विधि के वे उत्कृष्ट मानवशास्त्री थे।

व्यक्तिवाद (Individualism)

लुई ड्यूमो भारत में एक चर्चित विचारक हैं। कई समाजशास्त्रियों ने ड्यूमो के साथ सहमति जताई है और कइयों ने उनका विरोध किया है। यह सब होना स्वाभाविक है। उन्होंने जाति व्यवस्था पर लिखा है और हमारे देश में समाजशास्त्रियों और मानवशास्त्रियों ने जाति, परिवार और गाँव के अतिरिक्त किसी और मुद्दे पर अपनी कलम नहीं चलाई है। ऐसी अवस्था में जब ड्यूमो ने जाति पर लिखने का साहस जुटाया तो यहाँ के समाज वैज्ञानिक इस चुनौती के लिये तैयार थे।

ड्यूमो ने यह स्थापित करने का प्रयास किया कि यद्यपि भारत में कई जातियाँ हैं, यह समाज का खण्डात्मक विभाजन है, फिर भी इन्हें एक सूत्र में बाँधने का कार्य संस्तरण व्यवस्था करती है और यह व्यवस्था शुद्ध और अशुद्ध के मूल्यों पर चलती है। ये मूल्य हिन्दू धर्म के हैं और इससे सम्पूर्ण सामाजिक संरचना एक हो जाती है। इस संस्तरणवादी जाति व्यवस्था को ड्यूमो पश्चिम के समतावादी समाज की तुलना में रखते हैं।

दो समाज हैं — भारत का जाति समाज और पश्चिम का समता समाज। इन दोनों समाजों के बीच में व्यक्ति का क्या स्थान है। व्यक्ति है, क्योंकि उसका अस्तित्व है। वह तार्किक है — अपने भले–बुरे के बारे में सोचता है, भारत और पश्चिम, दोनों में व्यक्ति के स्थान को लेकर विवाद है। पश्चिमी समाज में व्यक्ति की भूमिका बहुत मुखर है। इधर भारतीय समाज में व्यक्ति गौण है। जाति की आवाज के सामने, उसकी आवाज नहीं उठती। ऐसी अवस्था में ड्यूमो ने व्यक्तिवाद की चर्चा की है।

व्यक्ति समाज की महत्त्वपूर्ण कड़ी है
(Individual is an Important Link of Society)

हिन्दी साहित्य में एक महत्त्वपूर्ण उपन्यास रहा है — भगवतीचरण वर्मा का *चित्रलेखा*। इस उपन्यास का नायक बीज गुप्त है। बड़ा नामी और धरती धुजाने वाला। वह अपने नगर की *चित्रलेखा* को उसके सामने अकेले में नृत्य करने को कहता है। *चित्रलेखा* का उत्तर है — वह व्यक्ति के सामने कभी नहीं नाचती। समूह में ही नाचती है और अब बीजगुप्त और *चित्रलेखा* में विवाद चलता है — मुद्दा है — व्यक्ति समूह से बड़ा है या समूह व्यक्ति से।

ड्यूमो यद्यपि समतावादी समाज की वकालत करते हैं लेकिन व्यक्ति के अस्तित्व को मानते हैं। जाति समाज में भी व्यक्ति वजनदार होता है। गाँधीजी ने अछूतों के लिये लड़ाई लड़ी। वे व्यक्ति थे और जाति का विरोध कर गये। ऐसा ही कुछ अम्बेडकर ने किया।

ड्यूमो की व्यक्तिवाद में रुचि (Dumont's Interest in Individualism)

जब 1966 में ड्यूमो की पुस्तक *होमो हिरारकिकस* का फ्रांसीसी भाषा में प्रकाशन हुआ तब उनके विचारों में आया कि व्यक्ति की स्वतंत्रता पर भी लिखा जाना चाहिये और फिर 1977 में उनकी पुस्तक *फ्रोम मन्डेविले टू मार्क्स* प्रकाशित हुई। इस पुस्तक में उन्होंने व्यक्ति की भूमिका पर आलोचनात्मक टिप्पणी की। इस पुस्तक के अतिरिक्त उन्होंने अपने फुटकर निबन्धों में भी व्यक्तिवाद पर बहुत कुछ लिखा है।

वे कहते हैं कि किसी भी समाज में व्यक्ति को समानता मिलनी चाहिये। यह समानता कई प्रकार की हो सकती है। सभी मानते हैं कि कानून के सामने सभी बराबर हैं। लिंग, धर्म, प्रजाति, जाति आदि के आधार पर व्यक्ति में भेदभाव (Discrimination) नहीं होना चाहिये। इसी तरह आगे बढ़ने के, प्रगति करने के सभी समान अवसर (Equal Opportunities) मिलने चाहिये।

समानता का सम्बन्ध व्यक्तिवाद से है
(Equality is Related to Individualism)

ड्यूमो बराबर व्यक्तिवाद को समानता के स्तर पर देखते हैं। उनका तर्क है कि दुनिया भर के मनुष्य समान हैं। कोई ऊँचा नहीं, और न कोई नीचा।

उन्होंने जाति समाज और समतावादी में व्यक्ति को समानता के आधार पर रखा है। ड्यूमो के व्यक्तिवाद की विचारधारा पर विवरण उनकी पुस्तक *होमो एक्वेलिस* (*Homo Acqualis,* 1977) में देखने को मिलता है। वास्तव में यह पुस्तक व्यक्तिवाद पर आधारित है।

ड्यूमो इस तथ्य से परिचित हैं कि हम समानता की चर्चा तो बड़ी रुचि के साथ करते हैं लेकिन यह भूल जाते हैं कि दुनिया का एक बहुत बड़ा भाग, आज गरीबी से परेशान है। उसके सामने आगे बढ़ने के समान अवसर नहीं हैं। उसकी समानता केवल एक छलावा मात्र है।

विधि और सिद्धान्त के नये संदर्श (New Perspectives on Method and Theory)

ड्यूमो ने भारतीय समाज के अध्ययन में जिस विधि (Method) और जिन सिद्धान्तों को अपनाया है, वे उन्हें तुलनात्मक विधि का महान मानवशास्त्री स्थापित करते हैं। जब हम किसी सिद्धान्त की परिपक्वता की बात करते हैं तब हमें यह देखना पड़ता है कि सिद्धान्त निर्माण में किस विधि को अपनाया गया है।

ड्यूमो की सैद्धान्तिक रणनीति (Dumont's Theoretical Strategy)

ड्यूमो के भारत से जुड़े कार्यकाल को 1948 से 1970 के बीच माना जाता है। इस अवधि में उन्होंने जाति व्यवस्था और बान्धव सम्बन्धों पर लिखा है। सिद्धान्त की दृष्टि से उनका उपागम एक नया उपागम था। 1960–1965 में जो ग्रामीण अध्ययन भारत में किये गये, से सूक्ष्म (Micro) अध्ययन थे। उनकी विधि आनुभविक थी। ड्यूमो ने अपने अध्ययन की नई रणनीति अपनाई। उन्होंने वृहद् अध्ययन की शुरुआत की। उपलब्ध सिद्धान्तों को लेकर उन्होंने जाति व्यवस्था का अमूर्तिकरण और सामान्यीकरण किया। उनकी विधि की निम्न विशेषताएँ हैं—

तुलनात्मक विधि (Comparative Method)

ड्यूमो ने अपने अध्ययन के लिये तुलनात्मक विधि को अपनाया है। उनकी लिखावट में लफ्फाजी बहुत अधिक है और इसलिये उनको समझ पाना साधारण पाठक के लिये कठिन हो जाता है। तुलनात्मक विधि को वे विषमता (Contrasting) की तुलना भी कहते हैं। पूर्व और पश्चिम के देशों

में विरोध है, दोनों की संस्कृतियाँ जुदा–जुदा हैं। इस तुलना को ड्यूमो विषमता की तुलना कहते हैं। उन्होंने जाति व्यवस्था की तुलना फ्रांस से की है। दोनों पृथक–पृथक सभ्यताएँ हैं। भारत में जाति का संस्तरण है, यूरोप में समतावादी समाज है, भारत में शुद्ध और अशुद्ध के मूल्यों पर जाति व्यवस्था चलती है, फ्रांस में स्तरीकरण है — वर्ग है। ड्यूमो इवान्स–प्रिचार्ड की इस विचारधारा पर चलते हैं कि अगर अपने समाज को अच्छी तरह से समझना चाहते हैं तो पहले दूसरों के समाज को समझो।

ड्यूमो की परम्परा तुलनात्मक विधि की रही है (Dumont's Tradition has been of Comparative Method)

ड्यूमो फ्रांसीसी थे। उन पर बोगले, रोबर्ट हट्ज़, मारसल मॉस का बहुत बड़ा प्रभाव था। ये सब तुलनात्मक विधि को मानवशास्त्र की विश्वसनीय विधि मानते थे। इससे प्रभावित होकर ड्यूमो ने भारत में जाति व्यवस्था का अध्ययन इसी विधि द्वारा किया।

तुलनात्मक विधि मूल्यों की पहचान करने के बाद लागू की जाती है (Comparative Method is introduced after identification of Values)

ड्यूमो के अध्ययन की महत्त्वपूर्ण इकाई मूल्य है। वे सबसे पहले समाज में प्रचलित मूल्यों की पहचान करते हैं। उनकी तुलना आधार मूल्य होते हैं। उन्होंने जातियों में निहित मूल्यों यानी शुद्ध और अशुद्ध की पहचान की और इसी के आधार पर संस्तरण के सिद्धान्त को बनाया। इसी तरह सभ्यता की तुलना भी व्यक्तिवाद के मूल्यों पर की। पश्चिमी सभ्यता में व्यक्ति महत्त्वपूर्ण है और पूर्व में उसका स्थान गौण है।

तुलना में दोहरा उपागम अपनाया जाता है (Binary Approach is Adopted in Comparison)

ड्यूमो तुलनात्मक विधि को अनिवार्य रूप से विषम तुलना कहते हैं। इसके लिये वे परस्पर विरोधी इकाइयों को अपनाते हैं। यह दोहरा (Binary) उपागम है — रात–दिन, काला–गोरा, सत्य–असत्य और कुछ इसी तरह की विषम वस्तुएँ। उनके अनुसंधान में इस तरह की विषम तुलना के दृष्टान्त भरे पड़े हैं। वे जातियों के संस्तरण को शुद्ध और अशुद्ध के दोहरे

मूल्यों में दिखाते हैं, समतावादी पश्चिम को संस्तरण वाले भारत के संदर्भ में समझते हैं, द्रविड़ भाषाई दक्षिण भारत की तुलना में इंडो–आर्यन भाषा के उत्तर भारत से करते हैं; जर्मनी की तुलना फ्रांस से करते हैं और तुलनात्मक अध्ययन का यह सिलसिला उनके अध्ययन की प्राण वायु है।

ड्यूमो की विधि संरचनात्मक है (Dumont's Method is Structural)

सच में देखा जाये तो ड्यूमो का उपागम संरचनात्मक है। वे एक मानवशास्त्री होने के नाते समाज की संरचना को जातियों में पाते हैं। संस्तरण, मूल्य, विषमता और मिलकर संरचना को बनाते हैं। जाति की संरचना में ये सब तत्त्व हैं। परस्पर विरोधी और विषम होते हुए भी विभिन्न जातियाँ सम्पूर्ण जाति व्यवस्था को बनाती हैं।

वास्तविक तुलना विचारधारा की होती है (Real Comparison is of Ideology)

पूर्व हो या पश्चिम, जाति हो या व्यक्ति, तुलना की सबसे बड़ी इकाई विचारधारा होती है। अगर हम ड्यूमो का सही विश्लेषण करें तो इकाई के पीछे जो विचारधारा होती है, उसे समझना होगा। विचारधारा का अर्थ है मूल्यों की व्यवस्था (System of Values) और ये मूल्य विषम (Opposite) होते हैं। जाति व्यवस्था का संस्तरण शुद्ध और शुद्ध की मूल्य व्यवस्था पर निर्भर है।

ड्यूमो की आलोचना (Dumont's Criticism)

ड्यूमो ने जो कुछ लिखा है, उसके पचास से ऊपर वर्ष गुजर गये हैं। इस लम्बी अवधि में इस देश में कई उलटफेर हो गये हैं। संस्तरण की जो पहचान ड्यूमो ने की थी, वह आज समाप्त हो गई है। भूमंडलीकरण, शहरीकरण और शिक्षा ने सम्पूर्ण सामाजिक संरचना को बदल दिया है। औद्योगिक और कार्पोरेट अर्थ व्यवस्था ने देश को उपभोगवादी समाज बना दिया है। एक अदद समाजशास्त्रियों — टी.एन. मदन, आन्द्रे बेतेइ, एम.एन. श्रीनिवास, आर.एस. खरे आदि का कहना है कि आज के संदर्भ में ड्यूमो एकदम अप्रासंगिक हैं। उन्हें पढ़ने की किसी को परवाह नहीं।

लेकिन सब कुछ ऐसा नहीं है। उन्होंने जाति व्यवस्था को पहली बार संस्तरण के संदर्भ में रखा है। भारत में प्रचलित सूक्ष्म अध्ययन से हटकर

वृहद अध्ययन को अपनाया है। उन्होंने विधि, सिद्धान्त और विश्लेषण के क्षेत्र में नये प्रयोग किये हैं और पश्चिमी समाज को यह बताने का प्रयास किया है कि जाति व्यवस्था को स्तरीकरण से हटकर संस्तरण के उपागम से देखना चाहिये। यहाँ हम ड्यूमो की आलोचना एक विचारक के रूप में करेंगे।

1. यह सही है कि समाज में सभी व्यक्ति समान होते हैं। प्रत्येक व्यक्ति को विकास के समान अवसर मिलने चाहिये। ड्यूमो ने व्यक्तिवाद पर कई निबन्ध लिखे हैं। वे आग्रहपूर्वक कहते हैं कि जाति–समाज और समतावादी समाज में व्यक्ति को पूरी स्वतंत्रता होनी चाहिये। इस सबके होने पर भी वे भारत की गैर–बराबरी पर मौन हैं। स्त्रियों, कमजोर वर्गों और गरीबों पर वे अपने संस्तरण में कोई टिप्पणी नहीं करते।
2. बराबरी बड़ी जटिल अवधारणा है। प्रजातांत्रिक देशों में, कानून के सामने सभी बराबर हैं, लेकिन गैर–कानूनी क्षेत्र में, भारत जैसे समाज में गैर बराबरी बड़ी गंभीर समस्या है। जेण्डर समस्या, जातियों में राजनीति और जातिवाद शायद हमारी बहुत बड़ी समस्या है। यद्यपि संविधान जाति के अस्तित्व को स्वीकार नहीं करता, जाति के आधार पर भेदभाव नहीं बरतता, फिर भी जातियाँ भेदभाव की शिकार हैं। ड्यूमो को यह सब दिखाई नहीं देता।
3. यह सही है कि आदिवासियों में जाति प्रथा नहीं होती फिर भी वे अपने आपको आदिवासी जातियाँ कहते हैं, और रुचिकर बात यह है कि हमारे यहाँ आदिवासियों पर मानवजाति अध्ययनों की भरमार है। इस प्रचुरता के होते हुए भी ड्यूमो आदिवासियों के बारे में कोई टिप्पणी नहीं करते।
4. ड्यूमो ने जातियों के संस्तरण को मूल्यों के आधार पर देखा है। वे जातियाँ जो शुद्ध के मूल्य को मानती हैं, उच्च हैं, श्रेष्ठ हैं; और वे जातियाँ जो अशुद्ध के मूल्यों को अपनाती हैं, निम्न हैं। यहाँ एक बुनियादी प्रश्न उठता है — शुद्ध और अशुद्ध मूल्यों की परिभाषा क्या है? ड्यूमो इस परिभाषा को नहीं छूते हैं; वास्तविकता यह है कि समाज जिसे शुद्ध कहता है, वह शुद्ध है, और जिसे अशुद्ध कहता है,

अशुद्ध है। लगता है, शुद्ध और अशुद्ध मूल्यों की तार्किक या वैज्ञानिक स्तर पर कोई परिभाषा देना कठिन है। अगर कठिन है, तब ब्राह्मण जिसे शुद्ध कहते हैं, उसे शुद्ध मान लिया जाये। अगर ऐसा किया तो उच्च जातियाँ हमेशा के लिये उच्च बनी रहेंगी।

ड्यूमो जातियों का संस्तरण मूल पर तो कर लेते हैं, पर उन्हें परिभाषित नहीं करते।

5. ड्यूमो ने संस्तरण की बात तो बड़े मजे से की है। वे धार्मिक प्रतिष्ठा को सर्वोपरि स्थान देते हैं; शक्ति का स्थान गौण है। वे बताते हैं कि धार्मिक प्रतिष्ठा में उच्च स्थान होते हुए भी ब्राह्मण (या वैश्य) आरक्षण के माध्यम से भौतिक लाभ के लिये कुछ भी करने को तैयार हैं। मतलब हुआ, प्रतिष्ठा के लिये धार्मिक के स्थान पर भौतिक तत्त्व ज्यादा महत्त्वपूर्ण हैं। यह सारा मसला विवादास्पद है। पर ड्यूमो ऐसे मसलों से अपने आपको दूर रखते हैं। इनसे उनको कोई सरोकार नहीं।

उपसंहार (Conclusion)

लुई ड्यूमो फ्रांसीसी थे। उन्हें भारत की जाति व्यवस्था का विशेषज्ञ समझा जाता है। उन्होंने विचारधारा यानी मूल्य व्यवस्था के आधार पर जातियों के संस्तरण का अध्ययन किया है। किसी जाति के उच्चोच्च स्थान को शुद्ध और अशुद्ध के मूल्य निर्धारित करते हैं। उन्होंने तुलनात्मक विधि द्वारा जातियों को समझा है। इस दृष्टि से ड्यूमो की विशेषता जाति अध्ययन है। उनकी दूसरी विशेषता तुलनात्मक विधि है। तीसरा, वे जातियों के संदर्भ में व्यक्तित्व व्यवस्था का विश्लेषण भी करते हैं। समतावादी समाज में व्यक्ति की भूमिका प्रधान होती है जबकि जाति समाज में उसका स्थान गौण होता है। जब मूल्यों को मूर्तरूप दिया जाता है तब वे संरचना बन जाते हैं। इसी कारण ड्यूमो को कई आलोचक संरचनावादी मानवशास्त्री भी कहते हैं। संरचनावाद से जुड़ी हुई समस्याओं पर ड्यूमो अपनी टिप्पणियाँ करते हैं।

आज भारत की जाति व्यवस्था में कई बदलाव आ गये हैं। एम.एन. श्रीनिवास तो कहते हैं कि आज जातियों को जिस नये रूप में देखते हैं, वह उनका नया अवतार है। इस दृष्टि से भारत के लिये ड्यूमो गये कल के थे, आज के नहीं।

● संदर्भ पुस्तकें

Dumont, Louis, *Homo Hierarchicus: The Caste System and Its Implications,* Delhi: Vikas Publications, 1970.

—, *From Mandeville to Marx, The Genesis and Truimph of economic Ideology,* Chicago: University of Chicago Press, 1977.

—, *Essays on Individualism: Modern Ideology in Anthropological Perspectives,* Chicago: University of Chicago Press, 1986.

Khare, R.S. (ed), *Caste, Hierarchy, and Individualism,* Delhi: Oxford, 2006.

6

डी.पी. मुकर्जी: परम्परा, आधुनिकता और मार्क्सवाद

(D.P. Mukerji: Tradition, Modernity and Marxism)

धूर्जटि प्रसाद मुकर्जी अपने चाहने वालों और समाजशास्त्रियों में डी.पी. मुकर्जी के नाम से जाने जाते हैं। उनका जन्म 1894 में बंगाल में हुआ था। जाति से वे ब्राह्मण थे। उनकी शिक्षा–दीक्षा कोलकाता में ही हुई थी। इतिहास उनका प्रिय विषय था। बाद में चलकर उन्होंने अर्थशास्त्र में एम.ए. किया। वे समाजशास्त्र में इतिहास और अर्थशास्त्र के रास्ते से आये हैं। उनके समाजशास्त्र में इन दो विषयों का प्रभाव अधिक दिखाई देता है। उनकी विचारधारा मार्क्सवादी थी। वे स्वयं अपने आपको मार्क्सवादी न कहकर मार्क्सशास्त्री (Marxologist) कहते थे। जैसा कि मार्क्सवादी उत्पादन सम्बन्धों (Production Relations of Marxist) पर जोर देते हैं, वैसा ही डी.पी. मुकर्जी ने भारतीय समाज की विवेचना उत्पादन सम्बन्धों के संदर्श में की है। समाज में वर्गों के बीच में जो संघर्ष होता है, गरीब और अमीर की जो लड़ाई होती है, इसकी व्याख्या डी.पी. मुकर्जी ने द्वन्द्वात्मक भौतिकवाद (Dialectical Materialism) की प्रक्रिया द्वारा की है।

डी.पी. मुकर्जी के समकालीन विचारकों ने भारतीय समाज को हिन्दू धर्म ग्रन्थों के माध्यम से देखा था। यह समाजशास्त्र वस्तुतः हिन्दू

समाजशास्त्र या ब्राह्मण समाजशास्त्र था। एम.एन. श्रीनिवास जैसे विद्वानों ने भी इस समाज की व्याख्या जाति व्यवस्था के आधार पर की। इरावती कर्वे ने भी जाति और संयुक्त परिवार को हिन्दू व्यवस्था के नजरिये से देखा। ए.आर. देसाई ने मार्क्सवादी संदर्श में राज्य की मीमांसा की। पूँजीवाद उनका केन्द्र बिन्दु था। उनकी दृष्टि में भारतीय राज्य भी पूँजीवादी थे। इस समग्र परम्परा से हटकर डी.पी. मुकर्जी ने द्वन्द्वात्मक भौतिकवाद को अपने निर्वचन का आधार बनाया। इस नवीन संदर्श ने भारतीय समाज को जिस स्वरूप में रखा वह परम्परागत स्वरूप से भिन्न था। समाज वही था लेकिन मार्क्सवादी व्याख्या ने इसका हुलिया बदल दिया। देखा जाये तो डी.पी. मुकर्जी ने भारतीय समाजशास्त्र में एक नया परिवर्तन (Shift) ला दिया। उन्होंने तत्कालीन प्रगति की अवधारणा को अस्वीकार किया। वे आनुभविकता को सामाजिक अनुसंधान की विधि के रूप में उपयोगी नहीं मानते। वे जनकल्याण के लिये मानववाद (Humanism) को अपना एक सूत्री संदर्श मानते हैं। कुल मिलाकर डी.पी. मुकर्जी अव्वल दर्जे के संश्लेषक (Synthesist) थे। वे भारतीय परम्परा को आधुनिकता के साथ जोड़ना चाहते थे।

प्रारम्भिक जीवन (Early Life)

डी.पी. मुकर्जी कलकत्ता विश्वविद्यालय से अर्थशास्त्र में एम.ए. करने के बाद 1924 में लखनऊ आये। राधाकमल मुकर्जी ने उन्हें यहाँ आने की सलाह दी। राधाकमल इस विश्वविद्यालय में अर्थशास्त्र के प्रोफेसर थे। इन दोनों में बौद्धिक स्तर पर कई बातों में मतभेद थे फिर भी वे इससे सहमत थे कि अर्थशास्त्र का अध्यापन समाजशास्त्र की तुलनात्मक विधि द्वारा बढ़िया तरीके से किया जा सकता है। इधर बम्बई विश्वविद्यालय ने 1919 में समाजशास्त्र की शुरुआत की थी और लखनऊ में इस विषय को 1920 में चलाया गया। यहाँ प्रारम्भ में समाजशास्त्र को अर्थशास्त्र के साथ जोड़ा गया और बाद में 1928 में, डी.एन. मजूमदार के आने के बाद में सांस्कृतिक मानवशास्त्र (Cultural Anthropology) की शुरुआत की गई। इसी विभाग में डी.पी. मुकर्जी पहुँच गये। वे साहित्य और संगीत में भी निपुण थे।

बहुत समय तक डी.पी. मुकर्जी के समकालीन विचारक उनकी आलोचना करते रहे। उनकी कृतियों को उपेक्षा की दृष्टि से देखते रहे। यह सही है कि डी.पी. मुकर्जी ने जो कुछ लिखा है, उसका कोई लम्बे समय

डी.पी. मुकर्जी
(1894–1961)

तक पड़ने वाला प्रभाव नहीं है फिर भी उन्होंने दृढ़तापूर्वक यह कहा कि समाजशास्त्र को अपने आपको किसी लोहे के पिंजरे में बन्द नहीं रहना चाहिये। उसे नई दिशाओं को खंगालना चाहिये।

मार्क्सवाद और डी.पी. मुकर्जी (Marxism and D.P. Mukerji)

अत्रेय ब्राह्मण ग्रन्थों में एक बड़ा रुचिकर सूत्र है — चर्वेती। चर्वेती, मतलब है, आगे बढ़ो, आगे बढ़ो। डी.पी. मुकर्जी इस सूत्र से अत्यधिक प्रभावित थे। उनकी समझ इस विषय में बहुत थी, हम अपनी परम्पराओं से कभी भी मुक्त नहीं हो सकते। हमारे गाँव–गाँव, ढाणी–ढाणी परम्पराओं से इस भाँति बँधे हुए हैं कि इनसे अलग होना हमारे लिये कतई सम्भव नहीं है और ऐसी स्थिति में परम्पराओं से हटकर प्रगति या तरक्की की बात करना केवल ढोंग है, एक बहाना और नाटक मात्र है। उन्होंने समाज की संश्लिष्ट एकता की बात कही है। उनका कहना है कि भारतीय समाज में एक जंग या संघर्ष बराबर चल रहा है — यह संघर्ष आधुनिकता और परम्परा का है। इससे निकलकर हमें आगे बढ़ना है। आगे बढ़ने की इस प्रक्रिया का विश्लेषण मार्क्सवादी संदर्श में किया है।

मार्क्सवाद एकाकी नहीं है। इसके कई पहलू हैं — उत्पादन सम्बन्ध, उत्पादन शक्तियाँ, उत्पादन विधियाँ, द्वन्द्वात्मक भौतिकवाद, ऐतिहासिक भौतिकवाद, अलगाववाद आदि। अब प्रश्न है — डी.पी. मुकर्जी ने मार्क्सवाद के इस पहलू या आयाम को भारतीय समाज के विश्लेषण के लिये अपनाया है। वे द्वन्द्वात्मक भौतिकवाद से अत्यधिक प्रभावित थे। मार्क्स के सहयोगी हीगल ने प्रारम्भ में कहा था कि समाज में परिवर्तन विचारों के कारण आता है। वे कहते थे — विचार बदल दीजिये, सम्पूर्ण समाज बदल जायेगा।

मार्क्स कहते थे कि भौतिक अवस्थाओं को बदल दीजिये, और समाज बदल जायेगा। यह इसी संदर्भ में है कि मार्क्स ने उत्पादन सम्बन्धों पर जोर दिया है। उत्पादन सम्बन्ध ही विचारों को बनाते हैं, बिगाड़ते हैं, इसे ही द्वन्द्वात्मक भौतिकवाद कहते हैं। डी.पी. मुकर्जी ने मार्क्स के इसी भौतिकवाद को अपने विश्लेषण का केन्द्र बिन्दु बनाया है।

डी.पी. मुकर्जी का संश्लिष्टवाद (D.P. Mukerji's Syntheticism)

डी.पी. मुकर्जी संश्लिष्टवादी थे। वे यह मानकर चलते थे कि हम अपनी परम्पराओं को छोड़ नहीं सकते, लेकिन भारत में आधुनिकता, पश्चिमीकरण और औद्योगीकरण का जो दौर चल रहा है, उससे अपना मुँह मोड़ नहीं सकते। इस परिवर्तन के पर्यावरण में मूल्यों की भूमिका बहुत बड़ी है। वे कहते हैं कि हमें हर स्थिति में समन्वय (Harmony) करना पड़ेगा। अपने बुनियादी मूल्यों को अपनाते हुए हमें पश्चिमीकरण और आधुनिकता को अपनाना पड़ेगा। यही समन्वय है।

टी.एन. मदन ने डी.पी. मुकर्जी पर टिप्पणी करते हुए *पाथवेज़* (*Pathways*) में लिखा है कि मुकर्जी वेदान्त, पश्चिमी उदारवाद और मार्क्सवाद का समन्वय करना चाहते थे। स्पष्ट रूप से वे प्रत्यक्षवाद (Positivism) के विरोधी थे। विज्ञान की वह परिभाषा जो आधुनिकता और आगमनात्मक विधि पर निर्भर है, डी.पी. मुकर्जी को स्वीकार नहीं थी। न ही वे पश्चिमी देशों द्वारा परिभाषित प्रगति के पक्षधर थे। प्रगति की किसी भी परिभाषा में मूल्यों को सबसे ऊँचा स्थान देना चाहिये। सभी मूल्य समान नहीं होते। इनका भी एक सोपान होता है, उच्चोच्च व्यवस्था (Hierarchy) होती है। मूल्यों के इस स्तरीकरण में कुछ मूल्य अनिवार्य रूप से आधारभूत

मूल्य होते हैं। इन मूल्यों को जो भारतीय समाज से सरोकार रखते हैं, डी.पी. मुकर्जी ने उपनिषदों से लिया है। ये मूल्य हैं — शान्तम्, शिवम् और अद्वेदान्तम्। इनका अर्थ है — समन्वय (शान्तम्), कल्याण (शिवम्) और एकता (अद्वेदान्तम्)।

डी.पी. मुकर्जी ने इन मूलभूत मूल्यों की व्याख्या करते हुए लिखा है कि हमें हर स्थिति में विषम परिस्थितियों में भी समन्वय के दृष्टिकोण को अपनाना चाहिये। इसके कारण निरन्तर होने वाले परिवर्तन के साथ हमारा तालमेल बैठ जायेगा। आये दिन होने वाले आन्दोलनों और संघर्ष से हमारा पिंड छूट जायेगा। दूसरा सिद्धान्त समन्वयन (Coordination) का है। इस सिद्धान्त द्वारा हमें सामाजिक पर्यावरण के साथ मेल मिलाप कर पायेंगे। तीसरा सिद्धान्त विभिन्न स्थितियों में एकता स्थापित करने का है। सामाजिक जीवन में उतार–चढ़ाव तो आते ही हैं। इन सब में एकता स्थापित करना बड़ा आवश्यक है। एकता लाने का काम व्यक्तित्व करता है। इस सम्पूर्ण प्रक्रिया में व्यक्तित्व की भूमिका बड़ी कारगर होती है।

डी.पी. मुकर्जी जब कभी पश्चिमी देशों की प्रगति या तरक्की की चर्चा करते हैं, वे वेदान्त के समन्वय के मूल्यों की बात अवश्य उठाते हैं। शान्तम्, शिवम् और अद्वेतनाम् ऐसे मूल्य हैं जिन्हें औद्योगीकरण तथा ऐतिहासिक प्रक्रियाओं पर लागू किया जा सकता है। कुछ आलोचकों ने डी.पी. मुकर्जी के इन मूल्यों को बड़ा स्पष्ट माना है। उदाहरण के लिये ये मूल्य विज्ञान, शहरीकरण तथा उद्योग पर लागू नहीं किए जा सकते।

डी.पी. मुकर्जी वेदान्त को अपने संश्लिष्टवाद का आधार मानते हैं। इस बुनियादी मूल्य के साथ वे मार्क्सवाद और पश्चिमी उदारवाद (Liberalism) को जोड़ते हैं। उनका कहना है कि भारत का इतिहास वस्तुतः इसकी संस्कृति का इतिहास है। यहाँ वे मार्क्स से अपनी असहमति जताते हैं। भारतीय समाज का इतिहास वर्ग संघर्ष का इतिहास नहीं है। यहाँ न कोई वर्ग थे और न कोई वर्ग संघर्ष। यहाँ संस्कृति के समन्वय का ही इतिहास रहा है। देखा जाये तो विदेशी बौद्धिक भारतीय इतिहास पर प्रामाणिकता से नहीं लिख सकते।

डी.पी. मुकर्जी की कृतियाँ (Works of D.P. Mukerji)

डी.पी. मुकर्जी ने पुस्तक रूप में बहुत कम लिखा है। उन्होंने कई व्याख्यान दिये हैं। वे एक बहुत अच्छे अध्यापक थे। उनके फुटकर निबन्धों के आधार

पर ही हमें उनकी विचारक छवि प्राप्त होती है। यहाँ हम पुस्तक रूप में संकलित उनकी कृतियों का उल्लेख करेंगे—

- *पर्सनालिटी एण्ड दि सोश्यल साइन्सेज़, 1924 (Personality and the Social Sciences)*
- *बेसिक कन्सेप्ट्स, 1932 (Basic Concepts)*
- *मॉडर्न इंडियन कल्चर, 1942 (Modern Indian Culture)*
- *प्रोब्लम्स ऑफ इंडियन यूथ, 1946 (Problems of Indian Youth)*
- *टेगोर — ए स्टडी, 1943 (Tagore: A Study)*
- *व्यूज़ एण्ड काउन्टर व्यूज़ (Views and Counter Views)*
- *इन्ट्रोडक्शन टु इंडियन म्यूजिक, 1946 (Introduction to Indian Music)*
- *ओन इंडियन हिस्ट्री, 1945 (On Indian History)*

डी.पी. मुकर्जी ने भारतीय समाज के बारे में बहुत कुछ लिखा है। समाज के विभिन्न पहलुओं पर उन्होंने व्याख्यान दिये हैं। यह कहा जाता है कि समाज विज्ञान को आम आदमी तक पहुँचाने के लिये वैज्ञानिक को साधारण समाचार पत्रों में लिखते रहना चाहिये। मंच पर खड़े रहकर बोलना चाहिये। तभी विशेषज्ञों का ज्ञान जन–जन तक पहुँचेगा। वह विज्ञान किस काम का जो सीमित क्षेत्र में अपने आप में समेट लेवे। इस सम्बन्ध में एक और विचारधारा है। यह विचारधारा समाजशास्त्र के विस्तार की है। यदि समाजशास्त्र को समृद्ध बनाना है, उसे एक निश्चित परिभाषा देनी है, उसकी विषय वस्तु या अध्ययन सामग्री को निर्धारित करना है, विधि और अध्ययन तकनीक को धार देनी है, तब यह सब काम सामाजिक विचारक को करना चाहिये।

अगर समाजशास्त्र के विचारकों पर हमें लिखना है तो डी.पी. मुकर्जी पर यह सब मोल–तोल लागू करना चाहिये। यहाँ हम डी.पी. मुकर्जी पर यह सब इसलिये लिख रहे हैं कि इन्हें पाठ्यक्रम में एक विचारक की तरह सम्मिलित किया गया है। बौद्धिक ईमानदारी के संदर्भ में हमें यह बेहिचक कहना चाहिये कि डी.पी. मुकर्जी ने समाजशास्त्र के विकास और इसकी समृद्धि के लिये ऐसा कुछ नहीं लिखा जो उन्हें एक विचारक की तरह स्थापित कर सके। उन्होंने समाजशास्त्र की मुख्यधारा को ही जोड़–तोड़

दिया हो, ऐसा भी नहीं है। ज्ञान की कई विभिन्नताएँ हैं — इसके नाना रूप हैं। इनमें से किसी पर भी व्याख्यान देने या लिखने से कोई भी व्यक्ति समाजशास्त्रीय विचारक नहीं बन जाता, लेकिन इधर समाजशास्त्र में कई ऐसे विद्वान हैं, जो समाजशास्त्र में मठाधीश यानी विचारक बनने पर तुले हुए हैं, उन्हें कोई रोक नहीं सकता।

डी.पी. मुकर्जी के फुटकर साहित्य में खोजबीन करके जो थीम उजागर हो रही है, उनके अनुसार वे भारतीय समाज को एक समन्वयवादी समाज के रूप में देखते हैं। इसकी परम्पराओं का मूल वेदान्त है। इस समाज का मूल तत्त्व परम्पराएँ हैं। इन परम्पराओं का समन्वय पश्चिमी सभ्यता यानी आधुनिकता के साथ होना चाहिये। इससे आगे डी.पी. मुकर्जी परम्पराओं और आधुनिकता को मार्क्सवादी विचारधारा के साथ जोड़ते हैं। इन सबके बीच में उदारवाद और मानववाद के मूल्यों को डी.पी. मुकर्जी रखते हैं। उनके विचारों पर टिप्पणी करने से पहले हम परम्परा और आधुनिकता पर उनके सिद्धान्त को रखेंगे। डी.पी. मुकर्जी में यदि कोई समाजशास्त्र है, तो यह परम्परा और आधुनिकता का है।

परम्परा और आधुनिकता (Tradition and Modernity)

भारत में समाजशास्त्र को चले हुए कोई सौ वर्ष हो गये हैं। इस लम्बी अवधि में यहाँ जिस समाजशास्त्र का निर्माण हुआ है, वह हिन्दू समाजशास्त्र है। जाति, धर्म, परिवार, विवाह आदि पर विस्तारपूर्वक समाजशास्त्रियों ने लिखा है। ये सब संस्थाएँ हिन्दू परम्परा के आधार पर चल रही हैं। डी.पी. मुकर्जी का वेदान्तवाद, उसी हिन्दू परम्परा का भाग है। हाल में योगेन्द्र सिंह ने भी इसी परम्परा के आधार पर आधुनिकता को देखा है। अपनी भव्य कृति *मॉडर्नाइजेशन ऑफ इंडियन ट्रेडिशन (Modernisation of Indian Tradition)* में वे आग्रहपूर्वक कहते हैं कि भारत की परम्पराएँ आधुनिक हो रही हैं। अपने मूल में भारतीय परम्पराएँ हिन्दू परम्पराएँ हैं।

डी.पी. मुकर्जी कहते हैं कि भारतीय इतिहास का मतलब, भारतीय संस्कृति है यानी हिन्दू संस्कृति है।

परम्परा किसे कहते हैं?

परम्परा सामाजिक और सांस्कृतिक होती है। फ्रेंकलिन गिडिंग्स (Franklin Giddings) ने परम्परा को तीन भागों में बाँटा है — प्राथमिक, द्वैतीयक

और तृतीयक। यह वर्गीकरण परम्परा की उपयोगिता पर किया गया है। डी.पी. मुकर्जी ऐसा कुछ नहीं कहते लेकिन वे पूर्ण रूप से परम्परावादी थे। हम परम्परा से कभी मुक्त नहीं हो सकते। आज आवश्यकता यह है कि हम आधुनिक प्रक्रियाओं के संदर्भ में हमारी परम्पराओं की व्याख्या करें। अतः समाज के विभिन्न क्षेत्रों में वैदिक काल से जो चलता आ रहा है, वह परम्परा है। विवाह के सात फेरे, जनेऊ पहनना, संस्कृत भाषा आदि हमारी परम्परा के अंग हैं।

परम्परा परिवर्तनशील है

डी.पी. मुकर्जी का कहना है कि परम्परा जड़ नहीं है। समय के साथ इसमें बदलाव आता रहता है। समाज का प्रत्येक व्यक्ति अपने इर्द–गिर्द की परम्परा के साथ अनुकलन करता है और इसके कारण परम्परा जीवित रहती है। परम्परा में परिवर्तन लाने वाली प्रक्रियाएँ दो तरह की हैं। एक परिवर्तन तो तब आता है जब परम्परा के अन्दर से बदलाव आता है। लोग अपने आप ही परिवर्तन ले आते हैं। दूसरा, बाहर के सम्पर्क परम्परा को बदल देते हैं। अँग्रेज यहाँ आये। उन्होंने कारखाने चलाये। जुलाहों का धन्धा मन्दा पड़ गया। क्षेत्रीय और संस्कृत भाषा की सांस फूलने लगी। अँग्रेजी महत्त्वपूर्ण हो गई।

परम्परा व्यक्तिवाद को कमजोर कर देती है

डी.पी. मुकर्जी कहते हैं कि परम्पराओं की प्रभुता व्यक्तिवाद को कमजोर कर देती है। व्यक्ति को जीवन में विभिन्न अवसरों पर कुछ सोचने की जरूरत नहीं पड़ती। परम्पराएँ उसे सब कुछ बता देती हैं, किस अवसर पर उसे क्या करना है, ऐसी अवस्था में व्यक्ति की सोच गौण हो जाती है।

परम्पराएँ समाज को आगे बढ़ाती हैं

डी.जी. वेदान्त के अनुयायी थे। अत्रेय ब्राह्मण के सूत्र चर्वेती, चर्वेती (आगे बढ़ो, आगे बढ़ो) उनका मानदंड था। परम्परा के अनुपालन से समाज अपने आप आगे बढ़ता चला जाता है।

परम्परा का विश्लेषण मार्क्सवाद के संदर्श में करते हैं

डी.पी. मुकर्जी संश्लेषणवादी थे। वे वेदान्त, मार्क्सवाद, पश्चिमी उदारवाद को भारतीय परम्परा के साथ जोड़ना चाहते थे। उनका आग्रह था कि

परम्परा और आधुनिकता में संघर्ष होना स्वाभाविक था। मार्क्सवाद में वे द्वन्द्वात्मक भौतिकवाद के हामी थे। अपने किसी भी विवेचन में वे परम्परा को हाशिये पर नहीं लाना चाहते थे। प्रगति या तरक्की जिसे भारत सरकार लाना चाहती है, डी.पी. मुकर्जी की दृष्टि में यह सब छलावा है, ढोंग और बहाना मात्र है। असली चीज़ तो इसे परम्परा के साथ जोड़ने की है।

आधुनिकता और परम्परा (Modernity and Tradition)

समाजशास्त्री वह है जो बौद्धिक संदर्श में समाज को समझने का प्रयास करे। ऐसा करने में वह एक निश्चित उपागम (Approach) को अपनाता है। भारतीय सामाजिक विचारकों ने अपने–अपने दृष्टिकोण से भारतीय समाज का विश्लेषण किया है। डी.पी. मुकर्जी ने भारतीय विधा (Indology) के संदर्श में यानी वेदान्त के माध्यम से समाज को समझा है। इसकी एक विशेषता और है। वेदान्त के साथ में उन्होंने मार्क्सवाद को भी लिया है।

डी.पी. मुकर्जी के सम्पूर्ण कृतित्व को हम दो भागों में देखते हैं। एक में तो वे विस्तारपूर्वक परम्परा और आधुनिकता को देखते हैं, और दूसरे में उनके फुटकर निबन्ध हैं। इन फुटकर निबन्धों में वे देश की विभिन्न समस्याओं पर अपने विचार व्यक्त करते हैं। यहाँ हम इन दोनों भागों पर अपनी समीक्षा रखेंगे।

अगर हम परम्परा से मुक्ति नहीं पा सकते, तो किसी तरह आधुनिकता से भी छुटकारा नहीं पा सकते। वैश्वीकरण, बाजार, विज्ञान आदि ऐसी प्रक्रियाएँ हैं जो हमारे लिये अनिवार्य हो गई हैं। ऐसी अवस्था में परम्परा और आधुनिकता में संघर्ष होना आवश्यक हो गया है। डी.पी. मुकर्जी आधुनिकता से खुश हों, ऐसा नहीं है। वे इस प्रक्रिया को विनाशकारी मानते थे। फिर भी इसे रोका नहीं जा सकता। इसके साथ अनुकूलन करना आवश्यक है। देखा जाये तो कई समकालीन विचारक आधुनिकता से सहमत नहीं हैं। पर इस विचारधारा ने जिस भाँति संसार को अपनी गिरफ्त में ले लिया है, उससे बच निकलना सम्भव नहीं है।

आधुनिकता — कहाँ तक वास्तविक?

आज एशिया के लगभग सभी राष्ट्र, राज्य अपने आपको आधुनिक बनाना चाहते हैं। कुछ वर्षों पहले गुन्नार मिर्डल (Gunnar Myrdal) की पुस्तक *दि एशियन ड्रामा* (*The Asian Drama*) के तीन खण्ड प्रकाशित हुए थे। इसमें

उन्होंने कहा कि एशिया के अधिकांश देश आधुनिक बनना चाहते हैं। इनमें भारत भी सम्मिलित है। आधुनिकता आज का एक बहुत बड़ा रिवाज है। इसकी कई परिभाषाएँ हैं। मोटे रूप में कहते हैं कि आधुनिकता औद्योगीकरण, शहरीकरण, तकनीकीकरण, पूँजीवाद, प्रजातंत्रीकरण आदि का संयुक्तीकरण है। इसमें विभिन्न मूल्यों का सामंजस्यीकरण है। धर्म निरपेक्षता और विज्ञान की तेजस्विता है। आधुनिकता का इस तरह का अर्थ बहुत सामान्य है। यह भी कहा जाता है कि 19वीं शताब्दी में उद्विकास की जो सामान्य धारणा थी वह आगे चलकर नवीन सामाजिक प्रक्रियाओं के कारण प्रगति कही जाने लगी। डी.पी. मुकर्जी आधुनिकता को मूल्य और व्यक्तित्व के संदर्भ में देखते हैं।

डी.पी. मुकर्जी और आधुनिकता (D.P. Mukerji and Modernity)

डी.पी. मुकर्जी उद्विकास की धारणा को अस्वीकार करते हैं। वे सोचते हैं कि मनुष्य जीवन का आखिर में क्या उद्देश्य है — वह क्या बनना चाहता है? स्पष्ट है, प्रगति का मतलब संवर्धन (Growth) नहीं है। पक्की सड़कें बन जाना, कॉलेज और विश्वविद्यालय खुल जाना, वृहद् कारखानों का शुरू हो जाना, और ऐसे ही संवर्धन के कार्य प्रगति नहीं कहे जा सकते। होना यह चाहिये कि मनुष्य में जो छिपे हुए मूल्य हैं, उनमें जो गतिशीलता है, उसे बाहर लाना चाहिये। उस पर ध्यान देना चाहिये। डी.पी. मुकर्जी कहते हैं—

> प्रगति को एक समस्या की तरह समझना चाहिये। इसके अन्तर्गत मनुष्य द्वारा किये गये सभी प्रयत्न आ जाते हैं। समय इनको दिशा देता है। ये प्रयास प्रगति के कई विकल्प देते हैं। मूल रूप से इन प्रयासों का काम मूल्यों का सन्तुलन करना होता है। प्रगति की समस्या बहुत व्यापक होती है। इसमें सम्पूर्ण समाज आ जाता है। जब आदमी दूसरों के साथ सम्पर्क करता है, तब मूल्य पैदा होते हैं। व्यक्ति के विकास में मूल्यों की भूमिका को कम नहीं किया जा सकता। इस संदर्भ में यह कहना चाहिये कि प्रत्येक व्यक्ति के सामान्य रीति–रिवाज होते हैं, विश्वास होते हैं, और सम्भव है, सामान्य स्वभाव होता है।

डी.पी. मुकर्जी आधुनिकता के अर्थ को स्पष्ट करते हुए कहते हैं कि प्रगति वस्तुतः आधुनिकता है। आज तीसरी दुनिया में जिस आधुनिकता की चर्चा की जाती है, वह आधुनिकता मूल्यों की है। उनके शब्दों में—

प्रगति समानता प्राप्त करने का एक आन्दोलन है। हमारी यह कोशिश होनी चाहिये कि हम दूसरों के सम्पर्क से मुक्त हो जायें। हम अवकाश के समय का इस भाँति अनुकूलन करें कि अपने मूल्यों के साथ सामन्जस्य कर सकें। यह समझना भूल होगी कि व्यक्ति जितना व्यस्त रहता है, उतना ही प्रगतिशील है। आवश्यकता इस बात की है कि मनुष्य को अपने व्यक्तित्व के विकास के लिये अधिक से अधिक समय निकालना चाहिये। यह इसी कारण है कि हिन्दू दर्शन व्यक्ति को अधिक से अधिक ध्यान प्रार्थना पर जोर देने की सलाह देता है। यह दर्शन व्यक्ति को उचित समय पर वैराग्य लेने की अनुमति देता है। आज की सभ्यता हड़बड़ी की सभ्यता है और इसलिये वैराग्य लेने की उनकी बहुत बड़ी आवश्यकता है।

डी.पी. मुकर्जी ने प्रगति को आधुनिकता के साथ जोड़ा है। दूसरों शब्दों में प्रगति ही आधुनिकता है। प्रगति में मूल्यों का सन्तुलन होता है और यह मूल्यों की बराबरी करना ही आधुनिकीकरण है। मूल्यों के सन्तुलन में विवेकीकरण (Rationality) बड़ी आवश्यकता होती है। इस विवेकीकरण में मूल्यों को उच्चोच्च स्तर पर रखना होता है और जब हम ऐसा करेंगे तब मूलभूत मूल्य हमारे सामने आ जायेंगे। डी.पी. मुकर्जी ने इस बुनियादी मूल्यों को उपनिषदों से निकाला है।

आधुनिकता का परम्परा से संघर्ष

डी.पी. मुकर्जी का परम्परा से तात्पर्य हिन्दू परम्परा से था। मुख्यतया यह परम्परा वेदान्त की है। शान्तम्, शिवम्, आदिवेदान्तम् की तिहरी मूल्य व्यवस्था इस परम्परा को बनाती है। इसके साथ हमें चर्वेती यानी आगे बढ़ना है। इधर आधुनिकता है। इसमें भौतिकता है। इसको भी हमें अपनाना है। इसके बिना हम आगे नहीं बढ़ सकते। ऐसी अवस्था में परम्परा की मुठभेड़ आधुनिकता से होना आवश्यक है। यह संघर्ष तो होना ही है।

आधुनिकता के साथ समन्वय

डी.पी. मुकर्जी का आधुनिकता के बुनियादी मूल्यों में विश्वास नहीं था। उनका मानना था कि विज्ञान हमारी सभी समस्याओं का हल नहीं खोज सकता। फिर भी हमें इसका समन्वय करना होगा। यह सब जन कल्याण और मानवीय एकता के लिये होना चाहिये।

परम्परा आधुनिकता की विरोधी नहीं है

देखा जाये तो डी.पी. मुकर्जी भारत विधा के प्रबल समर्थक थे। साथ ही वे मार्क्सवादी भी थे। उनकी सम्पूर्ण लिखावट में द्विविधता (Dualism) है और वे इसकी कतई चिन्ता नहीं करते। वे भारत विधावादी भी हैं और मार्क्सवादी भी हैं, वे आधुनिक भी हैं और वेदान्ती भी। इसी दोहरे मिजाज के कारण वे कहते हैं कि परम्परा आधुनिकता के आड़े नहीं आती। ये दोनों एक–दूसरे के पूरक हैं। आधुनिकता नई परम्परा को बनाती है। डी.पी. मूल्यों के संतुलन की समस्या के साथ–साथ परम्परा और आधुनिकता के समन्वय पर जोर देते हैं। परम्परा आगे बढ़ाती है आधुनिकता को और आधुनिकता परम्परा को मजबूत करती है।

कुछ समय पहले एस.सी. दुबे ने *इंडियाज़ चेन्जिंग विलेजेज* में मानव उपादान (Human Factor) की चर्चा की थी और कहा था कि परम्पराएँ विकास के काम में रोड़ा नहीं बनतीं। दुबे का यह कथन आनुभविक अवलोकन पर निर्भर था। पर डी.पी. मुकर्जी तो अपनी द्विविधता को केवल विवेक के आधार पर ही रखते हैं और रुचिकर बात यह है कि इसमें वे मार्क्सवाद भी जोड़ते हैं।

डी.पी. मुकर्जी की फुटकर कृतियों की देन
(D.P. Mukerji's Contributions from Miscellaneous Works)

डी.पी. मुकर्जी ने फुटकर निबन्ध बहुत बड़ी तादाद में लिखे हैं। उन्होंने पुस्तक रूप में किसी एक विचार को जीवन पर्यन्त नहीं चलाया। यह निश्चित है कि वे अपनी समकालीन परिस्थितियों से परिचित थे। वे देख रहे थे कि ब्रिटिश युग में भारतीय समाज तेजी से बदल रहा था। अपने प्रारम्भिक जीवन में उन्होंने इस तथ्य को स्थापित करने का प्रयास किया कि भारत की परम्परागत संस्कृति हमें गौरव प्रदान करती है और जो शिक्षण व्यवस्था हमारे यहाँ प्रचलित है, वह हमारी संस्कृति के अनुकूल है। वे परम्परावादी थे और शिक्षा तथा परम्परा के अटूट सम्बन्धों में विश्वास रखते थे। दूसरी ओर पश्चिमी देशों ने भारत के लिये जो छवि बनाई थी, वह उन्हें स्वीकार थी। देखा जाये तो डी.पी. मुकर्जी अपने समय की उपज थे। हम फिर दोहरायेंगे कि डी.पी. मुकर्जी जहाँ हिन्दू परम्पराओं के हिमायती थे, भारत विधावादी थे, वहीं वे मार्क्सवादी भी थे। विभिन्न निबन्धों,

व्याख्यानों और लेखों में उन्होंने जो कुछ लिखा है, वही उनकी समाजशास्त्र को देन है। परम्परा और आधुनिकता के अतिरिक्त उन्होंने तत्कालीन कई समस्याओं पर अपने विचार रखे हैं। उनकी समस्याओं की थीम (Theme) निम्न प्रकार है।

आधुनिक भारतीय संस्कृति (Modern Indian Culture)

सन् 1942 में डी.पी. मुकर्जी की पुस्तक *मॉडर्न इंडियन कल्चर* (Modern Indian Culture) प्रकाशित हुई। इस पुस्तक का संशोधित संस्करण 1947 में सामने आया। यह हमारी आजादी का वर्ष था, लेकिन इस देश के विभाजन का भी वर्ष था। इस संस्करण में दुख की झलक थी, विषाद की छाया थी। डी.पी. मुकर्जी ने हिन्दुस्तान और पाकिस्तान के विभाजन की समस्या का विश्लेषण किया। उन्होंने आग्रहपूर्वक कहा कि हिन्दू–मुसलमानों के दंगाई झगड़ों का निदान समाजशास्त्र कर सकता है। उनका कहना था कि भारत के लम्बे इतिहास में कई विकृतियाँ आ गई हैं। इसे पंगु कर दिया है और अवस्था को लाने में ब्रिटिश राज उत्तरदायी है। डी.पी. मुकर्जी कहते हैं—

> एक ऐतिहासिक और सामाजिक प्रक्रिया के रूप में भारतीय संस्कृति कतिपय सामान्य परम्पराओं को बताती है जो आम लोगों की मनोवृत्तियों को गढ़ती है। भारतीय मनोवृत्तियों के निर्माण में बौद्ध धर्म, इस्लाम और पश्चिमीकरण, वाणिज्य और संस्कृति का बड़ा योगदान है। इन विभिन्न सामाजिक प्रक्रियाओं के कारण देश में जो वाद–विवाद और संकट आते रहे, उसी कारण आज जो भारतीय संस्कृति है, बनी है। यह संस्कृति आज जो कुछ है, वह न तो हिन्दू है, न इस्लामी, न पश्चिमी जीवन पद्धति और न विशुद्ध रूप से एशिया की उपज।

डी.पी. मुकर्जी आधुनिक भारतीय संस्कृति को एक ऐतिहासिक प्रक्रिया के रूप में लेते हैं। इस प्रक्रिया का मुहावरा संश्लेषण (Synthesis) है। इस संस्कृति में हिन्दू धर्म है, बौद्ध धर्म है और इस्लाम है। डी.पी. मुकर्जी बार–बार उपनिषद् के चर्वेती पद का उदाहरण देते हैं। वे कहते हैं कि इस्लाम भारतीय समाज को हिला देता है, गड़बड़ कर देता है, लेकिन बौद्ध धर्म ने इसकी जड़ों को पकड़ रखा था। देखा जाये तो बौद्ध धर्म भी हिन्दू समाज को तहस–नहस कर देता, लेकिन इसने भी हिन्दू समाज को लचीला बना दिया। मुस्लिम शासन भी आर्थिक रूप से प्रगतिशील था

लेकिन इसने भी भारतीय समाज में कोई आमूल–चूल परिवर्तन खड़ा नहीं किया। मुसलमानों ने केवल हुकूमत की, शासन नहीं (The Muslims just reigned, but seldom ruled)।

भारतीय संस्कृति को एक नया मोड़ देने का काम ब्रिटिश राज ने किया। इसने उत्पादन सम्बन्धों को बदल दिया। डी.पी. मुकर्जी कहते हैं कि अँग्रेजों ने भारतीय अर्थव्यवस्था के बुनियादी ढाँचे को ही नई दिशा दे दी। अब कृषि भूमि सामुदायिक नहीं रही, इसे व्यक्तिगत सम्पत्ति बना दिया गया। शिक्षा की नई पद्धति शुरू की गई। अब उद्योग में गतिशीलता आ गई। आवागमन के साधन बढ़ गये। इस परिवर्तन के संदर्भ में एक और मोड़ ब्रिटिश शासन ने उपस्थित किया। इसने मध्यम वर्ग (Middle Class) को समाप्त कर दिया। यह वर्ग डी.पी. मुकर्जी की दृष्टि में एक खोटा वर्ग था जो बिचौलियों का काम करता था। तत्कालीन आर्थिक स्थिति पर टिप्पणी करते हुए डी.पी. मुकर्जी कहते हैं—

> देश में जो सामाजिक–आर्थिक उद्विकास हुआ है, इसमें हमारी कोई ऐतिहासिक भूमिका नहीं थी। अन्य लोगों से हम अलग–थलग थे — व्यावसायिक क्षेत्र में। हम आर्थिक और सामाजिक यथार्थता जो दुनिया में थी, उससे छूटे हुए थे। हमें भारतीय संस्कृति की पृष्ठभूमि का कोई ज्ञान नहीं था। हम पीछे देख कर स्वयं पर गर्व कर रहे थे। इस संस्कृति के मुख्य बिन्दु क्या हैं, इसका हमें कोई अनुमान नहीं था।

डी.पी. मुकर्जी मध्यम वर्ग को एक शरारती वर्ग समझते थे। ब्रिटिश राज को सुदृढ़ करने में इसकी महत्त्वपूर्ण भूमिका थी, लेकिन बाद में चलकर इस वर्ग ने ब्रिटिश राज को चुनौती देने में भी कोई कोर–कसर नहीं छोड़ी। डी.पी. मुकर्जी का तो यहाँ तक कहना है कि देश के विभाजन में भी इस वर्ग ने महत्त्वपूर्ण भूमिका अदा की। यह वर्ग बिना पेंदे का है। शिक्षा, संस्कृति, राजनीति, अर्थव्यवस्था सभी में इस वर्ग की भागीदारी में खोट है। यह एक धोखेबाज़ वर्ग है। ऐसे वर्ग या अभिजात लोगों से यह आशा करना कि वे देश को वास्तविक आधुनिकता की ओर ले जायेंगे, अपने आपको धोखा देना है। डी.पी. का सुझाव था कि यह वर्ग देश को आधुनिक बनाये, इसके पहले हमें इस वर्ग में सुधार लाना चाहिये। कोई भी संस्कृति नये सिरे से नहीं बनाई जा सकती। हमें भारतीय परम्पराओं के साथ संश्लेषण करना ही होगा।

यह सही है कि डी.पी. मुकर्जी परम्पराओं के पक्षधर थे, लेकिन वे यह भी चाहते थे कि परम्परा के साथ भौतिकता को भी जोड़ना चाहिये। वे चाहते थे कि भौतिकता के कारण परम्परा में एकता की चेतना आयेगी। भारत में वर्ग कभी भी जाति को अस्वीकार नहीं करते हैं। जाति में वर्ग होते हैं, और वर्ग में जाति। भारत में एकाधिक भाषाएँ, संस्कृतियाँ और क्षेत्र हैं। इनका एक संघ (Union) बनना चाहिये। अफ्रीका और एशिया के राष्ट्र–राज्यों व एकीकरण की अपेक्षा संघ की कल्पना की है। ऐसा ही कुछ भारत को भी करना चाहिये।

डी.पी. मुकर्जी आधुनिक भारतीय संस्कृति की चर्चा में हिन्दू और मुसलमानों के संश्लेषण की बात भी करते हैं। उनका कहना है कि ब्रिटिश लोगों के आने के समय इन दोनों समुदायों की परम्पराओं में कोई मेल–जोल नहीं हुआ था। जहाँ तक प्राकृतिक सम्पदाओं की भागीदारी का सवाल था, दोनों समुदाय एकमत थे। खेती–बाड़ी करो, धंधा–रोजगार करो, शहर या गाँव में रहो, कोई झगड़ा नहीं। लेकिन धार्मिक और सौन्दर्य बोध के क्षेत्र में दोनों जुदा–जुदा थे।

देखा जाये तो ब्रिटिश राज ने यहीं पर भारी भूल की। उन्होंने इस विभिन्नता के क्षेत्र में अपने हाथ रखे। इससे भारतीय इतिहास को एक करारा झटका लगा। अँग्रेजों ने यहाँ की साहूकारी और ग्रामीण अर्थव्यवस्था को नष्ट कर दिया। भूमि व्यवस्था को बदल दिया, इसका आधार लाभ और सम्पत्ति को बना दिया। एक ऐसी शिक्षा व्यवस्था को स्थापित किया जो सामाजिक दृष्टि से निरर्थक थी। अँग्रेजों ने हमें ऐसे अवसर दिये जो हमारी परम्पराओं से मेल नहीं खाते थे।

डी.पी. मुकर्जी ने भारतीय संस्कृति पर अपनी पुस्तक *मॉडर्न इंडियन कल्चर* पर बहुत कुछ लिखा है। यह पुस्तक 1947 में संशोधित हुई थी। इसमें उन्होंने निम्न बिन्दुओं पर अपने आपको केन्द्रित किया है—

1. भारतीय समाज एकाधिक समुदायों से बना है।
2. हिन्दू, बौद्ध, मुस्लिम और पश्चिम ने इस देश के मानस या मिजाज को बनाया है।
3. इस समाज में संश्लेषण (Synthesis) लाना आवश्यक है। इसकी संस्कृति मिली–जुली है। इसमें एकाधिक संस्कृतियाँ हैं।

4. अँग्रेजी हुकूमत ने यहाँ अर्थव्यवस्था को बदल दिया। उत्पादन सम्बन्धों में परिवर्तन ला दिया। कृषि भूमि जो सामुदायिक यानी गाँव की सार्वजनिक सम्पत्ति थी, अब व्यक्तिगत सम्पत्ति (Private Property) बन गई।
5. अँग्रेजी राज ने नई शिक्षण व्यवस्था प्रारम्भ कर दी। आवागमन की सुविधाएँ दे दीं।
6. मध्यम वर्ग की भूमिका सन्देहपूर्ण रही है।
7. मुकर्जी वर्ग संघर्ष पर कुछ नहीं बोलते। उनकी दृष्टि में भारत के इतिहास में कभी वर्ग संघर्ष नहीं हुआ।

डी.पी. मुकर्जी और भारतीय इतिहास (D.P. Mukerji and Indian History)

मुकर्जी के भारतीय इतिहास के बारे में कुछ निश्चित विचार थे। इसमें वे मार्क्स से सहमत थे। वे मार्क्स की तरह कहते हैं कि ब्रिटिश राज ने भारत को उसकी जड़ से हिला दिया। मार्क्स ने भारत में ब्रिटिश राज पर टिप्पणी की है। वे कहते हैं कि भारत का एक लम्बा अतीत रहा है, लेकिन इसका इतिहास नहीं है। इतिहास इसलिये नहीं है कि भारत अतीत से आज तक ज्यों का त्यों है। जातियाँ थीं और आज भी हैं; संयुक्त परिवार थे और आज भी हैं; विवाह में सात फेरे लगते थे, और आज भी लगते हैं। इतिहास केवल अतीत नहीं है, उसमें बदलाव भी होता है। मार्क्स ने कहा कि यह ब्रिटिश राज था जिसने इतिहास को बनाया। इस राज ने चर्खा बन्द कर दिया, हथकरघा उद्योग समाप्त कर दिया और इस तरह मार्क्स के शब्दों में भारत ब्रिटिश राज "अचेतन शिकार" हो गया। मार्क्स ने अपनी टीका में लिखा है कि भारत जो अतीत में था, नहीं रहा। अँग्रेजों ने इसे पश्चिम के भौतिकवाद का आधार प्रदान किया।

डी.पी. मुकर्जी इस बिन्दु पर आकर मार्क्स से असहमत हैं। उनका कहना है कि कोई बाहर का (विदेशी) आदमी भारत के बारे में अधिकृत रुप से लिख सकता। अगर भारत के इतिहास के विश्लेषण में हम मार्क्सवाद को लागू करते हैं तो यह समुचित नहीं होगा। भारतीय समाज की व्याख्या यहाँ की परम्पराओं के सन्दर्भ में ही होनी चाहिये। डी.पी. मुकर्जी की यह

एक धारणा थी कि हमें इतिहास लिखना ही नहीं है, बनाना भी है। वे कहते हैं—

> हमारी सबसे बड़ी रुचि इतिहास लिखने में और रचने में है। रचने से मतलब इतिहास बनाने से है और इतिहास बनाने का अर्थ परिवर्तन लाने से है। इसका मतलब हुआ हमें भारत को बनाने की जो अभिवृत्तियाँ हैं, उनको वैज्ञानिक अध्ययन द्वारा समझना होगा। यह समाज जिस संकट से गुजर रहा है, उसे समझना पड़ेगा। इस सम्पूर्ण पड़ताल में मार्क्सवादी उपागम बहुत सहायक होगा। यदि सहायक सिद्ध नहीं होगा तो इसे हम छोड़ देंगे। हमारे लिये उद्देश्य महत्त्वपूर्ण हैं।

डी.पी. मुकर्जी ने जो लिखा है, उसका संक्षेप यही है कि वे (1) भारतीय परम्पराओं का गहराई से अध्ययन करना चाहते थे, और (2) भारतीय समाज में जो परिवर्तन आ रहा है, उसकी समीक्षा करना चाहते थे। वे लिखते हैं—

> हमारा पहला काम तो सामाजिक परम्पराओं का अध्ययन करना है। हम परम्पराओं में ही पैदा हुए हैं और आज हमारा जो अस्तित्व है, वह इन परम्पराओं के कारण ही है। इसी काम के साथ लगा हुआ है सामाजिक परिवर्तन जो परम्पराओं में आता है। यह परिवर्तन परम्परा की आन्तरिक प्रक्रियाओं और बाहरी प्रक्रियाओं के कारण आता है। जब तक आर्थिक शक्तियाँ असामान्य रूप से शक्तिशाली नहीं होतीं, परम्पराएँ अनुकूलन से जीवित रह जाती हैं और यदि परम्पराएँ अनुकूलन से जीवित रह जाती हैं तो वे टिकी रहती हैं और इसलिये हमारा बहुत बड़ा काम इनको गहराई से समझना है। अतः परम्पराओं को हमें आर्थिक संदर्भ में देखना चाहिये। डी.पी. मुकर्जी जैसा हमने ऊपर कहा है भारतीय इतिहास को वर्ग संघर्ष का इतिहास नहीं मानते। उनका कहना है कि पश्चिमी देशों में वर्ग को जिस अर्थ में लिया जाता है, ऐसी कोई बात भारत में नहीं है। यहाँ का इतिहास तो यहाँ की संस्कृति है। डी.पी. मुकर्जी ने बराबर कहा है कि भारत में सामाजिक परिवर्तन और आधुनिकता — जो कुछ भी आये, उसे परम्पराओं के साथ द्वन्द्व अवश्य करना होगा।

उपसंहार (Conclusion)

डी.पी. मुकर्जी एक प्रकांड विद्वान थे। उन्होंने कई विषयों पर लिखा है। उनका अधिकांश लेखन पुस्तकों की अपेक्षा निबन्धों और व्याख्यानों में है। वे किसी एक विषय के नहीं थे। जहाँ उन्होंने टैगोर और संगीत पर लिखा है, वहीं उन्होंने समाजशास्त्र की बुनियादी अवधारणाओं पर भी अपनी कलम

चलाई है। मूलरूप से डी.पी. मुकर्जी अर्थशास्त्री थे, शायद इसी कारण उन्होंने मार्क्स को अपने विश्लेषण का संदर्श बनाया है। वे द्वन्द्वात्मक भौतिकवाद के संदर्श में भारतीय समाज का लेखा–जोखा करते हैं। इसी कारण उन्हें मार्क्सशास्त्री (Marxologist) कहते हैं।

डी.पी. मुकर्जी की कृतियों में सर्वत्र हमें उपनिवेशवाद, राष्ट्रवाद, परम्परा, आधुनिकता, व्यक्तिवाद, समूहवाद दिखाई देते हैं। उनका कहना है कि भारतीय समाज की समस्याओं का निदान समष्टिवाद में है। वे आनुभविक अध्ययन विधि को स्वीकार नहीं करते। उनका प्रत्यक्षवाद (Positivism) से भी विरोध था। इसी भाँति वे तत्कालीन आधुनिकता को भी खोट भरा मानते हैं। उनके लिये तथाकथित प्रगति भी बेमतलब है।

परम्परा के घोर समर्थक होकर, वे देश को चर्वैती अर्थात् आगे बढ़ाना चाहते थे। यहाँ हमें वे कहते हैं, समन्वय की नीति अपनानी होगी। समन्वय वेदान्त, पश्चिमी उदारवाद और मार्क्सवाद होता है। परम्परा और मूल्य वेदान्त से लिये गये हैं।

● संदर्भ पुस्तकें

Madan, T.N., *Pathways*, Oxford, Delhi, 1994.

Rawat, H.K., समाजशास्त्रीय चिन्तक एवं सिद्धान्तकार (हिन्दी), Rawat Publications, Jaipur, 2001.

Saran, A.K., "D.P. Mukerji 1894–1961" *The Eastern Anthropologist*, 15, An Obituary, 1962.

7

आन्द्रे बेतेइ: जाति, तुलनात्मक विधि और सामाजिक मानवशास्त्र

(Andre Beteille: Caste, Comparative Method and Social Anthropology)

आन्द्रे बेतेइ वर्तमान में दिल्ली विश्वविद्यालय में समाजशास्त्र के प्रोफेसर के पद पर काम कर रहे हैं। इन्हें समाजशास्त्र का प्रकांड विचारक समझा जाता है। उनका जन्म पश्चिम बंगाल में हुआ है। वैसे उनकी प्रशस्ति उनकी पुस्तक *कास्ट, क्लास एण्ड पॉवर* (*Caste, Class and Power*, Oxford, 1971) के कारण है, पर उन्होंने कई फुटकर निबन्ध लिखे हैं, अनुसंधान पत्र छापे हैं जो विभिन्न पुस्तकों में उपलब्ध हैं। यह सम्पूर्ण सामग्री उन्हें विचारक के स्तर पर पहुँचा देती है। आन्द्रे बेतेइ की बहुत बड़ी विशेषता यह है कि इन्होंने समाजशास्त्रीय सोच को सामान्य मीडिया के माध्यम से जमीन के आदमी तक पहुँचाने का प्रयास किया है।

बौद्धिक क्षेत्र में यह सामान्य मान्यता है कि यदि विशेषज्ञों का ज्ञान आम आदमी तक नहीं पहुँचता, लोगों की धरोहर नहीं बनता तो उस विशेषज्ञ को देश के लिये ईमानदार बनने का कोई हक नहीं है। वह ज्ञान समाज के किस काम का जो पुस्तकालय तक ही सीमित रहता है। समाज विज्ञान की प्रासंगिकता तो इसी में है कि उसका विज्ञान समस्याओं के

निदान में भागीदारी करे। आन्द्रे बेतेइ ने यह सब किया है और इसलिये वे जमीन से जुड़े हुए आदमी के विचारक हैं।

आन्द्रे बेतेइ की एक और विशेषता है। उन्होंने समाजशास्त्रीय विधि (Method) और विषय–सामग्री (Data) को तराशा है, इसे एक नई धार दी है, वैज्ञानिक तेजस्विता (Vigour) प्रदान की है। विचारकों में आन्द्रे बेतेइ ऐसे हैं जिन्होंने समाजशास्त्र और सामाजिक मानवशास्त्र को स्पष्ट रूप से परिभाषित करते हुए, इनके अन्तर को सटीक भाषा में रखा है। इसी संदर्भ में वे सामाजिक मानवशास्त्र को तुलनात्मक समाजशास्त्र कहते हैं। उन सभी कृतियों का मुहावरा तुलना है। तुलना द्वारा ही है कि हम संसार के सभी समाजों में समानता (Similarities) और विभिन्नता (Differences) देख सकते हैं। उनका आग्रह है कि समाज का कोई भी अध्ययन हो, तुलना इसका बिन्दु होता है, बिना तुलना का अध्ययन बेमतलब है।

आन्द्रे को क्या कहा जाये? समाजशास्त्री या सामाजिक मानवशास्त्री। वास्तव में अपने एक व्याख्यान में उन्होंने स्वयं इस प्रश्न को उठाया है। वे औपचारिक रूप से एक समाजशास्त्री के पद पर कार्यरत हों, लेकिन उनकी लिखावट में, कृतियों में वे समाजों की तुलनात्मक विधि को अपनाते हैं, और उनका यह रुझान ही उन्हें सामाजिक मानवशास्त्री बना देता है।

आन्द्रे बेतेइ की एक और विशेषता है। आज के अधिकांश विचारकों की तरह वे भी परम्पराओं (Traditions) के अध्ययन पर जोर देते हैं। इसी तरह का आग्रह डी.पी. मुकर्जी भी करते रहे। वे वेदान्तों में पाई जाने वाली परम्पराओं के हिमायती थे। आन्द्रे बेतेइ में ऐसा कुछ नहीं है। वे ब्राह्मणवादी नहीं हैं, लेकिन परम्पराओं का अध्ययन उनकी विषय–वस्तु रही है।

आजकल यूरोप (फ्रांस विशेषकर) और अमेरिका के बौद्धिकों में मार्क्सवादी बने रहने की एक सनक (Craze) है। आधुनिक विचारक अपने आपको मार्क्सवादी रूप में प्रस्तुत करना पसन्द करते हैं। हमारे यहाँ डी.पी. मुकर्जी वेदान्त की पैरोकारी करते हुए भी अपने आपको मार्क्सशास्त्री कहना पसन्द करते थे। आन्द्रे बेतेइ भी सामाजिक मानवशास्त्र को मार्क्सवाद के साथ जोड़ना नहीं भूलते। सीधा सूत्र है — अगर आप आधुनिक हैं, उत्तर–आधुनिक हैं तो आपको यह भी बताना है कि आप मार्क्सवादी विचारधारा के पोषक हैं।

आन्द्रे बेतेइ (1934 –)

आन्द्रे बेतेइ चोटी के समाजशास्त्री हैं, लेकिन साथ ही वे घुमन्तू समाजशास्त्री भी हैं। देश और विदेश में उन्होंने कई व्याख्यान दिये हैं। यह तो केवल तन्जोर (तमिल) के गाँव का अध्ययन है जिसमें उन्होंने आनुभविक विधि से कोई साल भर गाँव में फील्ड वर्क करके अवधारणायें रखी हैं। इसके अतिरिक्त तो सब व्याख्यान ही हैं।

आन्द्रे बेतेइ की कृतियाँ (Works of Andre Beteille)

आन्द्रे बेतेइ की कई पुस्तकें हैं। इनमें अधिकांश पुस्तकें वे हैं जिनमें उनके फुटकर छपे निबन्धों का संकलन है। समाजशास्त्र में उन्हें स्तरीकरण और तुलनात्मक विधि का प्रणेता समझा जाता है। स्तरीकरण में उन्होंने जाति व्यवस्था को नये संदर्भ में रखा है। वैसे समाजशास्त्र और सामाजिक मानवशास्त्र में जाति व्यवस्था पर बहुत कुछ लिखा गया है। यहां कहा गया है कि जातियाँ धार्मिक हैं, इनमें कर्मकाण्ड की बहुतायत है। भारत में जातियों का भविष्य क्या है? संविधान जातियों को मान्यता नहीं देता, फिर भी आज जातियाँ जीवित क्यों हैं? आन्द्रे बेतेइ जातियों का विश्लेषण नवीन पद्धति से करते हैं। कहते हैं — आज जातियों का राजनीतिकरण हो गया है, उनमें प्रतिस्पर्धा आ गई है। भौतिक सुविधाओं और विकास के लाभ को लेने के लिये, ये जातियाँ एकजुट हो गई हैं, उनमें लामबन्दी आ गई है। अब जातियों में मध्यम वर्ग उभर रहे हैं। आन्द्रे बेतेइ ने सबसे बड़ा प्रश्न यह प्रस्तुत किया है कि आज प्रजातांत्रिक युग में क्या भारत जातियों के बिना चल सकता है।

आन्द्रे बेतेइ ने जातियों को प्रतिष्ठा और शक्ति के संदर्भ में भी रखा है। उनकी मंशा भारतीय समाज को तुलनात्मक रूप से देखने की है। वे यह देखना चाहते हैं कि भारतीय समाज दूसरे समाजों की तुलना में कितना समान है और कितना विभिन्न। आन्द्रे बेतेइ सूक्ष्म (Micro) अध्ययन के समर्थक थे और इसी को उन्होंने समाजशास्त्र की विधि के रूप में स्थापित किया है। ये सब थीम हैं, जिन्हें इनकी कृतियों में देखा जा सकता है। कृतियाँ इस तरह हैं—

- *कास्ट, क्लास एण्ड पॉवर — चेंजिंग पैट्नर्स ऑफ स्ट्राटिफिकेशन इन ए तंजौर विलेज* (*Caste, Class and Power: Changing Patterns of Stratification in a Tanjore Village*), University of California Press, Berkeley, 1971
- *स्टडीज़ इन अग्रेरियन सोश्यल स्ट्रक्चर* (*Studies in Agrarian Social Structure*), Oxford, Delhi, 1971
- *इन इक्वेलिटी अमांग मेन* (*Inequality Among Men*), Oxford, Delhi, 1977
- *आईडोलोजिज़ एण्ड इन्टेलिक्चुअल्स* (*Ideologies and Intellectuals*), Oxford, Delhi, 1981
- *इक्वेलिटी एण्ड इनइक्वेलिटी — थॉट एण्ड प्रेक्टिस* (सम्पादित) (*Equality and Inequality: Thought and Practice*), (ed.), 1983
- *सोसायटी एण्ड पोलिटिक्स इन इंडिया* (*Society and Politics in India*), Athlone Press, London, 1991
- *ऐसेज़ इन कम्पेरेटिव सोश्योलॉजी* (*Essays in Comparative Sociology*), Oxford, Delhi, 1987
- *एण्टीनोमिस ऑफ सोसायटी* (*Antinomies of Society*), Oxford, Delhi, 2000

आन्द्रे बेतेइ का योगदान (Contributions of Andre Beteille)

समकालीन भारतीय समाजशास्त्र में आन्द्रे बेतेइ को एक सामाजिक विचारक के रूप में देखा जाता है। उन्हें कई पाठ्यक्रमों में इसी स्वरूप में प्रस्तुत किया गया है। सामाजिक विचारक समकालीन समस्याओं पर अपने

निदान देता है और यह निदान सम्पूर्ण समाज से सरोकार रखता है। आज भारत में सामाजिक परिवर्तन बड़ी तीव्रता से आ रहे हैं। समाज के विभिन्न वर्ग ऊहापोह की स्थिति में हैं। प्रत्येक वर्ग अपनी पहचान बनाने में लगा हुआ है। ऐसा समझा जाता है कि समकालीन भारतीय समाज की समस्याओं का हल समाजशास्त्र बड़ी खूबी के साथ निकाल सकता है। अगर हल न भी निकाल पाये, तब भी वह समस्याओं के साथ जूझता अवश्य है।

हम यहाँ आन्द्रे बेतेइ का समाजशास्त्र में जो योगदान है, उसका विस्तारपूर्वक विश्लेषण करेंगे।

श्रीपुरम — ग्रामीण भारत में जाति, वर्ग और शक्ति
(Sripuram: Caste, Class and Power in Village of India)

आन्द्रे बेतेइ ने तमिलनाडु के तन्जोर जिले के श्रीपुरम गाँव का अध्ययन सन् 1961–62 की अवधि में किया था। वे कोई दस महीने तक इस गाँव में फील्ड वर्क करने के लिये रहे थे। उनके अध्ययन की समस्या ग्रामीण स्तरीकरण को जाति, वर्ग और शक्ति के संदर्भ में देखना था। स्पष्ट है यह अध्ययन सूक्ष्म (Micro) था। इसका केन्द्र बिन्दु आनुभविकता थी। अनुभूति इसका मुहावरा था।

यह पुस्तक *कास्ट, क्लास और पॉवर* शीर्षक के नाम से 1971 में प्रकाशित हुई। इस पर समाजशास्त्र में कई चर्चाएँ हुईं।

हमारे देश में गाँवों के लिये एक अजीब पागलपन या धुन (Craze) है। गाँधी ने साबरमती और वर्धा में अपने आश्रम स्थापित किए। गाँव शांत होते हैं, सुहावने होते हैं — न झगड़ा न फसाद। रवीन्द्रनाथ टैगोर ने शांति निकेतन में अपना स्कूल चलाया। एकदम ठीक पेड़ों के नीचे। हिन्दी साहित्य के मनीषी मुंशी प्रेमचन्द ने जो कुछ लिखा वह सब ग्रामीण जीवन पर। उनके पात्र होरी हो या गोबर — सबके सब गाँव के हैं। यही हाल *मैला आँचल* के लेखक फणीश्वर नाथ रेणु का है।

समाजशास्त्री भी देश की इस धुन या उन्माद से परे नहीं थे। एस.सी. दुबे की पुस्तक *इंडियन विलेज (Indian Village)* जब 1971 में प्रकाशित हुई, तब इसने हलचल मचा दी। देखा जाये तो 1955–1965 के बीच में हमारे यहाँ ग्रामीण अध्ययनों की बाढ़ सी आ गई। एफ.जी. बेली की पुस्तक

कास्ट एण्ड दि इकोनोमिक फ्रन्टीयर (*Caste and the Economic Frontier*, 1957) केथलीन गफ़ की *तन्जोर गाँव की जाति* (1960) और ऐसी ही अनेक पुस्तकें ग्रामीण जीवन के विभिन्न पहलुओं पर आईं। इस सम्बन्ध में रुचिकर बात यह है कि समाजशास्त्रियों ने अपने अध्ययन विषय को लेकर किसी गाँव के माध्यम से विश्लेषण किया। ये अध्ययन विषय सामान्यतया जाति, विवाह, गोत्र, बान्धव आदि रहे हैं।

यदि हम आन्द्रे बेतेइ की पुस्तक का उल्लेख करें तो कहना होगा कि उनका यह अध्ययन कुछ भी नया नहीं है। अगर नया है तो यह कि उन्होंने जाति व्यवस्था को ग्रामीण स्तरीकरण के संदर्भ में देखा है और यही उन्हें विचारक बना देता है।

श्रीपुरम गाँव का परिचय

आन्द्रे बेतेइ की यह पुस्तक जो जाति, वर्ग और शक्ति पर आधारित है, उनका पी.एच.डी. थीसिस है। एम.एन. श्रीनिवास उनके सुपरवाइज़र थे। उन्होंने इस थीसिस को दिल्ली विश्वविद्यालय में प्रस्तुत किया। अपने अध्ययन के गाँव का नाम उन्होंने श्रीपुरम दिया (गाँव का यह नाम वास्तविक नहीं है)। श्रीपुरम तमिलनाडु के तन्जोर जिले में है। तहसील भी तन्जोर ही है। आस–पास के लोग श्रीपुरम को ब्राह्मण गाँव कहते हैं। इस गाँव का मुख्य व्यवसाय खेतीबाड़ी है। यहाँ भू–स्वामी (Land Owners) हैं। इसी गाँव में अधिकतर किसान पट्टे पर भूमि लेकर काश्तकारी करते हैं। इस काश्तकारी के कई प्रकार हैं। कभी भू–स्वामी जोत की भूमि देकर मुक्त हो जाता है। कभी वह काश्तकार को खाद, बीज, हल–बैल और सिंचाई की सुविधा भी देता है। सामान्यतया भू–स्वामी काश्तकार से 50–70 प्रतिशत उपज का भाग लेता है। शोषण की यह सीमा परिस्थितियों के अनुपात में घटती–बढ़ती भी है।

गाँव वृहद् समाज से जुड़ा होता है

श्रीपुरम की अपनी पहचान है, इसकी एक निश्चित सीमा है। यह सब होते हुए भी, यह गाँव अन्य गाँवों से पृथक नहीं है। इसका मेल–मिलाप अन्य गाँवों के साथ में भी रोटी–बेटी व्यवहार सबके साथ जुड़ा हुआ है और हाल में राज्य के कानून–कायदों और पंचायत राज ने श्रीपुरम को संभागीय परिवेश में धकेल दिया है। लोग गाँव से निकल कर तन्जोर जिले के शहरों,

कस्बों या राज्य के अन्य भागों में सफेदपोश और कारखानों में काम करने जाते हैं। देखा जाये तो श्रीपुरम का क्षेत्र अब व्यापक हो गया। एक और महत्त्वपूर्ण बात इस गाँव के बारे में कहनी चाहिये। यहाँ की अर्थव्यवस्था अब देश की अर्थव्यवस्था के साथ जुड़ गई है।

श्रीपुरम गाँव आस–पास के अन्य गाँवों और शहरों से पूरी तरह से जुड़ा हुआ है। जब तमिलनाडु में कोई मसला चर्चा में होता है, तब इसका उल्लेख श्रीपुरम में होता है। आर्थिक सम्बन्ध भी गाँव के बाहर से प्रभावित होते हैं। वस्तु स्थिति यह कि गाँव के बड़े भू–स्वामी गाँव से बाहर शहरों में रहते हैं।

श्रीपुरम पंचायती राज द्वारा अन्य गाँवों से भी जुड़ा हुआ है। राजनीतिक दल अपना जाल सम्पूर्ण राज्य में रखते हैं। इस दृष्टि से श्रीपुरम भी राज्य की राजनीतिक अवस्था से जुड़ा हुआ है। आन्द्रे बेतेइ अपने अध्ययन के गाँव में यह सब देखते हैं। इतना होने पर भी उनका मुख्य झुकाव जाति, वर्ग और शक्ति (मुख्य करके राजनीतिक शक्ति) पर है।

जाति — रूढ़िगत समाज का परम्परागत ढाँचा

आन्द्रे बेतेइ ने अपने इस अध्ययन में जाति की संरचना पर विशेष ध्यान दिया है। तन्जोर जिला एक रूढ़िवादी जिला है। इसमें जाति व्यवस्था बहुत जटिल है। गाँव की सम्पूर्ण जनसंख्या कर्मकाण्ड (Ritual) द्वारा बँटी हुई है। इसमें अर्थव्यवस्था और राजनीति भी विभेद करने के लिये उत्तरदायी है। अगर हम श्रीपुरम में गाँव का सही मिज़ाज या हुलिया समझना चाहें तो कहना होगा कि इस गाँव की सम्पूर्ण बसावट जातियों के आधार पर है। गाँव में तीन जाति पर आधारित खण्ड हैं — ब्राह्मण, गैर–ब्राह्मण और आदि–द्रविड़ (अछूत)। वैसे हाल में जिस तरह की बसावट दिखाई देती है, इसमें जाति कोई आधार नहीं है। इसे आन्द्रे बेतेइ जाति मुक्त बसावट या कॉलोनियाँ कहते हैं। जाति व्यवस्था ऐसी है जो बराबर चलती रहती है, इसे पहचाना जा सकता है और इसलिये गाँव की ये बस्तियाँ बराबर बनी रहती हैं।

वर्ग — उत्पादन सम्बन्धों से जुड़ी हुई श्रेणी

आन्द्रे बेतेइ ने जाति को धार्मिक कर्मकाण्ड पर आधारित समुदाय कहा है। कुछ इसी तरह के.एस. सिंह ने *पिपल ऑफ इंडिया प्रोजेक्ट* (1984) में

जातियों को समुदाय की तरह परिभाषित किया है। समुदाय किसी निश्चित भू–भाग में रहते हैं। जातियों के विस्तार के भी निश्चित स्थान होते हैं। वर्ग इसके ठीक विपरीत हैं। ये सम्पूर्ण दुनिया में पाये जाते हैं। आन्द्रे बेतेइ ने वर्ग को उत्पादन के साधनों के साथ जोड़ा है। मार्क्स इसे उत्पादन सम्बन्ध (Production Relations) कहते हैं।

श्रीपुरम में कृषक काश्तकारों के संदर्भ में आन्द्रे बेतेइ ने तीन वर्ग बताये हैं — खेती करने वाले काश्तकार, कृषक मजदूर, और भूमिहीन कृषक। भू–स्वामियों, काश्तकारों और कृषि मजदूरों के सम्बन्ध परम्परा से ढाँचागत हैं। इनमें कोई बड़ा अन्तर नहीं आया है। यह अवश्य है कि राज्य सरकार ने भूमि सुधार कार्यक्रम में कुछ परिवर्तन किये हैं और इससे काश्तकारों के सम्बन्धों में थोड़ा अन्तर आया है।

शक्ति

जाति और वर्ग को परिभाषित करने के बाद आन्द्रे बेतेइ श्रीपुरम की शक्ति व्यवस्था का विश्लेषण करते हैं। गाँव में वर्ग और जाति हैं। इन संगठनों में किसी न किसी तरह की शक्ति अवश्य होती है। शक्ति का एक पहलू संस्थागत या औपचारिक होता है। कुछ शक्ति तो राजनीतिक दलों और पंचायतों से प्राप्त होती हैं। जिस राजनीतिक दल की सरकार होती है, गाँव के इस दल के पास अधिक और औपचारिक शक्ति होती है। गाँव की जातियों, वर्गों और समूहों की शक्ति गाँव के बाहर भी पहुँच जाती है। आन्द्रे बेतेइ दोहराते हैं कि श्रीपुरम की जातियाँ और वर्ग गाँव की सीमाओं से बाहर चले जाते हैं। देखा जाये तो श्रीपुरम के सामाजिक स्तरीकरण को जाति, वर्ग और शक्ति के संदर्भ में ही देखा जा सकता है।

गाँव का परम्परागत स्तरीकरण तेजी से बदल रहा है

आन्द्रे बेतेइ कहते हैं कि श्रीपुरम की परम्परागत स्तरीकरण व्यवस्था अब वह नहीं है जो पहले थी। वे किसी भी अर्थ में जाति को शुद्ध और अशुद्ध रूप में नहीं देखते। पहले ब्राह्मण भू–स्वामी थे और एक अभिजन समूह की तरह उनके पास बहुत बड़ी शक्ति थी। आज ऐसा नहीं है। गाँव की सामाजिक व्यवस्था में जटिलता आ गई है। परिवर्तन की गति बढ़ गई है।

जातियों के बीच में दुराव आ गया है, प्रतिस्पर्धाएँ बढ़ गई हैं। प्रत्येक जाति विकास का अधिकतम हिस्सा अपनी झोली में ले लेना चाहती है।

जातियों के बीच में दुराव को, आन्द्रे बेतेइ बसावट के प्रतिमान में देखते हैं। गाँव के कुछ प्रगतिशील क्षेत्र, अब जाति मुक्त (Caste Free) हो गये हैं। अब भू–स्वामित्व, व्यवसाय और शिक्षा पर उच्च जातियों का आधिपत्य नहीं रहा। आन्द्रे बेतेइ कहते हैं कि उनके अध्ययन के गाँव में उच्च जातियों की पकड़ कमजोर पड़ रही है।

श्रीपुरम में जमीन बिकने लगी है

श्रीपुरम में कोई भी जाति हो, उसका परम्परागत व्यवसाय खेती रही है। ब्राह्मण भी खेती करते हैं, और आदि–द्रविड़ भी खेती करते हैं। अब व्यवसाय का नया क्षेत्र खुला है। गाँव के लोग जो थोड़ा बहुत पढ़ गये हैं अपने पड़ोसी शहर थ्रीरुवैयर और तन्जोर में काम करने आते हैं। आने वालों में ब्राह्मणों की संख्या अधिक है। कई कारणों से गाँव में ऐसी परिस्थितियाँ बनी हैं जिनसे लोग अपनी कृषि भूमि को बाजार में बेचने को ले आये हैं। इधर गैर–ब्राह्मण और आदि द्रविड़ इस भूमि को खरीद रहे हैं। बात यह है कि ब्राह्मण अब शहर के रोजगार अपनाने लगे हैं और इसका लाभ गैर–ब्राह्मणों को मिल रहा है। जमीन की इस बिक्री और खरीद ने ब्राह्मणों की शक्ति को कमजोर कर दिया है। अब वे गाँव के होकर भी गाँव के बाहर शहरों के हैं।

आधुनिकीकरण की जटिल प्रक्रिया

श्रीपुरम में आधुनिकता की हवा आ गई है। इस आधुनिकता को उद्योग, आर्थिक और सामाजिक–सांस्कृतिक क्षेत्रों में देखा जा सकता है। शिक्षा में तो यह अत्यधिक मुखर है। पहले तो विकास का बहुत बड़ा केन्द्र जाति थी। जाति में विकास का रथ ब्राह्मण, जाति के पास आकर रुक जाता था। ब्राह्मण ही गाँव को चलाते थे। आधुनिकता ने इस स्थिति को बदल दिया है। श्रीपुरम की सामाजिक व्यवस्था जो पहले बन्द (Closed) थी, अब खुली व्यवस्था (Open System) हो गई है। यह सब आधुनिकीकरण के कारण है।

19वीं शताब्दी में श्रीपुरम की सम्पूर्ण व्यवस्था को जातियाँ चलाती थीं। आज इस गाँव में जातियों की भूमिका नगण्य है। अब ब्राह्मणों की प्रभवता कहीं देखने को नहीं मिलती। आन्द्रे बेतेइ ने अपने इस अध्ययन में गाँव को बदलने की जो प्रक्रियायें चल रही हैं, उनका विस्तार के साथ विश्लेषण किया है। इस संदर्भ में आन्द्रे बेतेइ वर्ग व्यवस्था की भी मीमांसा करते हैं। देखा जाये तो श्रीपुरम में वर्ग का आविर्भाव बाजार से है। जब कृषि उपज को बाजार में लाया जाता है तब सम्पत्ति के बंटवारे में अन्तर आ जाता है। यह सम्पत्ति जो बाजार से पैदा होती है, जातियों से मुक्त होती है। इस भाँति श्रीपुरम में वर्ग व्यवस्था का सरोकार बाजार से जुड़ा है। जब जमीन बाजार में आती है, तब इसकी केन्द्रीयता ब्राह्मणों और ऊँची जातियों से हट जाती है। पहले ब्राह्मण बड़ी तादाद में भू–स्वामी होते थे, अब ऐसा नहीं है।

आन्द्रे बेतेइ के यह योगदान एफ.जी. बेली और कैथलीन गफ के योगदान से मेल खाता है। बेली ने उड़ीसा के बीछीवाड़ा के अध्ययन में पाया कि जमीन जो पहले वारियर जाति की गिरफ्त में थी, अब छोटी जातियों की गिरफ्त में आ गई है। यह सब जमीन के बाजार में आने के कारण हुआ। कुछ इसी तरह गफ ने भी अपने अध्ययन के गाँव में जो श्रीपुरम के पास में ही स्थित है, पाया।

जमीन के बाजारीकरण ने शक्ति का भी विकेन्द्रीकरण कर दिया। पहला तो यह कि जो शक्ति ब्राह्मण जाति के पास थी, अब उसका केन्द्रीयकरण गैर–ब्राह्मण जातियों जैसे कि कल्ला और वेटाला में हो गया। दूसरा, अब शक्ति जातियों के घेरे के बाहर निकल कर पंचायती राज और राजनीतिक दलों में आ गई। श्रीपुरम में ही नहीं, देश के अन्य भागों में भी राजनीतिक कारणों से लोगों में बहुत गतिशीलता देखने को मिलती है। जो समूह पिछले दिनों में पिछड़े समूह समझे जाते थे, अब आधुनिकीकरण के दरवाजे पर दस्तक दे रहे। यह एक बहुत बड़ा परिवर्तन है।

श्रीपुरम में क्षेत्रीय कार्य — भीतरी और बाहरी अनुसंधानकर्ता का विवाद (Fieldwork in Sripuram: Debate on Insider and Outsider)

आन्द्रे बेतेइ ने श्रीपुरम गाँव में फील्ड वर्क यानी क्षेत्रीय कार्य को दस महीने (1961–1971) किया। इस अवधि में उन्होंने आस–पास के गाँवों का भी दौरा किया। तन्जोर जिले के अतिरिक्त उन्होंने पड़ोसी अन्य जिलों को भी

देखा। वे गाँव के लोगों से मिल–जुल गये। इस तरह जैसे वे इसी गाँव के हैं। यह गाँव ब्राह्मण गाँव है। मगर इसमें अन्य जातियाँ भी रहती हैं। आदि–द्रविड़ इस गाँव की अछूत जाति है। आन्द्रे ने अपना पहला पड़ाव एक ब्राह्मण परिवार के घर में डाला। यह अच्छा रहा इसलिये कि ब्राह्मण इन्हें उत्तर भारत के ब्राह्मण की तरह समझने लगे, लेकिन यह ठीक भी नहीं रहा। गाँव गैर–ब्राह्मण जातियों और विशेषक आदि–द्रविड़ उन्हें संदेह की दृष्टि से देखने लगे।

श्रीपुरम में आदि–द्रविड़ों को हीन समझा जाता है। ब्राह्मण जब कभी इनकी गली से गुजरते हैं तब घर में प्रवेश करने से पहले स्नान करना पड़ता है। ऐसी अवस्था में जब कभी आन्द्रे बेतेइ को आदि–द्रविड़ों से मिलना होता, वे उनके घर के पिछवाड़े जाकर मिलते थे या फिर खेतों में मिल लेते थे।

आन्द्रे बेतेइ यह स्वीकार करते हैं कि पुस्तक में आदि–द्रविड़ों और कुछ सीमा तक गैर–ब्राह्मणों के बारे में जो तथ्य सामग्री है, अपर्याप्त है, कमजोर है। वे सोचते हैं कि यदि वे आदि–द्रविड़ों के साथ रहते, तब ब्राह्मण उन्हें संदेह की दृष्टि से देखते, लेकिन ब्राह्मणों के साथ इसलिये रहना चाहते थे कि उस क्षेत्र के पढ़े–लिखे लोगों की सांस्कृतिक परम्परा को समझना चाहते थे। वे अनुमान लगाते हैं कि अगर आदि–द्रविड़ों के साथ रहकर उन्होंने यह पुस्तक लिखी होती तो शायद वे श्रीपुरम की कोई दूसरी छवि ही प्रस्तुत करते। उनका कहना है कि इस पुस्तक में उन्होंने ब्राह्मणों, गैर–ब्राह्मणों और आदि–द्रविड़ों के बारे में एक संतुलित तस्वीर रखी है।

श्रीपुरम का अध्ययन गुणात्मक है

क्षेत्रीय कार्य करने के बाद आन्द्रे बेतेइ ने उसे अपने विश्लेषण को गुणात्मक रूप में रखा है। वे तथ्यों को परिमाणात्मक (Quantitative) रूप में नहीं रखते। आन्द्रे बेतेइ चाहते थे कि लोगों के व्यवहार में जो अर्थ और मूल्य हैं, उन्हें समझने के लिये गुणात्मक उपागम ही सफल होता है। उन्होंने लोगों से उनकी गाँव के बारे में जो समझ थी, उसे रखा। आन्द्रे बेतेइ को लगा कि लोगों की समझ आश्चर्यजनक है। वे अपने आप को ठीक तरह से समझते

हैं। उनका विश्लेषण गाँव को समझने के लिए पर्याप्त था। आन्द्रे बेतेइ का विचार है कि परिणामात्मक विधि से उनको यह लाभ नहीं मिल सकता था।

आन्तरिक और बाहरी अनुसंधानकर्ता

कुछ समय पहले एम.एन. श्रीनिवास ने अपने रामपुरा गाँव के अध्ययन में आन्तरिक और बाहरी अनुसंधान की चर्चा की थी। बाद में इस चर्चा ने विवाद का रूप ले लिया। आन्तरिक का मतलब यह है कि जब अनुसंधानकर्ता अपने ही क्षेत्र का अध्ययन करता है, तो इसके उसे कुछ लाभ होते हैं। वह लोगों से परिचित होता है; उनकी भाषा को जानता है, इतिहास को समझता है। सबसे बड़ी बात यह है कि वह स्थानीय संस्कृति की गहराई को समझता है और आन्तरिक होने के कारण वह सरलता से पूर्वाग्रह (Prejudice) का शिकार भी हो जाता है। उसे कोई चीज अच्छी नहीं लगती और इसलिये गाँव के बारे में उसकी समझ गहरी नहीं होती।

आन्द्रे बेतेइ की श्रीपुरम में जो स्थिति थी, वह उन्हें सांसत में डाल देती है। कई तरह के लोग उन्हें बाहरी व्यक्ति (Outsider) समझते थे। उनका नाम, धर्म, और भाषा स्पष्ट रूप से बताते थे कि वे श्रीपुरम के नहीं थे, बाहरी थे। ब्राह्मण मोहल्ले — अग्राहरम में उनका पहला मुकाम उनकी पहचान को भ्रमपूर्ण बना देता है। आदि–द्रविड़ उन्हें ब्राह्मण जाति का समझते थे और जब आन्द्रे बेतेइ आदि–द्रविड़ के साथ रहने लगे तब ब्राह्मण उन्हें संदेह की दृष्टि से देखने लगे। देखा जाये तो आन्द्रे बेतेइ आन्तरिक और बाहरी स्थिति पर बहस नहीं करना चाहते। वे तो कहते हैं कि श्रीपुरम के फील्ड वर्क में उन्होंने दोनों स्थितियों का लाभ लिया है।

आन्द्रे बेतेइ का लक्ष्य इस अध्ययन में गाँव को अच्छी तरह से जानना था। वे वहाँ के सामाजिक जीवन को समझना चाहते थे। उन्होंने गाँव की सभी संस्थाओं — मंदिर, पूजा–पाठ, खेतीबाड़ी, राजनीति जो कुछ उन्होंने देखा, उसी का अध्ययन किया है। यह सब करते हुए भी, आन्द्रे बेतेइ बताते हैं कि जब एक सामाजिक मानवशास्त्री अपने ही गाँव या समुदाय का अध्ययन करता है, उसका मानसिक स्तर बढ़ जाता है। वह सोचता है — आखिर यह समुदाय अपना ही है, सोचता है विकास के नाम पर खर्च हुआ धन आखिर गया कहाँ — गाँव की गरीबी कहीं घटती नहीं दिखाई देती। इन आन्तरिक अनुसंधानकर्ताओं के विपरीत जब अँग्रेज मानवशास्त्री

अफ्रीका के आदिवासियों का अध्ययन करने पहुँचता है, तब एक बाहरी व्यक्ति के रूप में उसका मस्तिष्क खुला रहता है। उस पर कोई तनाव नहीं रहता।

देखा जाये तो कोई भी अनुसंधानकर्ता पूर्णरूप से तटस्थ हो जाये, यह सम्भव नहीं है, वह चाहे आन्तरिक हो, या बाहरी। अनुसंधानकर्ता के स्वयं के मूल्य होते हैं, उनकी खुद की पसन्द–नापसन्द होती है और यह सब उसके विश्लेषण में आ जाता है। यहाँ यह भी स्वीकार करना चाहिये कि भारत का कोई भी बौद्धिक वर्ग हो, उसकी प्रतिबद्धता सामाजिक परिवर्तन, आर्थिक विकास और राजनीतिक आधुनिकीकरण के प्रति होती है।

तन्जोर के गाँव के इस अध्ययन में यदि शुद्ध और अशुद्ध की नाम मात्र की चर्चा है, तो यह इस तथ्य को बताता है कि गाँव अब इस स्थिति से उबर गया है। बात यह है कि देश के अन्य गाँवों की तरह श्रीपुरम भी अब बदल गया है।

श्रीपुरम विशाल तमिलनाडु समुदाय का अंग है

तमिलनाडु के तंजोर जिले में श्रीपुरम स्थित है। यह थ्रीरुवेयर शहर के निकट है। पंचनदेश्वर मंदिर थ्रीरुवेयर में ही स्थित है। यहाँ लाखों की तादाद में तीर्थयात्री आते हैं और यात्रियों का यह सिलसिला सैकड़ों वर्षों से चल रहा है। इसका मतलब यह हुआ कि श्रीपुरम एक ऐसा गाँव है जो एकाधिक संस्कृतियों के घात–प्रतिघात को देख चुका है। इस प्रदेश में चोल वंश का राज्य था। इसके बाद तेलुगू नायक आये और फिर ब्रिटिश राज। ब्रिटिश के पहले मराठा शासन था। ब्राह्मण गाँवों की बसावट को इन्हीं समूहों से निश्चित किया।

जिले की जो भी जनसंख्या है, उसमें अधिकांश तमिल–भाषी हिन्दू हैं। इनके अतिरिक्त कुछ अल्पसंख्यक जैसे तेलुगू और मराठी भाषी समूह भी पाये जाते हैं। रेशम पर काम करने वाले बुनकर भी यहाँ निवास करते हैं।

जनसंख्या का जातियों में बंटवारा

तन्जोर जिले में जो भी जातियाँ हैं, उन्हें आन्द्रे बेतेइ ने तीन श्रेणियों में रखा है — ब्राह्मण, गैर–ब्राह्मण और आदि–द्रविड़ या अछूत। जातियों का यह तिहरा वर्गीकरण तमिलनाडु की सामान्य विशेषता है। एक तरह से मोटे रूप में जातियों का यह वर्गीकरण सम्पूर्ण दक्षिण भारत में पाया जाता है।

ब्राह्मण जाति में एकरूपता नहीं है। अपनी संरचना और कार्य में ब्राह्मणों की कई उपजातियाँ हैं। आन्द्रे बेतेइ ब्राह्मणों की तीन उपजातियाँ बताते हैं — वे ब्राह्मण जो गैर–ब्राह्मणों में पुरोहित का काम करते हैं; वे ब्राह्मण जो मंदिर में पुजारी हैं; और वे ब्राह्मण जो परम्परा से शास्त्रों को पढ़ते आ रहे हैं। वैसे ब्राह्मणों की ये उपजातियाँ एक ही श्रेणी की समझी जाती हैं, इनमें कोई सोपान नहीं। यह अवश्य है कि वे ब्राह्मण जो शास्त्रीय ग्रन्थों का पठन–पाठन करते हैं, सबसे उच्च श्रेणी में रखे जाते हैं। ब्राह्मणों की इन श्रेणियों में अन्तर्विवाह नहीं होता।

तन्जोर के ब्राह्मण सामान्यतया बड़े भू–स्वामी या मिरासदार रहे हैं। ऐसे गैर–ब्राह्मण भी हैं जो भू–स्वामी हैं। जिन्हें हम गैर–ब्राह्मण जातियाँ कहते हैं उनमें कई जातियाँ हैं। कभी–कभी ईसाइयों और मुसलमानों को भी गैर–ब्राह्मणों की श्रेणी में डाल दिया जाता है। जातियों के तिहरे वर्गीकरण में गैर–ब्राह्मण जातियों की संख्या सबसे अधिक है। कई बार ब्राह्मण इन गैर–ब्राह्मण जाति को शूद्र या दलित कहते हैं, लेकिन यह गलत है। आन्द्रे बेतेइ का कहना है कि गैर–ब्राह्मणों को संस्कृत कम जानने वाला कहा जा सकता है।

गैर–ब्राह्मणों में खेती–बाड़ी करने वाली जातियाँ जैसे कि वैल्लेला, गोन्ड, पडेची और व्यापार करने वाली जातियाँ चेटियार आदि सम्मिलित हैं। इस तालिका में मिट्टी के बर्तन बनाने वाली, कारीगर जातियाँ भी रखी जाती हैं।

आदि–द्रविड़ में अछूत जातियाँ हैं। इन अछूत जातियों को आरक्षण मिला हुआ है। इसके लिये उन्हें कुछ विशेष सुविधाएँ प्राप्त हैं। आदि–द्रविड़ कृषि मजदूर हैं। वे दिहाड़ी भी करते हैं।

आन्द्रे बेतेइ ने श्रीपुरम गाँव की जाति वर्ग और शक्ति का स्तरीकरण की दृष्टि से अध्ययन किया है। मोटे रूप में यह स्तरीकरण अध्ययन ही है। वे शक्ति को राजनीतिक दृष्टि से ज्यादा देखते हैं। इस शक्ति ने जातियों को संघर्ष के दौर पर खड़ा कर दिया। जातियों में पहले भी विभेद था, अब राजनीति ने इस विभेद को और बढ़ा दिया है।

आलोचना

पिछले पृष्ठों में हमने आन्द्रे बेतेइ की पुस्तक *कास्ट, क्लास और पॉवर* को संक्षेप में रखा है। यह सब इसलिये किया है कि आन्द्रे बेतेइ के तन्जोर

जिले के इस गाँव के अध्ययन को समाजशास्त्र में क्लासिकल अध्ययन कहा जाता है। कहा तो यहाँ तक जाता है कि आन्द्रे का नाम समाजशास्त्र में इसी अध्ययन के कारण है। यह अध्ययन ही उन्हें यशस्वी लेखक बना देता है। वैसे समाजशास्त्र और सामाजिक मानवशास्त्र में ग्रामीण अध्ययनों का कोई अभाव नहीं है। फिर भी प्रस्तुत अध्ययन की प्रासंगिकता को ऊँचा स्थान दिया जाता है।

यह सब होते हुए भी आन्द्रे बेतेइ की इस पुस्तक की बड़ी कटु आलोचना की जाती है। आलोचना के कतिपय बिन्दुओं को हम नीचे देते हैं—

यह अध्ययन अन्य ग्रामीण अध्ययनों से भिन्न नहीं है

श्रीपुरम में आन्द्रे बेतेइ ने कोई नई बात नहीं कही है। देखा जाये तो हिन्दी, गुजराती और तेलुगू भाषी पाठक इसमें कोई भी नवीनता नहीं पायेगा। इन पाठकों के लिये तो इस पुस्तक को पढ़ना बोरियत ही होगी। कोई भी भारतीय — चाहे कहीं का हो, यहाँ के गाँवों के बारे में सब कुछ जानता है। उदाहरण के तौर पर यदि इस पुस्तक को हिन्दी या गुजराती में अनुवाद करके रखें तो कोई इसको खरीदना नहीं चाहेगा। अछूत गाँव के छोर पर रहते हैं, ब्राह्मणों का कर्मकाण्डीय (Ritual) उच्च स्थान होता है, ये सब बातें किसी के लिये नई नहीं हैं।

गाँव की शक्ति उच्च जातियों के हाथ से निकल रही है

आन्द्रे बेतेइ बराबर कहते हैं कि श्रीपुरम में ब्राह्मण अब शक्तिहीन होते जा रहे हैं। आदि–द्रविड़ आरक्षण के कारण और कुछ इसी तरह गैर–ब्राह्मण, शक्ति के स्रोत बन रहे हैं। शक्ति के बँटवारे के ये तथ्य श्रीपुरम में हों, ऐसा नहीं है। लगभग सम्पूर्ण भारत में अनुसूचित वर्ग होने के कारण, कमजोर जातियाँ शक्तिशाली बन रही हैं।

आन्द्रे बेतेइ ने अपने प्रस्तुत अध्ययन में जिन तथ्यों को रखा है, वे कोई धरती हिलाने वाले नहीं हैं। इन्हें आम आदमी भी जानता है। समाजशास्त्रीय सामग्री को जब गैर–समाजशास्त्रीय पाठकों को परोसा जाता है, तब समाजशास्त्र की दरिद्रता उजागर हो जाती है।

नकारात्मक आलोचना के होते हुए भी आन्द्रे बेतेइ की प्रशंसा इस बात के लिये की जानी चाहिये कि उन्होंने तमिलनाडु की ग्रामीण व्यवस्था का

चित्रण अखिल भारतीय स्तर पर किया है। जैसा श्रीपुरम है, वैसा ही दक्षिण भारत के अन्य गाँव हैं।

कुल मिलाकर श्रीपुरम का अध्ययन देश के अन्य ग्रामीण अध्ययनों की तरह ही है। इसी स्तरीकरण के साथ जोड़ने का आन्द्रे बेतेइ का प्रयास मात्र शब्द जाल ही है। बेली, गफ आदि ने भी अपने गाँवों के अध्ययन में जाति की चर्चा स्तरीकरण के मुहावरे में की है। लुई ड्यूमो ने भी जातियों की सोपानिक व्यवस्था को स्तरीकरण की तर्ज पर रखा है।

समाजशास्त्र और सामाजिक मानवशास्त्र — उनके सम्बन्धों की विवेचना (Sociology and Social Anthropology: Discussion on Their Relationships)

आन्द्रे बेतेइ ने शायद बहुत बड़ा काम समाजशास्त्र और सामाजिक मानवशास्त्र को विधिवत परिभाषित और उनकी तुलना करने में किया है। समाजशास्त्र अभी अपने निर्माण काल में है। आज देश के समाज विज्ञानों में समाजशास्त्र और सामाजिक मानवशास्त्र इस तरह मिले–जुले हैं कि उनको अलग से देखना बड़ा कठिन है। समाजशास्त्री मानवशास्त्र की विषय वस्तु पर लिखता है — गाँव और आदिवासियों की जीवनी का विश्लेषण करता है। दूसरी ओर मानवशास्त्री गन्दी बस्तियों, शहरीकरण और औद्योगीकरण पर अपनी कलम चलाता है। मानवशास्त्र में डिग्री लेने वाला, समाजशास्त्र का प्रोफेसर हो जाता है और समाजशास्त्र की डिग्री वाला सामाजिक मानवशास्त्री। इन दोनों समाज विज्ञानों को लेकर भ्रमपूर्ण स्थिति है। इस भ्रमित स्थिति से बाहर निकलने का प्रयास आन्द्रे बेतेइ ने किया है और शायद इसी कारण उन्हें हम सामाजिक विचारक की श्रेणी में रखते हैं। विचारक का स्थान केवल इसी कारण नहीं है, आन्द्रे बेतेइ के कतिपय अन्य योगदान भी हैं, जो उन्हें समाजशास्त्र में ऊँचा स्थान देते हैं। उन्होंने तुलनात्मक विधि को समाजशास्त्र और सामाजिक मानवशास्त्र की अध्ययन विधि के रूप में स्थापित किया है। शक्ति और परम्परा को नये संदर्भ में रखा है।

मानवशास्त्र और समाजशास्त्र के सम्बन्धों की चर्चा उन्होंने सबसे पहले 1974 में प्रकाशित अपनी पुस्तक *सिक्स ऐसेज़ इन कम्पेरेटिव सोश्योलॉजी* (*Six Essays in Comparative Sociology,* Oxford, 1974)

में की थी। वास्तव में इस पुस्तक में उन्होंने अपने छह व्याख्यानों का संकलन किया है। इसी मुद्दे को उन्होंने पुनः अपनी पुस्तक *सोश्योलॉजी* (*Sociology,* 2002) में प्रस्तुत किया है। उनके विचार थे दोनों समाज विज्ञान भारत में इस भाँति घुले–मिले हैं कि इनको अलग करने में बड़ी कसरत करनी पड़ती है। जो कसरत आन्द्रे बेतेइ ने की है, उसे हम निम्न बिन्दुओं में रखते हैं—

1. भारत में इन दोनों समाज विज्ञानों में जो सम्बन्ध है, वैसा फ्रांस और इंग्लैंड में नहीं। ब्रिटेन और अमेरिका में ये दोनों विज्ञान अपनी ऐतिहासिक परम्परा की दृष्टि से अलग हो गये हैं।
2. आन्द्रे बेतेइ का कहना है कि सभी देशों में अकादमिक क्षेत्र में समाजशास्त्र और सामाजिक मानवशास्त्र अपने लक्ष्य की दृष्टि से जुदा हो जाते हैं। उनका जुदा होने का एक बड़ा कारण प्रशासनिक भी होता है। बहुत समय पहले कार्ल मेनहम ने इस अन्तर को स्पष्ट करते हुए कहा था कि अमेरिका में आनुभविकता पर अधिक जोर है और जर्मनी में दर्शनशास्त्र को वरीयता दी जाती है।
3. मानवशास्त्र की शुरुआत कलकत्ता विश्वविद्यालय में ई. 1922 में की गई थी और रुचिकर बात यह है कि पूर्वी भारत में समाजशास्त्र की अपेक्षा मानवशास्त्र को प्राथमिकता दी गई। इधर पश्चिमी भारत में सन् 1919 में बम्बई विश्वविद्यालय में समाजशास्त्र विषय को प्रारम्भ किया गया। आज तो स्थिति यह है कि देश में मानवशास्त्र की अपेक्षा समाजशास्त्र के विभाग अधिक हैं।
4. ब्रिटेन में रेडक्लिफ–ब्राउन बड़े प्रभावशाली सामाजिक मानवशास्त्री थे। उन्होंने आग्रहपूर्वक बताया कि मानवशास्त्र को सामाजिक संरचना (Social Structure) का अध्ययन करना चाहिये। यही इसका अध्ययन क्षेत्र है। यूरोप में सामाजिक मानवशास्त्र का अर्थ बड़े सीमित रूप में लिया जाता है। वहाँ इसका मतलब भौतिक मानवशास्त्र (Physical Anthropology) की तरह लिया जाता है। अमेरिका में इसका अर्थ संस्कृति से लिया जाता है। जिसे यूरोप में सामाजिक और सांस्कृतिक मानवशास्त्र कहा जाता है, अमेरिका में इसे मानवजाति अध्ययन यानी एथनोलॉजी कहते हैं।

5. समाजशास्त्र के सम्बन्ध में भी कोई एकमत नहीं है। अमेरिका के समाजशास्त्र की प्रकृति आनुभविक है। यूरोप के भागों में इसे सामाजिक दर्शनशास्त्र (Social Philosophy) कहते हैं। रूस में क्रांति के बाद समाजशास्त्र को बुर्जुआ समाजशास्त्र कहा जाने लगा। यहाँ इसे धनाढ्य और अभिजन का समाजशास्त्र समझा जाने लगा। वैसे समाजशास्त्र की परिभाषा बड़ी जटिल है। फिर भी मोटे रूप में समाजशास्त्र का अर्थ मानव जीवन के सामाजिक जीवन को समझना रहा है। यह सामाजिक संस्थाओं का अध्ययन करता है।
6. रेडक्लिफ–ब्राउन, मेलिनोस्की आदि ने सामाजिक मानवशास्त्र के अन्तर्गत आदिम जातियों का अध्ययन किया है। स्वयं रेडक्लिफ–ब्राउन ने ऑस्ट्रेलिया के आदिवासियों का अध्ययन किया था। उन्होंने अंडमान के टापुओं में बसे आदिम समाजों का भी अध्ययन किया है। इधर ब्रिटेन के मेलिनोस्की और उनके शिष्यों ने अफ्रीका के सामान्य समाजों, सामाजिक जीवन को समझने का प्रयास किया है। कुछ ब्रिटिश मानवशास्त्रियों की तर्ज पर अमेरिका के मानवशास्त्रियों — बोआस, क्रोबर और रोबर्ट लॉवी ने अपने अध्ययन को आदिवासियों पर केन्द्रित रखा।
7. समाज विज्ञानों में धीरे–धीरे कुछ ऐसी परम्परा बन गई कि समाजशास्त्री औद्योगिक समाजों का अध्ययन करने लगे और सामाजिक मानवशास्त्री आदिवासियों के अध्ययन में जुट गये। इन दोनों विज्ञानों के अन्तर की यही शुरुआत थी।
8. समाजशास्त्र और सामाजिक मानवशास्त्र का एक बड़ा अन्तर उनके अध्ययन में है। औद्योगिक समाज से समाजशास्त्री परिचित होता है, इसके लिये सर्वे पद्धति को वह अपने अनुकूल समझता है। आदिवासी समाज दूसरी संस्कृति (Other Culture) का होता है और इसलिये उसके लिये "फील्ड वर्क" यानी क्षेत्र में लम्बे समय तक रहना पड़ता है। स्वयं आन्द्रे बेतेइ कोई दस महीने श्रीपुरम में रहे, श्रीनिवास को रामपुर के अध्ययन में कोई पन्द्रह महीने लग गये।

अतः समाजशास्त्र और सामाजिक मानवशास्त्र में बहुत बड़ा अन्तर फील्ड वर्क का है। इसमें अनुसंधानकर्ता को क्षेत्र की भाषा से परिचित होना

अनिवार्य होता है, उसे वहाँ की संस्कृति को भी समझना जरूरी होता है। समाजशास्त्री को ऐसा कुछ नहीं करना पड़ता।

9. रेडक्लिफ–ब्राउन ब्रिटेन के मानवशास्त्र के मसीहा थे। उनका कहना था कि तुलनात्मक समाजशास्त्र (Comparative Sociology) वस्तुतः सामाजिक मानवशास्त्र ही है। मुख्य बात यह है कि सामाजिक मानवशास्त्री अपनी स्वयं की संस्कृति को छोड़कर दूसरी संस्कृति का अध्ययन करता है। इस अध्ययन का सरोकार दूसरी संस्कृति के इतिहास से होता है। हमारे यहाँ उपनिवेशवाद रहा है और इसने ब्रिटेन के मानवशास्त्रियों को भारतीय समाज के अध्ययन के लिये प्रेरित किया। हटन, रिजले, ओ' मेले आदि ने भारतीय जाति व्यवस्था के अध्ययन के लिये प्रेरित किया।
10. आन्द्रे बेतेइ समाजशास्त्र और सामाजिक या सांस्कृतिक मानवशास्त्र (इसे जनजाति अध्ययन या एथनोलॉजी भी कहते हैं) के अन्तर को स्पष्ट करते हुए कहते हैं कि यह अन्तर हर तरह से अस्पष्ट है। अगर मानवशास्त्र आदिवासियों का अध्ययन करता है, तब स्थिति बड़ी गंभीर हो जाती है। अब तो आदिवासी, आदिवासी नहीं हैं। उनकी कोई भी परम्परागत पहचान नहीं रही है — लंगोटी का स्थान आधुनिक वेशभूषा ने ले लिया है; खान–पान बदल गया है; मकान पक्के हो गये हैं; और जीववाद (Animism) का स्थान अब हिन्दू और ईसाई धर्म ने ले लिया है। वे औद्योगिक हो गये हैं। मतलब हुआ अब दूसरी संस्कृति नहीं रही। ऐसी अवस्था में सामाजिक मानवशास्त्र की अध्ययन सामग्री क्या रहेगी।

आन्द्रे बेतेइ ने अपनी दृष्टि से समाजशास्त्र और सामाजिक मानवशास्त्र का अन्तर भारतीय समाज के संदर्भ में किया है। उनका कहना है कि ये दोनों विषय एक ही हैं। उनके अध्ययन के समाजों में कोई अन्तर नहीं है। अपने बयान में आन्द्रे बेतेइ एकदम स्पष्ट नहीं हैं, लेकिन उनका मत है कि भारत में तो ये दोनों समाज विज्ञान एक ही हैं। जिसे मानवशास्त्री दूसरा समाज यानी आदिवासी और ग्रामीण समाज कहते हैं, उसने अपनी परम्परागत पहचान खो दी है। ऐसी स्थिति में समाजशास्त्र और सामाजिक मानवशास्त्र एक ही हैं।

तुलनात्मक विधि (Comparative Method)

आन्द्रे बेतेइ की बहुत बड़ी विशेषता यह है कि उन्होंने समाजशास्त्र की ज्ञान शाखा को सुस्पष्ट करने में बड़ा योगदान किया है। मानवशास्त्र के साथ इसके जो सम्बन्ध हैं, उन्हें नई दिशा दी है और इससे आगे उन्होंने अध्ययन विधि को या अध्ययन के तर्क (Logic) को व्यापाक रूप दिया है। वे तुलनात्मक विधि के तो पुरोहित हैं। मानवशास्त्री दुनिया भर के समाजों की समानताओं और विभिन्नताओं का अध्ययन करना चाहते हैं और ऐसा करके वे मानव समाज के मूलभूत नियमों और प्रतिमानों को समझना चाहते हैं।

आन्द्रे बेतेइ ने तुलनात्मक विधि के विश्लेषण के लिये विस्तारपूर्वक जिन्हें हम समाजशास्त्र का जनक मानते हैं, विचारक मानते हैं, उनका उल्लेख किया है। हर्बट स्पेन्सर, दुर्खीम और वेबर को तुलनात्मक विधि का प्रणेता मानते हैं। एक स्थान पर दुर्खीम ने कहा है—

> तुलनात्मक विधि समाजशास्त्र की एक विशेष शाखा नहीं है, यह तो समाजशास्त्र ही है।

दुर्खीम का तात्पर्य यह है कि समाजशास्त्र बिना तुलनात्मक विधि के अपना अस्तित्व नहीं रखता। ब्रिटेन के इवान्स–प्रिचार्ड ने तुलनात्मक विधि के महत्त्व और इसकी उपयोगिता को बताते हुए लिखा है—

> विज्ञान कोई भी हो उसकी एक अनिवार्य प्रविधि तुलना है। यहाँ तक कि मानवीय विचार की प्रारम्भिक प्रक्रिया, तुलना ही है। अगर हम थोड़े व्यापक अर्थ में देखें तो सभी मानवशास्त्रियों और समाजशास्त्रियों ने तुलना विधि का प्रयोग किया है। यह होते हुए भी कई सामाजिक वैज्ञानिक इस विधि को संशयात्मक दृष्टि से देखते हैं और कुछ ऐसे हैं जिनका इस विधि में बड़ा विश्वास है।

तुलनात्मक विधि और समाज का वैज्ञानिक अध्ययन (Comparative Method and the Scientific Study of Society)

समाज को वैज्ञानिक रूप से समझने का एक तरीका तुलनात्मक विधि है। दूसरे समाज को समझकर हम अपने समाज को सही तरह से समझ सकते हैं। समाजशास्त्र में 19वीं सदी उद्‌विकास (Evolution) के अध्ययन की सदी कही जाती है। इसकी शुरुआत डार्विन से मानी जाती है। उन्होंने मनुष्य के उद्‌गम को खोजने का प्रयास किया। उनका निष्कर्ष था कि मनुष्य प्रारम्भ में एक ऐसा जीवधारी था जो पानी में रहता था, फिर पेड़ पर

आया और फिर हमें निएंडरथल और क्रोमगनन जीवधारी मिले। जब डार्विन का जैविकवाद आया तब समाजशास्त्रियों और मानवशास्त्रियों ने सामाजिक संस्थाओं के उद्‌गम को देखने का प्रयास किया। इसे एक नयी अवधारणा दी गई — सामाजिक डार्विनवाद (Social Darwinism)। ब्रिफाल्ट ने बताया कि प्रारम्भ में स्त्रियों का वर्चस्व था। वे ही परिवार और घर की देखभाल करती थीं। इसके बाद वेस्टरमार्क ने बताया कि समाज पुरुष प्रधान हो गया। यह सब उद्‌विकास की कहानी है।

इसकी जानकारी हमें तुलनात्मक विधि से मिली। दुर्खीम ने तुलनात्मक विधि को व्यापकता दी। आन्द्रे बेतेइ दुर्खीम और मेक्स वेबर का अपने सिद्धान्त के समर्थन में विस्तार से उल्लेख करते हैं। दुर्खीम अपनी पुस्तक *आत्महत्या* के लिये बहुत लोकप्रिय रहे हैं। इस अध्ययन की मुख्य विधि तुलना रही है। उन्होंने यूरोप के कई देशों के आँकड़े एकत्र किये। उनकी तुलना की और आत्महत्या के सिद्धान्त को बनाया। इस सिद्धान्त में उन्होंने आत्महत्या में कई समानताएँ देखीं। उन्होंने कहा कि व्यक्ति समाज से जितना दूर रहेगा, कटा हुआ रहेगा, उसमें आत्महत्या करने की प्रवृत्ति अधिक होगी।

आन्द्रे बेतेइ दुर्खीम की तुलनात्मक विधि के वाद मेक्स वेबर की विधि को लेते हैं। यह भी तुलनात्मक विधि है। अपनी तुलना के लिये वेबर दुनिया के पाँच बड़े धर्मों को लेते हैं। इनमें हिन्दू और कन्फ्यूशस (चीन का धर्म) धर्म भी है। इस तुलना में उन्होंने पाया कि हिन्दू धर्म में ऐसे आधार नहीं हैं जो पूँजीवाद को जन्म दें। उन्होंने तुलनात्मक ढंग से प्रोटेस्टेन्ट धर्म के आचारों को देखा और पाया कि इस धर्म में ऐसी आत्मा (Spirit) है। जिसने पूँजीवाद को विकसित किया। आन्द्रे बेतेइ बताते हैं कि तुलनात्मक विधि द्वारा हम समाजों के बीच में पाई जाने वाली समानता और विभिन्नता को जान सकते हैं।

दुर्खीम और मेक्स वेबर के अतिरिक्त अन्य पूर्ववर्ती समाजशास्त्रियों ने भी इस विधि का पर्याप्त उपयोग किया है। उदाहरण के लिये ब्रिटेन के हरबर्ट स्पेन्सर ने भी इस विधि को अपनाया है। इन विचारकों का मत है कि समाज, संस्कृति, धर्म, परिवार, विवाह आदि मनुष्य के सामाजिक जीवन को बनाते हैं।

तुलनात्मक विधि में समानता और विभिन्नता
(Similarities and Differences in Comparative Method)

आन्द्रे बेतेइ ने तुलनात्मक विधि के बारे में एक बड़ा महत्त्वपूर्ण प्रश्न उठाया है — हम तुलनात्मक विधि द्वारा समाजों के अध्ययन में किस बात को जानने में रुचि रखते हैं? हम उनमें समानता देखना चाहते हैं या विभिन्नता? क्या प्रत्येक समाज अपने आप में अद्वितीय या बेजोड़ है? आन्द्रे बेतेइ इन प्रश्नों पर अपना चिन्तन देते हैं। उनका कहना है कि किसी भी मानवशास्त्री ने केवल समाजों में समानता को ही पाया हो, ऐसा नहीं है। तुलनात्मक विधि में समाजों की विभिन्नता का भी पता लगा है। स्थिति यह है कि प्रत्येक समाज दूसरे समाज से भिन्न है।

इवान्स–प्रिचार्ड ने इस समस्या को गहराई से देखा है। फ्रेजर से लेकर रेडक्लिफ–ब्राउन तक ने यह स्थापित किया है कि दुनिया भर के समाज एक समान हैं; उनमें कोई विभिन्नता नहीं। प्रिचार्ड इस तरह के अनुसंधान को अस्वीकार करते हैं। वे आग्रहपूर्वक कहते हैं कि जहाँ समाजों में समानता होती है वहीं अनिवार्य रूप से विभिन्नता भी होती है। इवान्स–प्रिचार्ड लिखते हैं—

> मैं इस बात पर जोर देना चाहता हूँ कि फ्रेजर ने अपनी पुस्तक *गोल्डन बो* में समाजों की समानता पर जोर दिया है, मुझे स्वीकार नहीं है। बात यह है कि सामाजिक मानवशास्त्री को समाज की विभिन्नता पर जोर देना चाहिये कि समानता पर।

वास्तविकता यह है कि मानवशास्त्रियों ने समाजों का अन्तर प्राप्त करने के लिये ही अपने समाज से पृथक समाजों का अध्ययन किया है। अमेरिका और ब्रिटेन के मानवशास्त्रियों ने दूसरे समाजों के अन्तर को समझने का प्रयास किया है। इस सिलसिले में आन्द्रे बेतेइ कई मानवशास्त्रियों का उल्लेख करते हैं। ऑक्सफोर्ड विश्वविद्यालय के जान बेट्टी (John Beattie) ने साठ के दशक में एक पुस्तक लिखी *अदर कल्चर्स* (*Other Cultures,* London, 1964)। इसमें उन्होंने स्थापित किया कि हमें समाजों के बीच में पायी जाने वाली विषमता (Contrast) के लिये तुलनात्मक अध्ययन करना चाहिये। प्रत्येक समाज विज्ञान अपने कुछ उद्देश्य लेकर चलता है और सामाजिक मानवशास्त्र का उद्देश्य समाजों

में पाये जाने वाले अन्तर को देखना है। यह अन्तर तुलनात्मक विधि द्वारा जाना जा सकता है।

आन्द्रे बेतेइ मेलिनोस्की का दृष्टान्त देते हैं। मेलिनोस्की देखा जाये तो, रेडक्लिफ–ब्राउन के प्रतिद्वन्द्वी थे। ये दोनों मानवशास्त्री तुलनात्मक विधि के महानतम प्रणेता थे। वे ब्रिटिश थे। दोनों ने अपने–अपने ढंग से आदिवासी समाजों का अध्ययन किया। मेलिनोस्की ने आने वाली पीढ़ियों को तुलनात्मक विधि का पाठ पढ़ाया। इवान्स–प्रिचार्ड उनके अनुयायी थे। इन मानवशास्त्रियों ने यह भी बताया कि दुनिया भर के आदिवासी बुनियादी ढंग से एक समान हैं। इनमें कोई अन्तर नहीं है। मनुष्य जाति में एकता है (Unity in Mankind) इस तथ्य की स्थापना भी तुलनात्मक विधि द्वारा ही हो सकी।

तुलनात्मक विधि का प्रयोग सभी ने किया है — दुर्खीम से लेकर रेडक्लिफ–ब्राउन तक ने। इन्होंने अपने समाज का अध्ययन भी किया है, और अन्य समाजों का भी। वैसे मानवशास्त्रियों ने अपने अनुसंधान का मुहावरा दूसरों की संस्कृति (Other Culture) का अध्ययन करना रखा है। यहाँ आकर आन्द्रे बेतेइ मानवशास्त्र और समाजशास्त्र के अन्तर को स्पष्ट करते हैं। वे कहते हैं—

> जब एक विद्वान अपनी ही संस्कृति का अध्ययन करता है, तब वह समाजशास्त्री है, और दूसरी संस्कृति का अध्ययन करता है, तब वह सामाजिक मानवशास्त्री है।

आन्द्रे बेतेइ की समझ में, मानवशास्त्र एक तुलनात्मक समाज विज्ञान है। इसका उद्देश्य दुनिया भर के समाजों में समानता और विभिन्नता या विषमता को देखना है। इस प्रकार अध्ययन तुलनात्मक विधि द्वारा ही किया जा सकता है। मानवशास्त्र की सामान्य परिभाषा यही है कि यह सम्पूर्ण मनुष्य जाति का अध्ययन करना चाहता है। इस दृष्टि से तुलनात्मक विधि मानवशास्त्र की अन्तर्निहित विधि है। इवान्स–प्रिचार्ड का कहना है कि जब मानवशास्त्री किसी समाज का अध्ययन करता है तो अध्ययन अपने आप में वस्तुपरक यानी ऑब्जेक्टिव (Objective) हो जाता है। यह तुलनात्मक विधि का बहुत बड़ा लाभ है। यह सब कहने के बाद आन्द्रे बेतेइ कहते हैं कि समाजशास्त्र और मानवशास्त्र का अन्तर अपने आप में एक बड़ी विडम्बना है। जब भारत में, एक भारतीय मुम्बई का अध्ययन करता है तो

वह समाजशास्त्री कहलाता है और जब इसी मुम्बई का अध्ययन ब्रिटेन का आदमी करता है तब उसे मानवशास्त्री कहते हैं।

उपसंहार (Conclusion)

आन्द्रे बेतेइ समाजशास्त्र के आधुनिक विचारक समझे जाते हैं। उपसंहार में उन पर टिप्पणी लिखने का कोई अर्थ नहीं है। यह इसलिये कि हमें उनसे बहुत कुछ आशाएँ हैं। वे प्रोफेसर इमेरिटस हैं। अभी समाजशास्त्र के साहित्य के भंडार को भरने के उनके पास बहुत अवसर हैं। जो कुछ उन्होंने लिखा है, इसके आधार पर कहा जा सकता है कि उन्होंने समाजशास्त्र को सामाजिक मानवशास्त्र पर बहुत कुछ दिया है। देश में इन दो समाज विज्ञानों को लेकर जो ऊहापोह है, उसे दूर करने का काम उन्होंने किया है। स्पष्टतया वे कहते हैं कि जो विचारक अपने ही समाज का अध्ययन करता है, वह समाजशास्त्री है, और दूसरे समाज का अध्ययन करता है वह मानवशास्त्री है। दूसरा वे इन दोनों समाज विज्ञानों की अध्ययन विधि में भी अन्तर पाते हैं। सामाजिक मानवशास्त्री अनिवार्य रूप से फील्ड वर्क करता है। वह लम्बी अवधि तक फील्ड में ही रहता है।

आन्द्रे बेतेइ समाजशास्त्र में तुलनात्मक विधि पर भी जोर देते हैं। तुलना उनके अध्ययन का मुहावरा है। समाजशास्त्र में जब ग्रामीण अध्ययन करने की परम्परा चली तो आन्द्रे बेतेइ ने तमिलनाडु के श्रीपुरम का गहन अध्ययन किया। इस अध्ययन में उन्होंने स्तरीकरण को ठेठ गाँव के स्तर पर देखा। यहीं पर उन्होंने जाति, वर्ग को शक्ति का समाजशास्त्रीय दृष्टि से विश्लेषण किया। आन्द्रे बेतेइ मूल्य (Value) और मार्क्सवाद से छूटे हुए नहीं थे। आन्द्रे बेतेइ के लिये मार्क्सवाद एक दर्शन था। यह द्वन्द्वात्मक है। इसे वे विज्ञान मानते हैं। इसकी प्रकृति क्रांतिकारी है। यह सब मार्क्सवाद लिखने के बाद, आन्द्रे बेतेइ भारतीय समाज का विश्लेषण, डी.पी. मुकर्जी की तरह नहीं करते। श्रीपुरम में भी वे मार्क्सवाद को नहीं देखते।

यह अवश्य है कि रूस के मानवशास्त्र में जो मार्क्सवाद है, उसका वे थोड़ा बहुत उल्लेख अवश्य करते हैं। अपनी कृतियों में वे पूरी तरह से एक उदारवादी मानवशास्त्री दिखाई देते हैं। मार्क्सवाद उनके लिये दूर की बात है। भारतीय सामाजिक विचारकों पर यह पुस्तक लिखते हुए हमें कई बार लगा कि आज बौद्धिकों के लिये अपने आपको मार्क्सवादी बताना एक

फैशन है। आप किसी भी विचारक को कुछ भी कह देवें, कोई बात नहीं। पर उसे अवश्य कहें कि वह मार्क्सवादी है। इससे उनका मन प्रसन्न हो जायेगा।

● संदर्भ पुस्तकें

Srivastava, Vinay Kumar, *Methodology and Field Work*, Oxford in India Readings in Sociology, and Social Anthropology, Oxford, Delhi, 2004.

Leech, E.R., *Social Anthropology*, Oxford, 1982.

a

8

अम्बेडकरः अस्पृश्यता, स्वरूप और संदर्श

(Ambedkar: Untouchability, Identity and Vision)

भीमराव अम्बेडकर अछूतों के मसीहा समझे जाते हैं। उन्हें अधीनस्थ (Subaltern) लोगों का नेता कहा जाता है। वे स्वयं अछूत थे — महार जाति में उनका जन्म हुआ था और एक अछूत के जीवन में जो आहत और वेदना होती है, उसे उन्होंने भोगा था, जीया था। वे जाति व्यवस्था के कट्टर विरोधी थे और क्योंकि जाति का जुड़ाव धर्म से है, वे धर्म के भी विरोधी थे। उनका एक बिन्दु कार्यक्रम था — जाति को नष्ट कर दो और फिर सब ठीक हो जायेगा, अस्पृश्यता का अवसान हो जायेगा, जिसे धर्म कहते हैं, समाप्त हो जायेगा और इसी तर्ज पर धर्म ग्रन्थ भोथरे हो जायेंगे।

अम्बेडकर को एक सामाजिक विचारक की तरह देखा जाता है। विचारक इसलिये कि तत्कालीन समाज की समस्या अस्पृश्यता की थी। गाँधीजी जीवन पर्यन्त यह कहते रहे कि हिन्दू समाज का यह दोष जितना जल्दी हो सके, समाप्त कर देना चाहिये और आजादी के बाद तो संविधान ने कानूनी रूप से इस प्रथा को समाप्त कर दिया। आज राज्य व्यक्तियों में कोई भेदभाव जाति, वर्ग, धर्म और लिंग के आधार पर नहीं करता। यही धर्म निरपेक्षता है। अस्पृश्यता पर तो कानूनी रूप से पाबन्दी लगा दी है। देखा जाये तो आज देश में कोई अस्पृश्यता नहीं है। एक अस्पृश्य व्यक्ति भी देश के उच्चतम स्थान पर पद पा सकता है। जब अछूतों के लिये स्थिति इतनी

सुविधाजनक है तब फिर हमारे लिये अम्बेडकर का अध्ययन एक विचारक के रूप में करना आवश्यक है। प्रश्न सही है, और इस पर विचार करना आवश्यक है।

अधीनस्थ इतिहास — मातहतों की आवाज (Subaltern History)

कानून की दृष्टि में आज देश में कोई छुआछूत नहीं है। भारतीय समाज के सभी नागरिक समान हैं। सभी को समान अधिकार प्राप्त हैं। सभी कानून की निगाह में बराबर हैं, लेकिन लोक जीवन में आज भी अस्पृश्यता है। अछूत समान होकर भी, समान नहीं हैं। हो सकता है वे औपचारिक बैठकों और सरकारी कार्यक्रमों में एक ही जाजम की भागीदारी करें, लेकिन दिन–प्रतिदिन के जीवन में आज भी गाँवों में उन्हें भेदभाव का व्यवहार झेलना पड़ता है। वे गैर–अस्पृश्यों की बस्ती में नहीं रह सकते। उनका पृथक श्मशान घाट होता है। उन्हें जाजम के अंतिम छोर पर बैठना पड़ता है। कुछ ऐसे ही कारण से आज भी अम्बेडकर को दलित नेता के रूप में एक सशक्त विचारक माना जाता है।

हाल में एक नया इतिहास उभर कर आया है। इसे अधीनस्थों या मातहतों का इतिहास कहते हैं। इसकी शुरुआत रणजीत गुहा ने की है। ये बंगाली इतिहासकार हैं। उन्होंने इस इतिहास का नाम अधीनस्थों का इतिहास (Subaltern History) रखा है। वे कहते हैं कि आज जिसे हम इतिहास कहते हैं, वह अभिजात वर्गों (Elites) का इतिहास है। राजा–महाराजा, ठाकुर और धनाढ्य लोग इस इतिहास के पात्र हैं और रुचिकर बात यह है कि इस इतिहास को अभिजात लोगों ने ही लिखा है। कर्नल टॉड, टोयन्बी, एच.जी वेल्स या फिर हमारे देश में ईश्वरी प्रसाद और ऐसे ही कई इतिहासकार समृद्ध और अभिजन का ब्यौरा ही देते हैं। राजा भोज का जीवन वृत्तान्त तो दिया जाता है, गंगू तेली का नहीं। इस सम्पूर्ण ऐतिहासिक वृत्तान्त में आम आदमी का इतिहास तो विलुप्त रहता है। उनकी संस्कृति तो मूक संस्कृति रहती है। रणजीत गुहा ने अधीनस्थों के इतिहास में यह आग्रह किया है कि आदिवासी किसानों, स्त्रियों, अछूतों की जो आवाज है, उसे भी इतिहास में लिखा जाना चाहिए। इन समूहों के नेताओं का विवरण भी होना चाहिये। इस तरह का इतिहास अधीनस्थों का इतिहास होगा। इस दृष्टि से देखें तो अम्बेडकर का व्यक्तित्व रुचिकर बन जाता है।

आज का समाजशास्त्र जिस दौर में चल रहा है, वह वस्तुतः अधीनस्थों का समाजशास्त्र (Subaltern Sociology) है। इसमें आदिवासी और स्त्रियाँ यानी कमजोर वर्ग प्रभावी भूमिका रखते हैं। अधीनस्थों का इतिहास कहता है कि जनता की एक राजनीति होती है, उसके आन्दोलन होते हैं और इनका लेखा–जोखा यह इतिहास करता है। रणजीत गुहा और इस विचारधारा के लोग आम आदमी के इतिहास को लिख रहे हैं। इन इतिहासकारों में अम्बेडकर भी हैं। इनके अतिरिक्त कपिल कुमार और डेविड हार्डिमैन भी सम्मिलित हैं। यहाँ हम अम्बेडकर को एक सामाजिक विचारक के रूप प्रस्तुत करेंगे।

प्रारम्भिक जीवन

अम्बेडकर महार जाति के थे। महाराष्ट्र में महार जाति की बहुलता है। यह जाति अछूत है। अम्बेडकर महाराष्ट्र के रत्नागिरी जिले के अम्बवाडे गाँव के मूल निवासी थे। यह गाँव उनका पुश्तैनी गाँव था, लेकिन अम्बेडकर का जन्म इन्दौर के पास महू में 14 अप्रेल 1891 में हुआ था। महू फौज की छावनी रही है। यहाँ अम्बेडकर के पिता रामजी रहते थे। उनका निधन सन् 1956 में हुआ। रामजी कबीर के अनुयायी थे। कहा जाता है कि कबीर सूफी संत थे, वे न हिन्दू थे, न मुसलमान। यह प्रचलित है कि उनके मरने के बाद विवाद चला कि उन्हें जलाया जाये या दफनाया जाये। कबीर से प्रभावित होकर, अम्बेडकर ने कभी भी जाति व्यवस्था को स्वीकार नहीं किया। यह 14 अक्टूबर, 1956 की बात है जब नागपुर में अम्बेडकर ने अपने पाँच लाख अनुयायियों के साथ बौद्ध धर्म को स्वीकार किया।

अम्बेडकर की प्रारम्भिक शिक्षा–दीक्षा महाराष्ट्र के सतारा के हाई स्कूल में हुई। इसके बाद कॉलेज शिक्षा बम्बई के एल्फीन्सटन कॉलेज में हुई। महाराजा गायकवाड़ (बड़ौदा) ने अम्बेडकर को कॉलेज शिक्षा के लिए छात्रवृत्ति दी और इसी छात्रवृत्ति के माध्यम से वे कोलम्बिया विश्वविद्यालय (अमेरिका) में पढ़ने के लिए गये। यह पहली बार था जब भारत का कोई अछूत विदेश पढ़ने के लिए गया था। सन् 1917 में अम्बेडकर ने लंदन से पी.एच.डी की उपाधि प्राप्त की। यह उपाधि अर्थशास्त्र में थी। सन् 1921 में उन्होंने विज्ञान में एम.एस.सी. किया और इसी वर्ष उन्होंने पी.एच.डी. की उपाधि भी ग्रहण की। उन्होंने लंदन विश्वविद्यालय से "दि प्रोब्लम आफ दि

भीमराव अम्बेडकर
(1891–1956)

रूपी'' (The Problem of the Rupee) पर पीएच.डी. की। इसी अवधि में अम्बेडकर ने लंदन से बार–एट–लॉ (Bar-at-Law) की परीक्षा उत्तीर्ण की।

महू, सतारा और बम्बई से आये अम्बेडकर ने शिक्षा के क्षेत्र में बहुत कुछ कर लिया। उन्होंने अमेरिका और लंदन से भी बड़ी ऊँची उपाधियाँ प्राप्त कर लीं। अब वे कानूनी पढ़ाई में पारंगत हो गये। उन्होंने बम्बई में अपनी वकालत प्रारम्भ कर दी। और इसके साथ ही अछूतोद्धार के कार्य में जुट गये। किसी भी अछूत के लिए ये सब उपलब्धियाँ अनन्य कही जानी चाहिये।

और तब 1930 में अम्बेडकर ने अपने आपको पूर्ण रुप से अछूतों, पिछड़े वर्गों और गरीबों के साथ जोड़ लिया। वे ऑल इंडिया डिप्रेस्टड क्लास एसोसियेशन के अध्यक्ष बन गये। फिर एक बदलाव आया। सन् 1936 में उन्होंने इन्डिपेन्डेन्ट लेबर पार्टी का गठन किया। बाद में चलकर इस पार्टी का नया नामकरण हुआ। इस नाम को उन्होंने आल इंडिया

शिड्यूल्ड कास्ट फेडरेशन दिया (All India Scheduled Caste Federation)। अब अम्बेडकर राजनीति में आ गये। सन् 1942 में वे गवर्नर जनरल की काउंसिल के सदस्य बन गये। यह उन्हीं की अध्यक्षता में था कि भारतीय संविधान की रूपरेखा को तैयार किया गया था। 1949 में उन्होंने कानून मंत्री के पद को स्वीकार किया और तब 1955 में उन्होंने भारतीय बुद्ध सभा का गठन किया। उनकी यह निश्चित मान्यता थी कि पिछड़े वर्गों के लिए हिन्दू धर्म में कोई स्थान नहीं था। वे पूर्ण रूप से उपेक्षित थे। उनकी प्राक्कल्पना थी कि पददलित लोगों का भविष्य बौद्ध धर्म में है।

अम्बेडकर की कृतियाँ (Works of Ambedkar)

सामान्यतया अम्बेडकर ने जाति व्यवस्था के अवसान और दलितों के उत्थान पर बहुत कुछ कहा है, लिखा है। इससे जुड़े हुए निबन्धों और व्याख्यानों को उन्होंने निम्न पुस्तकों में रखा है—

- *द अनटचेबल्स, हू आर दे?* (*The Untouchables, Who Are They?*)
- *हू वर द शूद्राज?* (*Who Were The Shudras?*)
- *स्टेटस एण्ड माइनोरिटीज़* (*States and Minorities*)
- *इमेन्सीपेशन ऑफ दि अनटचेबल्स* (*Emnancipation of the Untouchables*)
- *एनिहिलेशन ऑफ कास्ट, 1936* (*Annihilation of Caste*)

अम्बेडकर का योगदान (Contributions of Ambedkar)

अम्बेडकर विद्वान थे, विचारक थे और सबसे महत्त्वपूर्ण बात यह है कि उनमें अपने सिद्वान्तों और मान्यताओं पर क्रियान्विति करने की क्षमता थी। वे मार्क्स की तरह कार्यान्वयन (Praxis) करने वाले थे। उनकी कुछ निश्चित मान्यताएँ थीं। उनका कहना था कि जाति व्यवस्था ने हिन्दुओं को नष्ट कर दिया है। हिन्दू समाज को कभी भी चार वर्गों के आधार पर पुनः संगठित नहीं किया जा सकता और यदि इसका पुनर्गठन धर्म पर किया जाये तब स्वतन्त्रता, समानता और बन्धुत्व उसके मार्गदर्शक सिद्वान्त होने चाहिए। वे धर्मग्रन्थों के कट्टर विरोधी थे, और चाहते थे कि इन्हें बर्बाद कर दिया जाये। आज इन धर्म ग्रन्थों को जो देवीय अधिकार प्राप्त हैं, उन्हें

समाप्त कर देना चाहिये। इन धर्म ग्रन्थों की दुहाई साधु–सन्त बराबर देते रहते हैं, लेकिन वे जाति और अस्पृश्यता के विरोध में कुछ नहीं बोलते।

अम्बेडकर के योगदान को समाजशास्त्र में देखा जा सकता है। उन्होंने कोई चालीस वर्षों तक लिखा है। उन्होंने संविधान सभा में जो व्याख्यान दिये हैं, ऐतिहासिक हैं। अम्बेडकर पर ज्योतिबा फुले और नारायण गुरु का बहुत बड़ा प्रभाव था। ये सब 19वीं शताब्दी के समाज सुधारक थे। जब कभी हम अम्बेडकर के योगदान की चर्चा करते हैं, हमें यह निश्चित रूप से कहना चाहिए कि उन पर बुद्ध और मार्क्स का बहुत बड़ा प्रभाव था। तत्कालीन भारत में महात्मा गांधी का बहुत बड़ा प्रभाव था। अपने जीवन के प्रारम्भिक वर्षों में गांधी ने जाति व्यवस्था का अनुमोदन किया पर बाद में चलकर उन्होंने कहा कि जाति की तुलना में वर्ण उपयोगी है। इस मसले पर अम्बेडकर ने गांधी का विरोध किया। इन दोनों के बीच में पत्र व्यवहार भी हुआ। इसका उल्लेख हम बाद में चल कर करेंगे।

अम्बेडकर ने अपने बौद्धिक जीवन में जिन मसलों या मुद्दों को उठाया और जिन्हें उनका योगदान कहा जाता है निम्न प्रकार हैं—

1. जाति व्यवस्था का विध्वंस (Annihilation of Caste System)
2. अस्पृश्यता की समाप्ति और अधीनस्थ का समाजशास्त्र (End of Untouchability and Subaltern Sociology)
3. संवैधानिक प्रजातंत्र (Constitutional Democracy)
4. बुद्ध और मार्क्स (Buddha or Marx)
5. विचारधारा (Ideology)

जाति व्यवस्था का विध्वंस (Annihilation of Caste System)

सन् 1935 में अम्बेडकर ने लाहौर (अब पाकिस्तान में) में जात–पात मंडल के तत्वावधान में एक व्याख्यान दिया था। इस व्याख्यान की विषय वस्तु जाति की समाप्ति पर आधारित थी। यह व्याख्यान आज प्रस्तर रूप में उपलब्ध है (1989)। अम्बेडकर ने जाति व्यवस्था को हिन्दू धर्म के लिए घातक माना है। उन्होंने जाति के परिणामों पर बोलते हुए निम्न बिन्दुओं पर जोर दिया—

1. जाति ने हिन्दू समाज को बर्बाद कर दिया है।

2. चतुर्वर्ण के आधार पर जाति व्यवस्था को पुनर्गठित नहीं किया जा सकता। चार वर्ण उस कड़े की तरह है जो सभी ओर से रिसता है। यह कुछ ऐसा है जिसमें कोई आदमी नाक के बल पर चलने की कोशिश करे। वर्ण व्यवस्था टिकाऊ नहीं है और कभी भी यह जातियों में बदल सकती है।
3. वर्ण के आधार पर हिन्दू समाज को ढाला नहीं जा सकता। यह व्यवस्था जनता को प्रगतिशील होने से रोकती है। आगे बढ़ने के सभी अवसरों को यह बंद कर देती है।
4. हिन्दू समाज का पुनर्गठन धर्म के आधार पर होना चाहिये। लेकिन धर्म को स्वतन्त्रता, समानता और बन्धुत्व के सिद्वान्तों पर चलना चाहिये।
5. धर्म जब जाति और वर्ण को मान्यता देने लगे तब इसे भी समाप्त कर देना चाहिये।
6. किसी भी अवस्था में धर्म ग्रन्थों यानी वेद, उपनिषद, स्मृति, पुराण, रामायण और महाभारत को देवीय ग्रन्थ न समझा जाये। इनका सृजन ब्राह्मणों ने किया था, देवताओं ने नहीं।

अम्बेडकर के इस व्याख्यान का उल्लेख गाँधीजी ने *हरिजन* के जुलाई (1936) और अगस्त के अंकों में किया। उन्होंने कहा कि अम्बेडकर ने यह व्याख्यान सस्ती वाहवाही लूटने के लिये किया था। जाति के बारे में गाँधीजी ने पूरी असहमति बताई। बाद में चलकर गाँधीजी ने वर्ण व्यवस्था में अपना विश्वास जताया। जाति व्यवस्था के विध्वंस पर अम्बेडकर और गाँधीजी के विवाद को हम निम्न बिन्दुओं में रखेंगे।

अम्बेडकर का व्याख्यान जात-पात मंडल के अधिवेशन में नहीं पढ़ा जा सका

मंडल ने अम्बेडकर को अपने अधिवेशन की अध्यक्षता करने के लिए आमन्त्रित किया था। अम्बेडकर का व्याख्यान जब मंडल के पास पहुँचा तो मंडल के सदस्यों में व्याख्यान को लेकर मतभेद हो गया। विवाद इतना उग्र हो गया कि मंडल का अधिवेशन ही निरस्त हो गया। स्वयं अम्बेडकर ने अपने खर्चे से इस व्याख्यान को प्रकाशित किया।

गाँधीजी ने अम्बेडकर के व्याख्यान पर कटु टिप्पणी की।

गाँधीजी अम्बेडकर से सहमत नहीं थे। उन्होंने लाहौर के व्याख्यान पर कड़ी आपत्तियाँ की। अम्बेडकर धर्मग्रंथों को प्रमाणित नहीं मानते थे। गाँधी का प्रश्न था — धर्मग्रन्थ कौन से हैं? उनके अनुसार वेद, पुराण, स्मृति, रामायण तथा महाभारत हिन्दू धर्म ग्रन्थ हैं। इन ग्रन्थों के अतिरिक्त साधु–संतों के अनुभव भी धार्मिक उपदेश को अपने अन्दर रखते हैं।

गाँधीजी ने कहा—जाति का धर्म से कोई सम्बन्ध नहीं है

हरिजन के इसी अंक में गाँधीजी ने कहा कि जाति व्यवस्था का धर्म से कोई सरोकार नहीं है। यह एक रिवाज है, एक परम्परा है जिसे लोग मानते है। जाति व्यवस्था आध्यात्मिक और राष्ट्र के विकास में नुकसानदायक है। वर्ण और आश्रम ऐसी संस्थाएँ हैं जिनका जाति से कोई मतलब नहीं है। वर्ण का सीधा मतलब यह है कि इसके द्वारा निर्धारित व्यवसाय को अपना कर हम अपना जीविकोपार्जन कर सकते हैं। वर्ण हमारे अधिकारों को बताते हैं, कर्तव्यों को नहीं। वर्ण उन कार्यों को करने की सलाह देते हैं, जो सम्पूर्ण मनुष्य जाति के कल्याण के लिये हैं। वर्ण यह भी बताते हैं कि कोई भी धन्धा न नीचा है और न बहुत ऊँचा। धन्धे सब बराबर हैं। सभी अच्छे हैं, कानून सम्मत हैं, और निश्चित रूप से समान प्रतिष्ठा के हैं।

गाँधीजी ने लिखा है कि एक दलित का कार्य उतना ही महत्वपूर्ण है जितना ब्राह्मण का। वर्ण व्यवस्था में अस्पृश्यता के लिए कोई प्रावधान नहीं है। इस व्यवस्था के अनुसार सत्य ही एक मात्र ईश्वर है और मानव परिवार का एक ही धर्म अहिंसा है।

गाँधीजी ने अम्बेडकर पर लिखी गई अपनी इस टिप्पणी के अन्त में कहा है कि अम्बेडकर कई भ्रमों से ग्रसित हैं। उन्हें सोचना चाहिए कि जिस धर्म का प्रतिपादन बड़े संत और ज्ञानी विद्वानों ने किया हो, वह धर्म गलत नहीं हो सकता। इन विद्वानों में चैतन्य, जयदेव, तुकाराम तिरुवल्लूवर, रामकृष्ण परमहंस, राजा राम मोहन राय और महर्षि दयानन्द और स्वामी विवेकानंद सम्मिलित हैं। किसी धर्म की व्याख्या उसके उत्कृष्ट ग्रन्थों और समाज सुधारकों के आधार पर की जानी चाहिए। ये उत्कृष्ट ग्रंथ ही धर्म को मापने के स्टैन्डर्ड आधार हो सकते हैं।

हिन्दू शास्त्रों और साधु–संतों ने अस्पृश्यों की कभी वकालत नहीं की।

अम्बेडकर ने गाँधीजी की आलोचना पर कड़ा विरोध किया। उन्होंने कहा कि गाँधीजी जीवन पर्यन्त अपने आपसे सनातन हिन्दू कहते रहे। उन्होंने जीवन भर नैतिकता की दुहाई दी लेकिन कभी यह नहीं समझा कि सभी हिन्दू नैतिक हैं। यदि नैतिक होते तो अछूतों की आज यह हालत नहीं होती।

जाति व्यवस्था — अम्बेडकर बनाम गाँधीजी
(Caste System: Ambedkar vs. Gandhiji)

अम्बेडकर की बहुत बड़ी चिन्ता अस्पृश्यों की आहत और घायल अवस्था थी। वे वृहद् हिन्दू समाज के अंग होकर भी, हिन्दू समाज से बाहर थे। उनकी माली हालत अमानवीय थी। उनके जीवन में रोशनी की बहुत बड़ी आवश्यकता थी। अस्पृश्यों की हालत राष्ट्रीय समस्या थी। इस पर गाँधीजी और अम्बेडकर चिन्तित थे। दोनों ने इस समस्या पर सोचा था, दोनों के अपने–अपने निदान थे। अम्बेडकर के विचारों को समझने के लिए, गाँधीजी को समझना आवश्यक है। दोनों ही अपने समय के पहरेदार थे, दोनों ही अपने युग के विचारक थे। लेकिन इनकी सोच जुदा–जुदा थी। समस्या एक ही थी, निदान भिन्न।

अम्बेडकर यह समझते थे कि अस्पृश्यों की ज़ख्मी हालत का कारण हिन्दू धर्म और हिन्दू जातियाँ हैं। इन्हें समाप्त कर दीजिए और सब ठीक हो जायेगा — न रहेगा बांस और न बजेगी बांसुरी। गाँधीजी कुछ और सोचते थे। उनका विचार था कि अस्पृश्यों में सुधार लाया जाये। उन्हें साक्षर बनाया जाये, उनकी आर्थिक अवस्था में बदलाव लाया जाये, राजनीति में उनकी भागीदारी निश्चित की जाये। हिन्दू समाज में सुधार लाया जाये। अस्पृश्यता निवारण के लिये कानून बनाया जाये। संविधान जाति व्यवस्था को वर्जित कर दे। जो कुछ गाँधीजी चाहते थे, बहुत कुछ हो गया है। और रुचिकर बात यह है कि आज भी गाँव और चौपाल पर, जाजम और जमीन पर अछूतों के साथ भेदभाव किया जाता है।

अम्बेडकर की सोच दूसरी थी। वे स्वयं अछूत थे। अछूतों के नेता थे। उन्होंने अपने पूरे आग्रह के साथ कहा कि अस्पृश्यता का कारण जाति व्यवस्था है, इसका विध्वंस कर दीजिये। अस्पृश्यता के कारण धर्म ग्रन्थ हैं,

उन्हें निरस्त कर दीजिये। अस्पृश्यता राजनीति के कारण है, उसकी संरचना बदल दीजिये। अम्बेडकर ने अछूतों की समस्या का राजनीतिकरण किया। संविधान के निर्माण के लिये उन्होंने खाका (Draft) बनाया और कानूनी रूप से जाति के भेदभाव को समाप्त कर दिया।

यहाँ हम अम्बेडकर और गाँधीजी के विचारों का जो अछूतोद्धार से सरोकार रखते हैं, तुलनात्मक रूप से विवेचन करेंगे।

1. अम्बेडकर और गाँधीजी दोनों ही यह स्वीकार करते हैं कि अछूतों की स्थिति बहुत दयनीय है। वे अपनी गरीबी से परेशान हैं, उन्हें अशुद्ध व्यवसाय करना पड़ता है, सार्वजनिक क्षेत्र में उनकी भागीदारी, गैर–बराबरी की है। वे झाड़ूकश का काम करते हैं और मातहत या हाशिये पर रहते हैं। दोनों ही अछूतों की स्थिति में बदलाव लाना चाहते हैं। अछूत देश के समान नागरिक हैं और उनका भाग्य अन्य नागरिकों से जुदा नहीं हो सकता।
2. दोनों विचारक अछूतों की स्थिति में कानूनी या औपचारिक रूप सुधार लाना चाहते हैं। दोनों ही हिंसा के विरोधी हैं। मार–काट करना नहीं चाहते और न ही बन्दूक की बैरल से गोली दागना चाहते हैं।
3. दोनों ही राष्ट्रवादी हैं।
4. गाँधीजी और अम्बेडकर में समानता होते हुए भी उनमें कुछ बुनियादी अन्तर हैं। गाँधीजी धर्म में विश्वास रखते हैं। वे सनातन हिन्दू हैं। अम्बेडकर धर्म में विश्वास नहीं रखते। उनका ईश्वर में विश्वास नहीं है। वे कहते हैं कि जाति व्यवस्था धर्म ग्रन्थों ने पैदा की है। ये धर्म ग्रन्थ ईश्वर ने नहीं बनाये और इसलिए इन्हें खारिज या रद्द कर देना चाहिए।
5. गाँधीजी का धर्म ग्रन्थों में पूरा विश्वास था। उनकी प्रार्थना सभा में इन ग्रन्थों से बहुत कुछ लिया गया था। वे गीता के अनन्य भक्त थे। उनके लिये जाति व्यवस्था एक प्रकार की परम्परा थी। अपने प्रारम्भिक जीवन में वे जाति व्यवस्था के विरोधी थे पर बाद में उन्होंने वर्ण व्यवस्था को स्वीकारोक्ति दी। वे कहते थे कि छोटी–छोटी जातियों को वर्ण में डाल देना चाहिए। जातियों की संख्या कम हो जायेगी। अम्बेडकर जाति व्यवस्था के कट्टर विरोधी थे। वे जाति का

विध्वंस करना चाहते थे। अछूतों की दुर्दशा के लिये जाति ही जिम्मेदार है। उसे समाप्त करना आवश्यक है। धर्म ने जाति के साथ गठजोड़ करके अछूतों को हमेशा के लिये दलित बना दिया।

6. गाँधीजी ने आदिवासियों के लिये बड़े काम किये। कई आश्रम खोले। उनके रचनात्मक कामों में आदिवासियों को महत्वपूर्ण स्थान प्राप्त था। ठक्कर बप्पा को उन्होंने आदिवासी विकास कार्यक्रम का प्रभारी बनाया था। आदिवासियों में, शिक्षा का प्रचार करना, उनका मुख्य उद्‌देश्य था। अम्बेडकर दलितों के साथ इस भांति जुड़ गये थे कि उन्होंने कभी भी आदिवासियों के बारे में चिंता नहीं की।
7. गाँधीजी ने संवैधानिक समस्याओं पर मौन ही रखा है। उन्होंने दलितों में सुधार लाने के लिये किसी सामाजिक विधान के लिये आन्दोलन नहीं किया। अम्बेडकर एक संविधान वक्ता थे। वे जीवन के प्रत्येक क्षेत्र में दलित को विकास के समान अवसर देना चाहते थे। इसके लिये हमेशा कानून बनाने में तत्पर रहते थे। गाँधीजी कहते थे कि अछूतों का उद्धार (Emancipation) होना चाहिए। उन्हें कल्याणकारी योजनाएँ दी जानी चाहिए।

उपसंहार (Conclusion)

अम्बेडकर दलितों के नेता थे। उन्होंने एक दलित की दृष्टि से अछूतों की समस्या का विश्लेषण और निदान प्रस्तुत किया है। अम्बेडकर कहते हैं कि अछूत जन्म से ही अछूत पैदा हुआ है। वह मरेगा भी अछूत की तरह ही। और ब्राह्मण जन्म से ही ब्राह्मण पैदा हुआ है, वह ब्राह्मण की तरह ही मरेगा। इसमें योग्यता (Merit) को कोई स्थान नहीं। मूर्ख ब्राह्मण वरीयता में ऊँचा ही रहेगा और योग्य अछूत नीचा ही। यह विसंगति किसी भी सामाजिक व्यवस्था में नहीं हो सकती। किसी भी स्थिति में योग्यता का स्थान ऊँचा रहना चाहिये। जन्म तो केवल जैविक (Biological) है और योग्यता व्यक्ति द्वारा अर्जित उपलब्धि है। इसी बुनियादी तर्क पर अम्बेडकर ने जाति व्यवस्था के सर्वनाश (Annihilation) की बात कही है। उनकी दृष्टि में गाँधीजी परम्परा निष्ठा के एजेन्ट थे। जैसा चलता है, चलने दो सुधार हो जाये तो अच्छा है, ऐसा ही कुछ गाँधीजी सोचते थे। दुनिया को वे परम्परा के संदर्भ में देखते थे।

अम्बेडकर अछूतों की समस्या को व्यापक दृष्टिकोण से देखते हैं। वे मार्क्स से भी प्रभावित थे, और बौद्ध धर्म को तो उन्होंने अपनी मृत्यु के दो वर्ष पहले ही अपना लिया था। इस सम्पूर्ण संदर्भ में उन्होंने जाति और धर्म की चर्चा की है। गाँधीजी के अछूतों के बारे में जो भी विचार थे, बहुत ही नरम (Soft) थे। अम्बेडकर को यह सब स्वीकार नहीं था।

अस्पृश्यता की समाप्ति और अधीनस्थों का समाजशास्त्र (End of Untouchability and Subaltern Sociology)

शहर एक अनोखा समुदाय है। यहाँ कोई किसी को नहीं जानता। सभी गुमनाम हैं। कौन ब्राह्मण है, कौन बनिया और कौन चमार। सभी की वेशभूषा एक समान है। किसी का कोई परिचय नहीं। ऐसे शहर में कौन मंदिर में घंटा बजाने जाता है, कौन होटल में भोजन करने जाता है और भीड़ में भरी बस में कौन कंधे से कंधे मिलाकर बैठता है, पता नहीं लगता। ऐसे शहर में अस्पृश्यता कहाँ है, उसकी त्रासदी क्या है, कोई नहीं जानता। ऐसा लगता है कि अस्पृश्य अपनी अस्पृश्यता को घर की खूंटी पर टांग कर शहर के बाजार, कारखाने, प्रतिष्ठान, स्कूल व कॉलेज में आ गया है। वह गुमनाम है। उसे कोई नहीं जानता कि वह अस्पृश्य है या उच्च कोटि का ब्राह्मण है।

अब गाँव में लौटिये। यहाँ कोई गुमनामी नहीं। यहाँ सभी परिचित हैं, एक दूसरे को निकटता से जानते हैं। व्यक्ति की सम्पूर्ण वंशावली से परिचित हैं। मोहल्ला और व्यक्ति के निवास की गली को जानते हैं। यहाँ अछूत की सांसत है। सभी जानते हैं कि वह भंगी है, चमार है, दलित है। मतलब हुआ, गाँवों में आज भी अस्पृश्यता है। अछूतों के लिये यहाँ मंदिर में प्रवेश वर्जित है। हज्जाम की दुकान पर वह अपने बाल नहीं कटवा सकता। होटल में प्रवेश करके चाय नहीं पी सकता। ऐसी ही अस्पृश्यता का उल्लेख अम्बेडकर करते हैं। उनके युग में ही मुम्बई में अछूत गुमनाम थे और ये ही अछूत गांवों मे अमानवीय जीवन बिता रहे हैं।

अछूत किसे कहते हैं?

अम्बेडकर ने अस्पृश्यता के बारे में कुछ बुनियादी सवाल रखे हैं। आखिर सवर्ण हिन्दू अछूतों को छूते क्यों नहीं हैं? वे उन्हें मंदिर में प्रवेश क्यों नहीं

करने देते? सार्वजनिक कुएं से पानी क्यों नहीं भरने देते? श्मशान घाट पर मुर्दे क्यों नहीं जलाने देते? ये प्रश्न जो अम्बेडकर ने संविधान सभा में रखे थे, सामान्य नहीं हैं। ऐसा नहीं है कि अछूत के छूने मात्र से कोई बीमारी लग जायेगी। अम्बेडकर कहते हैं कि अस्पृश्यता के पीछे कोई तर्क नहीं है, वैज्ञानिकता नहीं है। अछूतों के बारे में सवर्ण हिन्दुओं की जो भी धारणाएँ हैं, सभी भ्रामक हैं। जिसे छूने मात्र से कोई अशुद्ध नहीं हो जाता। अम्बेडकर ने अस्पृश्यता का बहुत बड़ा कारण धर्म को माना है। यह धर्म ही है जो इस भावना को जन्म देता है कि अछूत पापी हैं और उन्हें छूना नहीं चाहिये। इस विचारधारा के साथ धार्मिक ग्रन्थ भी जुड़े हुए हैं। ये ग्रन्थ ही बताते हैं कि अछूतों को छूने से पाप चढ़ता है। *रामायण* और *महाभारत* में हमें ऐसे कई दृष्टान्त मिलते हैं जिनमें स्वयं भगवान अछूतों के साथ भेद–भाव करते हैं। अछूतों का इतिहास बताता है कि धार्मिक ग्रन्थों के इस भ्रमपूर्ण सबक ने उन्हें परम्परागत रूप से तबाह कर दिया।

अम्बेडकर ने इन्हीं कुछ कारणों से कहा कि हिन्दू धर्म, धार्मिक ग्रन्थों और व्याख्यानों को नष्ट कर देना चाहिये। अस्पृश्यता के मूल में यही मुख्य हैं। यह धार्मिक कारण ही है जो अस्पृश्य मात्र से अछूत को अपवित्र मानकर चलता है। बुद्ध, रामानुज, और कतिपय वैष्णव संतों ने अस्पृश्यता को बराकर कोसा है, लेकिन इसमें कुछ नहीं हुआ। यह कितने बड़े आश्चर्य की बात है कि भ्रमित धारणाओं से ग्रसित छुआछूत आज तक इस समुदाय को आहत कर रहा है। यही सब कुछ अम्बेडकर का कहना था।

अम्बेडकर ने अस्पृश्यता को राजनीति में ला दिया

अभी तक अम्बेडकर अपने व्याख्यानों और निबन्धों में जाति व्यवस्था का विध्वंस करने की चर्चा करते आ रहे थे। उन्होंने स्वीकार किया कि जातियाँ तब तक समाप्त नहीं होंगी, जब तक हिन्दू धर्म को समाप्त नहीं किया जाता। जातियाँ अपने मूल में धर्म से जुड़ी हुई हैं और धर्म को तोड़ने पर ही, जातियाँ समाप्त होंगी। जाति का विरोध इस भाँति तार्किक, सामाजिक और सांस्कृतिक था। अब अम्बेडकर को लगा कि ये सब प्रयास बेमतलब हैं। राजनीति ही धर्म और जाति को तोड़ सकती है। और तब उन्होंने अछूतों की समस्या को विशाल मंचों पर रखना प्रारम्भ किया। वे लंदन में गाँधीजी के साथ जो पहली गोलमेज कान्फ्रेंन्स (Round Table Conference) 1930 में हुई, उसमें दलित वर्गों (Depressed Classes) के

प्रतिनिधि बनकर गये। उसमें वे यह सहमति लाने में सफल रहे कि अछूतों के लिए एक पृथक निर्वाचन क्षेत्र होना चाहिये। अम्बेडकर भारत अधिनियम, 1935 में अल्पसंख्यकों के अधिकारों पर कई प्रावधान रखने में सफल रहे। 1932 में कोम्यूनल अवार्ड, (Communal Award 1932) की घोषणा में अछूतों को पृथक निर्वाचन क्षेत्र मिला। इसमें गाँधीजी ने पृथक निर्वाचन क्षेत्र (Separate Electorate for Untouchables) का विरोध किया। इन्होंने आमरण अनशन की घोषणा की। अब समझौता हुआ और पूना पैक्ट (Poona Pact) के माध्यम से यह घोषित किया गया कि पद दलितों को एक निश्चित प्रतिशत में आरक्षण दिया जायेगा। अम्बेडकर ने तीसरी गोलमेज कान्फ्रेंस में भी भाग लिया।

देखा जाये तो अम्बेडकर की गाँधीजी के साथ इन्हीं गोलमेज कान्फ्रेंसों में ठन गई। इसके परिणामस्वरूप दिसम्बर 1942 में अम्बेडकर ने एक व्याख्यान का मजमून बनाया जिसका शीर्षक 'गाँधी और अछूतों का उद्धार' था। अपने जीवन के प्रारम्भिक वर्षों में अम्बेडकर जाति और धर्म उन्मूलन के लिये लड़ते रहे। पर बाद में उन्होंने देखा कि राजनैतिक हस्तक्षेप के बिना अछूतों की समस्या का निदान नहीं हो सकता। तब वे अछूतों की समस्या का हल राजनीति में खोजने लगे। इधर गाँधीजी अछूतों की समस्या के निदान में समाज सुधार की सम्भावना खोजते रहे।

अम्बेडकर के अछूतों के बारे में विचार

अम्बेडकर के जीवन का एक ही उद्देश्य था — अस्पृश्यता को हटाना, जाति व्यवस्था का विध्वंस करना और हिन्दू धर्म का सर्वनाश करना। अपने इस अभियान में अम्बेडकर ने बड़ी महत्वपूर्ण बातें कहीं हैं—

1. हिन्दुओं और अछूतों में कोई प्रजातीय (Racial) अन्तर नहीं है।
2. हिन्दुओं और अछूतों में कोई व्यावसायिक (Occupational) अन्तर नहीं है।
3. प्रारम्भिक अवस्था में भारत में सभी लोग गोमांस खाते थे। बाद में चलकर हिन्दुओं ने इसे छोड़ दिया। अछूत का दोष यह है कि उन्होंने गोमांस खाना जारी रखा।
4. अस्पृश्यों को दलित का दर्जा देने में धार्मिक ग्रन्थों के लेखकों का बड़ा योगदान है। इन रूढ़िवादी हिन्दू लेखकों ने जातियों को शुद्ध

और अशुद्ध धंधों के साथ जोड़ दिया। यह पहली बार है कि धर्म सूत्र ने अशुद्ध व्यवसाय करने वाली जातियों को अछूत और दलित की श्रेणी में डाल दिया।

अम्बेडकर का कहना है कि अछूत की आज जो दयनीय अवस्था है, इसमें इतिहासकारों की बहुत बड़ी साजिश है। हाल में जो अधीनस्थों का इतिहास उभर कर आया है, वह बराबर कहता है कि अभिजन के इतिहासकारों ने नीचे तबके में रहने वाले पददलितों के साथ कोई ईमानदारी नहीं बरती है। इस बात को अम्बेडकर ने चालीस के दशक में ही कह दिया था। वास्तविकता यह है कि अछूतों का भला न तो राजनीति कर सकती है और न समाज सुधार की योजनाएँ। इसके लिये अछूतों को स्वयं आगे आना पड़ेगा। उनका हित उन्हें ही देखना पड़ेगा। यह बात अम्बेडकर ने कई बार दोहराई है।

अस्पृश्यता के इस भाग या थीम पर उपसंहार लिखते हुए हम यही कहना चाहते हैं कि अछूतों की खराब स्थिति पर अम्बेडकर ही नहीं, गाँधीजी, साधु–संत और आम आदमी सभी क्षुब्ध हैं। कहने को आज राज्य की दृष्टि से, कानून की दृष्टि से और संविधान के प्रावधानों से देश में कोई अस्पृश्यता नहीं है, लेकिन व्यवहारों की दुनिया में, दिन–प्रतिदिन की अंतः क्रियाओं में, देश के लगभग पाँच लाख गाँवों में, अब भी अछूत भेदभाव के जूए को ढो रहे हैं। ऐसा ही अम्बेडकर कहते थे। उनका सुझाव तो स्पष्ट था — अस्पृश्यता का कारण जाति व्यवस्था है, जातियों को बर्बाद कर दो, अस्पृश्यता, धर्म और धार्मिक ग्रन्थों के कारण है, इन्हें गहरे पानी में डुबो दो। अम्बेडकर अछूतों की समस्याओं के बारे में कोई समझौता करने को तैयार नहीं थे। मान लिया, अछूत गरीब हैं, तो मान लीजिये काश्तकार, आदिवासी और ऐसे अगणित लोग हैं जो गरीबी के जीवन को अपने कंधों पर ढो रहे हैं। अछूतों को कम से कम अस्पृश्यता से तो मुक्त कीजिए। अम्बेडकर को एक सामाजिक विचारक बनाने के लिये यही कुछ बड़ा आधार है।

संवैधानिक प्रजातंत्र (Constitutional Democracy)

यह सही है कि अम्बेडकर ने अपने जीवन में अस्पृश्यता, जाति और धर्म के बारे में खुलकर अपने विचार रखे हैं। उन्होंने जाति व्यवस्था पर बोलते हुए,

लिखते हुए कई बार कहा है कि उन्हें जाति व्यवस्था स्वीकार है यदि इसमें स्वतंत्रता, समानता और बन्धुत्व के मानक आ जायें तो। यदि ऐसा हो जाये तो जातियाँ प्रजातांत्रिक हो जायेंगी। इसका अर्थ यह हुआ कि अम्बेडकर बुनियादी रूप से प्रजातांत्रिक थे, सबकी समानता और बराबरी के हिमायती थे, उन्होंने देश को जो कुछ दिया है वह अनिवार्य रूप से अछूतोद्धार है। उनकी समझ बहुत स्पष्ट थी कि देश के नागरिकों में अछूतों का भाग्य किसी भी स्थिति में दूसरों से भिन्न नहीं हो सकता। नागरिकों का भाग्य तो एक ही होगा। यदि देश में प्रजातंत्र आ जाता है, तो अछूत भी इसके भागीदार होंगे।

अम्बेडकर किसी भी अवस्था में देश में प्रजातंत्र की स्थापना करना चाहते थे। वे अछूतों को लेकर जाति व्यवस्था से परेशान थे। जाति व्यवस्था में भी उनकी खिलाफत ब्राह्मणों से थी। विदेशी लेखकों ने ब्राह्मणों पर कई आरोप लगाये हैं। अम्बेडकर कहते हैं कि इस देश पर हमेशा ब्राह्मणों ने राज किया है। वे तो इस बात का दावा करते हैं कि ब्राह्मणों ने ही यहाँ अपने को लम्बी अवधि तक बनाये रखा है। इसके दो मुख्य कारण है — पहला तो यह कि आम जनता यह मानकर चलती है कि ब्राह्मण पवित्र है। प्राचीन समय में किसी भी ब्राह्मण को चाहे वह कितना भी गंभीर अपराध का आरोपी हो, फाँसी पर नहीं चढ़ाया जा सकता था। ब्राह्मण को दूसरा अधिकार यह था कि उसके विशेषाधिकार (Privileges) थे। मालाबार में नैयर इसे अपनी प्रतिष्ठा मानते थे जब ब्राह्मण उनकी स्त्रियों को रखैल की तरह अपने घर में रखते थे। कभी–कभी तो राजा भी अपनी रानी को ब्राह्मण की 'सेवा' में भेजता था। यह भी रिवाज रहा है कि ब्राह्मण के अँगूठे को धोकर उसका पानी पीकर लोग भोजन कर पाते हैं। ब्राह्मण के प्रभुत्व का यह सब वृत्तान्त अम्बेडकर ने दिया है। ब्राह्मण इस देश में राज करते थे, उसका दूसरा दृष्टान्त अम्बेडकर ने ही दिया है। वे कहते हैं कि किसी भी राज्य की प्रशासनिक शाखा को देखें, राजपत्रित अधिकारियों में सबसे ज्यादा ब्राह्मण होते हैं। ब्राह्मण अपनी चतुराई से राज करते थे। वे कुछ उच्च जातियों जैसे कि क्षत्रिय और वैश्य को अपना सहयोगी बना लेते थे और उनका राज चल निकलता था।

अम्बेडकर ब्राह्मणों के कटु आलोचक थे। ब्राह्मणों के प्रभुत्व को बनाये रखने में चापलूस और जी–हुजूरियों का वर्ग था, जो पूर्णरूप से भ्रष्ट था। इस वर्ग को अम्बेडकर ने खूब कोसा है। वे आग्रहपूर्वक कहते हैं कि गैर–अधीनस्थ समूहों ने पददलितों पर कई अत्याचार किये हैं। इस कारण प्रजातंत्र में ऐसी व्यवस्था की जानी चाहिये कि इन पिछड़े वर्गों को स्वतंत्रता, समानता और बन्धुत्व के पूरे अधिकार मिल सकें।

अम्बेडकर संविधान निर्मात्री सभा के सदस्य थे। इस सभा ने भारतीय संविधान का जो खाका या मसौदा (Draft) बनाया, इसमें अम्बेडकर सम्मिलित थे। इस खाके में भारतीय संविधान की रूपरेखा तैयार की गई। इसे प्रस्तुत करने से पहले अम्बेडकर ने भूमिका के रूप में एक लम्बी चौड़ी प्रस्तावना रखी। इसे बेसिक फीचर्स ऑफ इंडियन कोन्स्टीट्यूशन (Basic Features of Indian Constitution, 1948) कहते हैं। किसी संविधान के निर्माण में दो तथ्य महत्वपूर्ण होते हैं—

1. संविधान में प्रस्तावित सरकार का क्या स्वरूप होगा? और
2. संविधान का क्या स्वरूप होगा?

इन प्रश्नों पर अम्बेडकर ने संविधान सभा में बड़ी बहस की। इस सभा का निर्णय था कि भारत में संसदीय व्यवस्था (Parliamentary System) लागू की जाये। दूसरे प्रश्न का उत्तर देते हुए संविधान सभा ने कहा कि यह संविधान संघात्मक (Federal) होगा। इसका यही स्वरूप है। देखा जाये तो यह संविधान दोहरा राजतंत्र है। इसकी नागरिकता एक ही है। राज्यों की कोई पृथक नागरिकता नहीं है, चाहे व्यक्ति किसी भी राज्य में रहता हो।

यहाँ हमारा उद्‌देश्य भारतीय संसद व्यवस्था का विवरण देना है। हम तो केवल यही बताना चाहते हैं कि भारतीय संविधान के निर्माण में अम्बेडकर का योगदान बहुत महत्वपूर्ण था। इसी कारण उन्हें संविधान निर्माता और विधिवेत्ता कहते हैं। वे कानून में निष्णात थे। उनकी इस प्रतिभा को हिन्दू कोड बिल पर जब चर्चा हुई तब देखा जा सकता है। वे चाहते थे कि कानून की दृष्टि से देश के सभी वर्ग एक हो जायें। इस बिल पर बड़ी बहस हुई और तब अम्बेडकर ने नेहरू मंत्रिमंडल से अपना त्याग पत्र दे दिया।

बुद्ध या मार्क्स (Buddha or Karl Marx)

यह केवल संयोग की बात नहीं है, सच्चाई और वास्तविकता है कि लगभग सभी भारतीय सामाजिक विचारक, कुछ अपवाद को छोड़कर, मार्क्स से अवश्य प्रभावित रहे हैं। कुछ ने मार्क्स की कटु आलोचना की है और बहुतों ने मार्क्स से बहुत कुछ सीखा है। सभी की कृतियों में मार्क्स का संदर्भ अवश्य है। अम्बेडकर भी इस सच्चाई से दूर नहीं हैं। वैसे वे स्वीकार करते हैं कि बुद्ध और मार्क्स को जोड़ना बड़ा हास्यास्पद है। यह एक प्रकार मजाक है। पर वे यह मजाक करते हैं। बुद्ध और मार्क्स में लगभग 2381 वर्षों का अन्तर है। बुद्ध का जन्म 563 ई.पू. और मार्क्स का 1818 में हुआ था। बुद्ध ने एक नई विचारधारा और नीति को, जिसे नई आर्थिक व्यवस्था कहते हैं, प्रतिपादित किया था। बुद्ध ने एक नये धर्म की स्थापना की थी। इस धर्म का राजनीति और अर्थव्यवस्था से कोई सरोकार नहीं था। दोनों में विषमता बहुत बड़ी है। मार्क्स आधुनिक हैं और बुद्ध प्राचीन। कहा जाता है कि मार्क्सवादी बुद्ध से क्या सीखेंगे? बौद्ध मार्क्सवाद को क्या नया निर्वचन देंगे। इस सम्पूर्ण अ–तुलनात्मक मसले पर अम्बेडकर ने लिखा है।

बुद्ध का सिद्धान्त (The Creed of the Buddha)

सामान्य आदमी जब बुद्ध की बात करता है तब वह उसे अहिंसा के साथ जोड़ता है। वस्तुस्थिति यह है कि यहाँ इस देश में अहिंसा के लिये बड़ा सुविधाजनक वातावरण है। हमने आजादी की लड़ाई अहिंसा से लड़ी और यही हमारा राष्ट्रीय मुहावरा है, लेकिन बहुत कम लोग जानते हैं कि बुद्ध ने अहिंसा से आगे भी बहुत कुछ कहा है। अम्बेडकर स्वयं एक बौद्ध थे और उन्होंने इस धर्म का गहन अध्ययन किया था। वे बुद्ध को मार्क्स के संदर्भ में देखना चाहते हैं। उन्होंने बुद्ध के सिद्धान्तों को सार रूप में इस तरह रखा है—

1. किसी भी स्वतंत्र समाज के लिये कोई न कोई धर्म होना आवश्यक है।
2. धर्म का सम्बन्ध वास्तविक जीवन से होता है, ईश्वर, आत्मा, स्वर्ग और मिथक केवल अटकलबाजी हैं। ईश्वर धर्म का केन्द्र नहीं हो सकता। ईश्वर मोक्ष देने वाला नहीं है। धर्म की किसी भी कल्पना में आदमी और नैतिकता केन्द्रीय स्थान रखते हैं।

3. धर्म का काम दुनिया का पुनर्निर्माण करना है। इसे खुशहाली देना है।
4. मनुष्य मात्र समान हैं और मनुष्य का मूल्य उसकी योग्यता है। सभी मनुष्यों के साथ मित्रता रखनी चाहिये। यहाँ तक कि अपने शत्रु को भी मित्र समझना चाहिये।
5. सीखने और पढ़ने–लिखने का अधिकार सभी को है।
6. इस संसार में कोई भी वस्तु स्थाई या सनातन नहीं है, प्रत्येक में परिवर्तन आता है।

बुद्ध के उपदेश कोई बड़े क्रांतिकारी नहीं हैं। ये उपदेश जीवन के दिन–प्रतिदिन के पहलुओं को छूते हैं। अहिंसावादी होकर भी बुद्ध युद्ध को स्वीकार करते हैं यद्यपि यह युद्ध सच्चाई और न्याय के लिये होता है। दूसरी बात यह है कि बुद्ध मनुष्य मात्र के कल्याण की बात करते हैं। पददलितों के लिये बुद्ध सब कुछ थे।

अम्बेडकर को बुद्ध के उपदेश पसन्द आये और उन्होंने बौद्ध धर्म को अपना लिया। इन उपदेशों में गहराई है और ये दिल को छूते हैं।

कार्ल मार्क्स के सिद्धान्त (Creed of Karl Marx)

कार्ल मार्क्स के सिद्धान्तों का विश्लेषण कई विद्वानों ने किया है। सबका अपना अपना संदर्भ है। कुछ लोग कहते हैं कि मार्क्स क्रांतिकारी थे; वे पददलितों, गरीबों और वंचित लोगों के मसीहा थे। उन्होंने समाजवाद को अपने सिद्धान्त की तरह स्वीकार किया। वे पूँजीवाद के विरोधी थे। सन् 1990 के बाद सोवियत संघ के विघटन के होते हुए भी आज मार्क्स और इसके सिद्धान्तों को लोग आदर के साथ देखते हैं। ऐसा समझा जाता है कि समाजवाद को निरस्त नहीं किया जा सकता, वह टल भले ही जाये।

अम्बेडकर को मार्क्स के सिद्धान्त अछूतों के अधिक निकट दिखे। मार्क्स ने अर्धशास्त्र की नवीन व्याख्या की। इस व्याख्या का मूल आधार पददलितों को समानता देना है। मार्क्स गैर–बराबरी के विरुद्ध थे। यह समाजवाद कहता है। और अम्बेडकर इसी कारण मार्क्स का उल्लेख करते हैं। अम्बेडकर वैज्ञानिक समाजवाद जिसका प्रतिपादन मार्क्स ने किया, उसके हिमायती थे। मार्क्स के सिद्धान्तों को अम्बेडकर ने निम्न बिन्दुओं में रखा है—

1. दर्शन शास्त्र का उद्देश्य दुनिया का नये सिरे से गठन करना है, उसकी उत्पत्ति की खोज करना नहीं।
2. दुनिया को बनाने का काम मुख्य रूप से आर्थिक कारक है।
3. समाज में दो वर्ग हैं — मालिक और मजदूर।
4. इन दो वर्गों में बराबर संघर्ष चलता रहता है।
5. मालिक मजदूरों का शोषण करते हैं और मजदूरों के अतिरिक्त लाभ के स्वामी हो जाते हैं।
6. इस शोषण को उत्पादन के साधनों के राष्ट्रीयकरण द्वारा समाप्त किया जा सकता है। इसका मतलब हुआ वैयक्तिक पूँजी पर पाबन्दी।
7. शोषण के साथ–साथ गरीबी भी बढ़ती जाती हैं। यही पूँजीवाद का दोष है।
8. मजदूरों की बढ़ती हुई गरीबी लोगों में, क्रांति की भावना जाग्रत पैदा करती है और यह वर्ग संघर्ष वर्ग युद्ध में बदल जाता है।
9. निश्चित रूप से मजदूरों की संख्या मालिकों से अधिक होती है और इसलिये क्रांति के परिणाम स्वरूप मजदूर राज्य की शांति को हथिया लेते हैं और तब सर्वहारा का राज हो जाता है।

अम्बेडकर ने मार्क्स को जिस तरह समझा है, उसे उपरोक्त बिन्दुओं में रखा है। मार्क्स और बुद्ध का यह तुलनात्मक अध्ययन जिसे अम्बेडकर ने प्रस्तुत किया है इसके पीछे एक उद्देश्य स्पष्ट है। अम्बेडकर समाजवाद के हिमायती हैं। वे गैर–बराबरी को चाहते हैं। और इसी कारण बुद्ध और मार्क्स दोनों को पसन्द करते हैं। बुद्ध के बारे में यह धारणा आम लोगों में प्रचलित है कि वे पूँजीवाद को नहीं चाहते थे। और ऐसी ही समझ मार्क्स के बारे में है। इन दोनों की तुलना करके वे कहते हैं कि हमें इन दोनों विचारकों को उनके सिद्धान्तों के आधार पर देखना चाहिये। समाजवादी देश किसी भी धर्म को सहानुभूति से नहीं देखते। साम्यवादी जिस आरोप को ईसाई धर्म पर लगाते हैं, वह बुद्ध पर नहीं लगता।

बौद्ध धर्म पूँजीवाद का विरोधी नहीं था। बुद्ध कहते थे कि कठिन मेहनत और पसीने से कमाया हुआ धन, परिवार को सुख देता है। बुद्ध ने कहा कि आवश्यकता मनुष्य के विचारों को बदलने की है। मनुष्य को

भौतिक और आध्यात्मिक रूप से आगे बढ़ना चाहिये। शायद साम्यवादी लोग इस तथ्य को नहीं समझते।

अम्बेडकर ने मार्क्स और बुद्ध की तुलना इस कारण की है कि ये दोनों मनुष्य की समृद्धि चाहते थे। अछूत पददलित इसलिये हैं कि वे गरीब हैं। उनकी गरीबी दूर कर दीजिये और उनकी ग़ैर–बराबरी अपने आप समाप्त हो जायेगी।

अम्बेडकर का धर्म बौद्ध धर्म था। वे बुद्ध की तुलना इस आशय से करते हैं कि यह धर्म वह सब कुछ देता है जो समाजवाद देता है। अम्बेडकर ने विस्तार पूर्वक भगवद् गीता का संदेश दिया है और कहा है कि कर्म करना ही मनुष्य का अधिकार है। यही उसे समृद्धि देगा, खुशहाली देगा। और ऐसा ही कुछ बुद्ध भी कहते हैं।

विचारधारा (Ideology)

जब हम किसी भारतीय विचारक की चर्चा करते हैं तब दो बातों पर पूरा ध्यान देते हैं। पहली बात तो यह कि इस विचारक का भारत के ज्ञान के भंडार को क्या योगदान है। मतलब है, इस विचारक का भारतीय समाज से क्या सरोकार है? इसने समाज की समस्याओं को किस तरह उठाया है और दूसरा क्या निदान दिया है। और दूसरी बात यह है कि इस विचारक की विचारधारा क्या है। कोई भी विचारक शून्य में काम नहीं करता। उसकी एक निश्चित विचारधारा होती है। यही उसका संदर्भ होता है। विचारधारा और कुछ न होकर व्यक्ति के विश्वास और मूल्य होते हैं। इसी के अनुरूप वह काम करता है। अम्बेडकर की विचारधारा बहुआयामी है। यह निश्चित है कि वे जिस तत्कालीन समाज की समस्यों से घिरे हुए थे, उससे उन्होंने कभी भी मुँह नहीं फेरा। वे बराबर उससे जूझते रहे। उन्हें क्लासिकल उदारवाद से कोई मोह नहीं था। वे कहते हैं कि यह केवल दिखावा मात्र है। लोग उदारवाद की चर्चा करते हैं पर दलितों की स्थिति में कोई अन्तर नहीं आता। आजादी के पहले और बाद में भी दलित जैसे थे, वैसे ही हैं।

अम्बेडकर ब्राह्मणवाद और गाँधीवाद के घोर विरोधी थे। ब्राह्मणों ने तो सम्पूर्ण देश को धार्मिक ग्रन्थों के आधार पर पीछे रख दिया। और गाँधीजी तो रूढ़िवाद के केन्द्र थे। इन दोनों विचारधाराओं को अम्बेडकर सहानुभूति से नहीं देखते थे। इधर दूसरी ओर वे बुद्ध और मार्क्सवाद को अपनी

विचारधारा का मुहावरा मानते थे। इन दोनों विचारकों ने सदी दर सदी कई लोगों और देशों को बराबरी के सूत्र में बाँध रखा है। इनसे अम्बेडकर प्रभावित थे। यह सीमित अर्थ में समझा जाना चाहिये कि अम्बेडकर केवल अछूतोद्धार में ही अपने आपको बाँधे हुए थे। इस समस्या से बहुत आगे थे। उन्होंने मार्क्स और बुद्ध और इसी संदर्भ में राष्ट्रीयता, प्रजातंत्र संविधान पर भी अपने विचारों को व्यक्त किया है। इसी संदर्भ में हम कहते हैं कि अम्बेडकर की विचारधारा बहुत व्यापक थी। वे एकाधिक संस्कृतियों (Plural Cultures) या अनेकात्व लोगों के प्रणेता थे।

यहाँ हम अम्बेडकर विचारधारा के सिलसिले का उल्लेख करेंगे।

हिन्दू धर्म, ब्राह्मणवाद और धर्म ग्रन्थ (Hindu Religion, Brahmanism and Religious Books)

अम्बेडकर ने अपने एक व्याख्यान में कहा था—

> मैं मूर्तियों की पूजा नहीं करता। मैं विश्वास करता हूँ कि इन्हें तोड़ देना चाहिये।

उनके विचारों में यह धर्म ही था जिसने मनुष्यों को सवर्ण और अछूत के बीच में बाँट दिया है। और ब्राह्मणों तथा धर्म ग्रन्थों ने यह बांटने का काम बड़ी खूबी के साथ किया है। धर्म ग्रन्थों को ब्राह्मणों ने ही लिखा है और इसलिये ब्राह्मणों के साथ ही धर्म ग्रन्थों को भी नष्ट कर देना चाहिये। अम्बेडकर विचार, अपने जीवनपर्यन्त इन वर्गों के विरूद्ध थे। यह विरोध होने पर भी हर स्थिति में अम्बेडकर एक सच्चे राष्ट्रवादी थे।

गाँधीवाद (Gandhism)

अम्बेडकर के समय की बहुत बड़ी चर्चा व्यक्तिवाद बनाम समूहवाद, पूँजीवाद बनाम समाजवाद, रूढ़िवाद बनाम आमूल परिवर्तनवाद, आदि की थी। कुछ इसी परम्परा में गाँधीवाद की चर्चा भी चली। गाँधीजी ने स्वयं यह कहा कि गाँधीवाद जैसी किसी विचारधारा से वे सहमत नहीं हैं। उनके कहने पर भी गाँधीवाद की बहस समाप्त नहीं हुई। अम्बेडकर इस विवाद से अत्यधिक प्रभावित थे। यह इसलिये कि गाँधी के अछूतोद्धार पर अपने कुछ निश्चित विचार थे। गाँधीजी और अम्बेडकर दोनों ही अस्पृश्यता से सरोकार रखते थे। पर दोनों के निदान पृथक थे। अम्बेडकर ने गाँधीजी के संदर्भ में एक महत्वपूर्ण प्रश्न रखा — क्या गाँधीजी अछूतों के लिये किसी

उद्धार की रूपरेखा रखते हैं? अम्बेडकर को ऐसा कुछ नहीं लगता। अम्बेडकर बराबर यह कहते रहे कि गाँधीजी अछूतोद्धार से सरोकार रखते थे वे उसमें सुधार करना चाहते थे, लेकिन अपने जीवन काल में वे कोई महत्वपूर्ण कार्य नहीं पाये। यह सब होने पर बौद्धिक और अछूत गाँधीवाद की चर्चा बराबर करते हैं।

गाँधीवाद क्या है? अम्बेडकर के विचार
(What is Gandhism? Ambedkar's Thought)

गाँधीवाद क्या है? इसका अर्थ क्या है? आर्थिक समस्याओं के बारे में गाँधीजी के उपदेश क्या हैं? सामाजिक समस्याओं के निदान के लिये वे क्या सुझाव देते हैं? ऐसे कुछ प्रश्न अम्बेडकर गाँधी को लेकर उठाते हैं। जहाँ तक अछूतोद्धार का प्रश्न है, अम्बेडकर और गाँधीजी एक–दूसरे के प्रतिद्वन्द्वी थे। अछूतोद्धार की समस्या तत्कालीन भारतीय समाज की थी।

कुछ गाँधीवादी विचारक कहते हैं कि गाँधी जी देश को पुनः गाँवों की ओर ले जाना चाहते थे। इस प्रकार की गाँधी जी की कल्पना, अम्बेडकर के अनुसार, केवल एक आदर्श लोक (Utopia) मात्र थी। इसमें किसी प्रकार की व्यावहारिकता नहीं थी। इसमें एक सामाजिक दर्शन मात्र है और इसी तरह यह एक आर्थिक दर्शन है, इसके आगे कुछ नहीं।

अम्बेडकर और गाँधीजी के तत्कालीन समय की ज्चलंत समस्या जाति व्यवस्था की थी। इसे भी गाँधीवाद में सम्मिलित करना चाहिये। गाँधीजी जातियों के बारे में क्या सोचते थे, इसे जानना बहुत रुचिकर है। इस सिलसिले में अम्बेडकर गाँधीजी के अखबार *नवजीवन* का संदर्भ देते हैं। गुजराती भाषा में लिखा गया यह लेख, गाँधीजी के जाति व्यवस्था पर जो विचार थे उन्हें स्पष्ट करता है—

1. मेरा ऐसा विश्वास है कि हिन्दू समाज आज तक जीवित रह सका, इसका कारण जाति व्यवस्था है।
2. जाति जैसी संस्था बनाने वाले जो लोग थे, उनमें संगठन करने की विशेष शक्ति थी।
3. प्राथमिक शिक्षा के प्रसार के लिये जाति एक बनी बनाई व्यवस्था है। जाति का एक राजनीतिक आधार भी है।

4. मेरा विश्वास है कि सम्मिलित भोजन और अन्तर्जातीय विवाह राष्ट्रीय एकता के लिये आवश्यक नहीं है।
5. जाति का काम सामाजिक नियन्त्रण करना है। जाति मनोरंजन की सीमा को निश्चित करती है। अन्तर्जातीय विवाह और रोटी व्यवहार पर जाति ही नियंत्रण रखती है।
6. अगर हम जाति व्यवस्था को समाप्त कर देते हैं तो इसका मतलब होगा हम यूरोप की सामाजिक व्यवस्था को स्वीकार करते हैं तब हमें जाति के वंशानुगत धंधों को भी छोड़ना होगा। ये धंधे ही जाति के आधार हैं।
7. जाति व्यवस्था समाज की एक प्राकृतिक या स्वाभाविक व्यवस्था है। भारत में इसे धार्मिक आधार प्रदान किया गया है। अर्थ हुआ, जातियाँ धार्मिक हैं।

ई. 1922 तक गाँधीजी जाति व्यवस्था के समर्थक थे। बाद में चलकर सन् 1925 वे जाति के स्थान पर वर्ण व्यवस्था के पक्षधर हो गये। जब 1931 में जनगणना हुई थी, तब जातियों की संख्या तीन हजार से भी ज्यादा थी। शायद इसी कारण गाँधीजी ने वर्ण व्यवस्था को स्वीकार किया। ऐसा लगता है कि गाँधीजी को जाति व्यवस्था की अपेक्षा वर्ण अधिक खुला लगा। अम्बेडकर ने गाँधीवाद की मीमांसा करते हुए, उन्होंने वर्ण के जो लक्षण बताये हैं, उन्हें इस तरह प्रस्तुत किया है—

1. मैं विश्वास करता हूँ कि वर्ण विभाजन जन्म के आधार पर गठित किया गया है।
2. वर्णों में ऐसा कुछ नहीं है जो अछूतों के लिये व्यवधान पैदा करे। वर्ण खुला है। व्यक्ति जो व्यवसाय करना चाहे, कर सकता है।
3. वर्ण प्रतियोगिता को विकसित नहीं करता। न इससे वर्ण संघर्ष होता है और न वर्ग युद्ध।
4. वर्ण का मतलब है, जन्म से पहले ही व्यक्ति के धंधे का निर्धारण।

गाँधीवाद और आर्थिक जीवन (Gandhism and Economic Life)

अम्बेडकर गाँधीवाद का विश्लेषण अछूतों के सन्दर्भ में करते हैं। गाँधीजी सामाजिक क्षेत्र में जाति व्यवस्था और बाद में चलकर वर्ण व्यवस्था के

पक्षधर थे। उन्होंने गाँधीजी के विचारों की मीमांसा भी आर्थिक दृष्टि से की। गाँधीजी के आर्थिक जीवन के विश्लेषण में दो बातें महत्वपूर्ण हैं—

मशीनरी का विरोध

गाँधीजी से कई बार पूछा गया कि वे आर्थिक जीवन में मशीनों को क्या स्थान देते हैं। इसका उत्तर उन्होंने अपने अखबार *यंग इंडिया* (*Young India,* 1921) में कुछ इस तरह दिया।

> वे विकास की सूई को पीछे धकेलना नहीं चाहते थे। वे नहीं चाहते थे कि हाथकरघे — का स्थान कारखाने ले लेवें। वे रेलगाड़ी के स्थान पर बैलगाड़ी को नहीं लाना चाहते थे। स्पष्ट है कि उनका प्यार चरखे के साथ था। चरखे को वे एक दर्शन के रूप में लेते थे। भारत जैसे देश में जहाँ लोग कृषि से जुड़े हुए हैं, उन्हें अवकाश के समय चरखा अतिरिक्त काम दे सकता है। वह मशीन का स्थान कभी नहीं ले सकता।

यहीं पर गाँधीजी एक और महत्वपूर्ण बात कहते हैं। वे कहते हैं कि मनुष्य को शारीरिक काम अवश्य करना चाहिये। मशीन श्रम करने का अवसर नहीं देती और मनुष्य का शरीर — यहां समाप्त हो जाता है। चरखा यदि अवकाश या खाली समय पर चलाया जाता है तो इससे परिश्रम भी हो जाता है और थोड़ा रोजगार भी मिल जाता है।

पश्चिमी सभ्यता का विरोध

गाँधीजी पश्चिमी सभ्यता को भारत के लिये आदर्श नहीं मानते थे। उन्होंने अपनी पुस्तक *हिन्द स्वराज* में आधुनिक सभ्यता का विरोध किया है। वे वर्ग संघर्ष को टालने का प्रयास बराबर करते थे। मजदूर और मालिक के बीच का झगड़ा काश्तकार और जागीरदार का झगड़ा वर्ग संघर्ष का विषय है जिसे स्वाभाविक ढंग से सुलझा देना चाहिये। आर्थिक क्षेत्र में उन्होंने ट्रस्टीशिप का सुझाव दिया। गाँधीजी ने कहा कि भारतीय समाज कृषि समाज है, पश्चिम की तरह औद्योगिक नहीं।

अम्बेडकर की गाँधीजी से असहमति
(Ambedkar's Disagreement with Gandhiji)

यह कहना गलत नहीं होगा कि गाँधीजी एक युग पुरुष थे। वे लोक नायक थे। और कुछ इसी तरह अम्बेडकर भी लोक नायक थे। वे देश के अगणित पददलितों के नेता थे। वे विधिवेत्ता थे। अगर गाँधी का जन आधार सवर्ण

हिन्दू थे, तो अम्बेडकर अछूतों और दलितों के मसीहा थे। इन दोनों में कम से कम अछूतोद्धार को लेकर तो पूर्ण असहमति थी। इस कारण अम्बेडकर ने गाँधीजी के उपदेशों और सिद्धान्तों को व्यवस्थित रूप से सबके सामने रखा है। जो कुछ गाँधीजी ने जाति व्यवस्था, धर्म, वर्ण, सभ्यता, आर्थिक व्यवस्था के बारे में कहा है, उसे अम्बेडकर ने सिलसिले से रखा है। गाँधीजी के कथन को अम्बेडकर ने नवजीवन, हरिजन आदि स्रोतों से लिया है। ऐसा करने में अम्बेडकर ने पूरी ईमानदारी बरती है। और अम्बेडकर ने गाँधीजी के स्रोतों के साथ जो कुछ कहा है, उसे हमने भी ईमानदारी के साथ पिछले पृष्ठों में रखा है। अम्बेडकर गाँधीजी के लेखों और उनके विचारों से पूर्ण रूप से असहमत थे। इस असहमति को रखने से पहले हम यह अवश्य कहेंगे कि अम्बेडकर के शब्दों में, गाँधीजी ने अछूतों के लिये कुछ नहीं किया। उन्होंने जाति के स्थान पर वर्ण व्यवस्था को स्थापित किया। और आर्थिक व्यवस्था को पीछे धकेल दिया। अम्बेडकर ने गाँधीजी का जो विरोध किया, उसे हम निम्न बिन्दुओं में रखेंगे।

1. गाँधीवाद ने भारतीय जीवन का जो विश्लेषण किया है, उसमें नया कुछ भी नहीं है। वे भारतीय समझ को पीछे धकेलना चाहते हैं वे जिस समाज की कल्पना करते हैं, उसमें प्रजातंत्र को कोई स्थान नहीं है।
2. गाँधीजी अछूतों का सुधार करना चाहते हैं। हृदय–परिवर्तन से अछूतों के जीवन में कोई परिवर्तन नहीं आता। परिवर्तन तो संरचनात्मक होना चाहिये। समाज में अछूतों का जो स्थान है, उसकी श्रेणी या दर्जे (Ranking) में अन्तर आना चाहिये।
3. गाँधीवाद जाति को एक परम्परा मात्र समझता है। इसमें सुधार के लिये वे वर्ण व्यवस्था अपनाने की बात करते हैं। इससे जातियों की संख्या कम हो जायेगी लेकिन दलितों की अवस्था में तो कोई सुधार नहीं आयेगा। दलितों की हीन दशा का कारण जाति है, और गाँधीवाद जातियों का विध्वंस नहीं करना चाहता। इससे अछूतोद्धार कैसे होगा?
4. गाँधीवाद अर्थव्यवस्था की जो आलोचना करता है, मशीनरी की टीका करता है, पश्चिमी सभ्यता को आड़े हाथों लेता है, वह कुछ नया नहीं है। रूसो, रस्किन और टोल्सटॉय आदि ने भी यही कुछ कहा है, जो गाँधीवाद कहता है। पर इससे अर्थव्यवस्था में प्रगति नहीं आयेगी।

अम्बेडकर अपनी धारदार आलोचना में कहते हैं कि गाँधीजी के विचार पुरातन (Primitive) हैं।

5. गाँधीवाद आम आदमी के लिये किसी सुनहरे भविष्य की कल्पना नहीं करता है वह तो उसे धरती से ऊँचा उठाना नहीं चाहता।
6. गाँधीवाद ट्रस्टीशिप व्यवस्था की बात करता है। इसके अनुसार समृद्ध लोगों की सम्पत्ति को ट्रस्ट में रखना चाहिए है। इस ट्रस्ट का धन गरीबों के हित के लिये होगा। अम्बेडकर ट्रस्ट के विचार को हास्यास्पद मानते हैं।
7. गाँधीजी कहते हैं कि भारतीय समाज अपनी निरन्तरता को जाति व्यवस्था के कारण बनाये रख सका है। जाति नहीं होती, तो यह समाज अपनी सभ्यता को ही खो देता। अम्बेडकर गाँधीजी के इस कथन को निराधार मानते हैं। वे कहते हैं कि इस देश पर कई विदेशी आक्रमणकारियों ने हमले किये, लेकिन हिन्दू जाति ऐसी है जो बिना किसी ... के विदेशी के सामने समर्पण कर देती है। जब समर्पण कर दिया तो फिर नष्ट होने का प्रश्न ही नहीं उठता। इसमें जाति की कोई भूमिका ही नहीं रहती। अम्बेडकर कहते हैं कि हिन्दुओं के लिये हमेशा से गुलामी का जीवन अधिक आरामदायक रहा है। कहना तो यह चाहिये कि हिन्दुओं की इतिहास में जो निस्सहाय अवस्था रही है, इसका कारण जाति व्यवस्था ही है।

अम्बेडकर गाँधीवाद के घोर विरोधी थे। ऊपर हमने कतिपय बिन्दुओं में अम्बेडकर द्वारा दिये गये खण्डन को दिया है। अम्बेडकर कहते हैं कि गाँधीवाद में ऐसा कुछ नहीं जो अछूतों के हित में कुछ कर सके। गाँधीवाद तो नया सनातनवाद है। इसमें अछूतों को कोई स्थान नहीं।

देखा जाये तो अम्बेडकर अपनी बात को बेबाक होकर कहते हैं। अछूतोद्धार के लिये उनमें एक जुनून था और इसके लिये वे कुछ भी बोलने या लिखने के लिये तत्पर रहते हैं। बोलना एक बात है और यह अम्बेडकर ने बहुत किया। लेकिन निश्चित रूप से संविधान सभा के खाके में उन्होंने जाति व्यवस्था को कानूनी ढंग से तो समाप्त कर दिया। आज स्थिति यह है कि देश में (औपचारिक रूप से) राज्य के स्तर पर कोई व्यक्तियों में भेदभाव नहीं करता, सब समान हैं।

अम्बेडकर की विचारधारा में जाति, वर्ग और प्रजातंत्र (Place of Caste, Class and Democracy in Ambedkar's Ideology)

अम्बेडकर एक सामाजिक विचारक थे, इसका एक पैमाना उनकी विचारधारा है। बीसवीं शताब्दी के मध्य में भारतीय समाज की कुछ बुनियादी समास्याएँ थीं, जिनसे देश के सभी विचारक उद्वेलित थे। सबसे बड़ी समस्या जाति की थी। दूसरी समस्या वर्ग और तीसरी प्रजातंत्र की। अम्बेडकर भी इन समस्याओं से परेशान थे। इनके प्रति उनके निश्चित विचार थे।

जाति

पिछले पृष्ठों में हमने अम्बेडकर के जाति के बारे में जो विचार थे, उनका विस्तृत विवेचन किया है। उनका विचार था कि देश में जो भी कुरीतियाँ हैं, इनका मूल जाति व्यवस्था है। दलितों की दुर्दशा के लिये जाति व्यवस्था ही उत्तरदायी है। इसका आमूल–चूल विध्वंस हो जाना चाहिये। इसे समाप्त करने में अम्बेडकर ने संविधान निर्माण में महत्वपूर्ण भूमिका अदा की। जब तक जाति रहेगी, अछूतों का कल्याण नहीं हो सकता।

वर्ग

अम्बेडकर वर्गों की व्याख्या मार्क्स के संदर्भ में नहीं करते। वे यह मानते हैं कि वे लोग जो देश में शासन की बागडोर को सम्भाले हुए हैं, बहुत बड़ा वर्ग बनाते हैं। वे ही जनता का शोषण करते हैं। इस वर्ग में कौन हैं, दूसरा उत्तर देते हुए वे कहते हैं कि ब्राह्मण भारतीय समाज के अधिष्ठाता हैं। सब कुछ उनके हाथ में रहता है। आम आदमी का शोषण ब्राह्मण वर्ग ही करता है। यहाँ वे जाति को वर्ग के अर्थ में लेते हैं। दूसरा वर्ग बनियों का है, व्यापारियों का है, और उद्यमियों का है। इनके जीवन का मुहावरा शोषण मात्र है।

प्रजातंत्र

अम्बेडकर की एक निश्चित विचारधारा प्रजातंत्र के बारे में थी। वे कांग्रेस के संदर्भ में वे कहते हैं कि यह दल प्रजातंत्र की बात करता है। सबकी आजादी की चर्चा करता है। पर, अम्बेडकर पूछते हैं — यह आजादी या स्वतंत्रता किसकी होगी? निश्चित रूप से उच्च वर्ग और उच्च जातियों की।

कोई भी दलितों की आजादी की बात नहीं करता। वह प्रजांतत्र किस मतलब का जो दलितों को मुक्ति नहीं देता?

अम्बेडकर तत्कालीन समाज की समस्याओं के प्रति जागरूक थे। वे ऐसे प्रजातंत्र की कल्पना करते थे जो समाज के निम्न वर्गों के स्थिति में सुधार ला सके। जातियों को वे रद्द करना चाहते थे। और यह सोच उनकी विचारधारा का अंग थी।

अम्बेडकर की विचारधारा पर टिप्पणी (Comments on Ambedkar's Ideology)

अम्बेडकर अपने युग के प्रखर विचारक थे। उनकी विचारधारा दलितोन्मुखी थी। हिन्दी साहित्य में हाल में एक क्रान्तिकारी विमर्श पैदा हुआ है। साहित्यिक आलोचक अब दलित साहित्य की चर्चा करने लगे हैं। इससे उनका तात्पर्य ऐसे हिन्दी साहित्य से है जो दलितों की आहत अवस्था से सरोकार रखता है। और क्या इस तरह के साहित्य सर्जन में स्वयं दलितों ने भागीदारी की है। दलित साहित्य पर इस तरह का विचार अच्छा कहा जाना चाहिये। ऐसा साहित्य किस मतलब का जो गरीब–गुरबों की अवस्था पर न लिखे, उसका विश्लेषण न करे।

समाजशास्त्र में भी दलितों पर बहुत कुछ लिखा जा रहा है। अम्बेडकर तो दलित साहित्य या अधीनस्थों के समाजशास्त्र के प्रणेताओं में से थे। उनकी सम्पूर्ण विचारधारा दलित केन्द्रित थी। इधर गैल ओमवेट (Gail Omvedt) ने दलित दृष्टि (Dalit Vision) पर बहुत कुछ लिखा है। उनकी लिखावट में अम्बेडकर की अनुकृति दिखाई देती है। वे कहती हैं कि जिसे भारतीय सभ्यता कहते हैं, वह वैदिक सभ्यता समझी जाती है और तात्विक दृष्टि से वैदिक संस्कृति ही ब्राह्मण संस्कृति है। दलितों के बारे में आज कुछ कहा जा रहा है, लिखा जा रहा है, वही बीसवीं शताब्दी के मध्य में अम्बेडकर ने कहा था।

देखा जाये तो अम्बेडकर की विचारधारा बहुत व्यापक थी। उन्होंने अपने समय की सम्पूर्ण विवादास्पद समस्याओं पर विचार किया था। और इसमें रुचिकर बात यह है कि वे केवल सामाजिक विचारक ही नहीं थे, क्रियान्वयक भी थे।

उपसंहार (Conclusion)

अम्बेडकर महार जाति के थे। उनकी सामाजिक पहचान एक दलित की तरह है। लेकिन उनकी ऊँचाइयां एक महान विचारक की हैं। उन्होंने जीवन भर अधीनस्थों के उत्थान के लिये काम किया। अछूतोद्धार उनके जीवन का मुहावरा थे, लेकिन उन्होंने भारतीय समाज की मुख्यधारा में भी सक्रियता से भाग लिया। उनकी शिक्षा–दीक्षा उच्च स्तर की थी। वे उच्च स्तर के विश्वविद्यालयों — देश और विदेश में पढ़े–लिखे थे। अर्थशास्त्र में उनकी पकड़ थी। कानून में उन्होंने बार–एट–लॉ की थी। संसदीय प्रजातंत्र में वे दक्ष थे। भारतीय संविधान के निर्माण में उनका योगदान महत्वपूर्ण था। वे जाति व्यवस्था के विरोधी थे। इसके विध्वंस के लिये सब कुछ करने लिये तैयार थे। धर्म ग्रन्थ यानी वेद, उपनिषद्, स्मृति, पुराण, रामायण, महाभारत उन्हें स्वीकार नहीं थे। वे ब्राह्मणों के विरोधी थे। धर्म, जिसने हमेशा के लिये दलितों को पददलित बना दिया, उन्हें स्वीकार नहीं था। कुल मिलाकर अम्बेडकर परम्परा को अस्वीकार करते थे। वे भारत में नये युग को लाने में तत्पर थे।

देखा जाये तो अम्बेडकर में एक विचारक के सभी लक्षण थे। यह सब होने पर भी उन्हें राष्ट्रीय नेता का दर्जा क्यों नहीं दिया जाता। वे गाँधीजी के समकालीन थे। गाँधीजी का सरोकार भी जाति व्यवस्था और दलितों से था जिसे वे हरिजन कहते हैं। यह सब होने पर भी गाँधीजी को महात्मा और राष्ट्रपिता समझा जाता, कहा जाता है और अम्बेडकर केवल एक दलित नेता होकर ही रह गये। वे राष्ट्रीय नेता क्यों नहीं हो पाये, वे महात्मा अम्बेडकर क्यों नहीं बन पाये? ये प्रश्न अप्रासंगिक नहीं हैं। हमें लगता है कि हिन्दू बहुल इस देश का मानस अभी किसी दलित को महात्मा या राष्ट्रपिता कहने को तैयार नहीं है। अभी आने वाले कुछ वर्षों तक ब्राह्मणों और बनियों का ही राज चलेगा।

● संदर्भ पुस्तकें

Nagla, B.K., *Indian Sociological Thought*, Rawat, Jaipur, 2008.

Rodrigues, Velerian, *The Essential Writings of B.R. Ambedkar*, Oxford, 2002.

9

एस.सी. दुबे: बदलता ग्रामीण जीवन, आधुनिकीकरण और विकास

(S.C. Dube: Changing Village Life, Modernisation and Development)

समाजशास्त्र एक ऐसा समाज विज्ञान है जो रबड़ की छतरी की तरह है। थोड़ा खींच लो और इसकी छाया में आ जाओ। अभी तक इसकी सीमाएँ परिभाषित नहीं हुई हैं। इसका आकाश खुला है, इसकी धरती अनन्त है। घुर्ये ने भाषा के तुलनात्मक अध्ययन में एम.ए. किया था और वे समाजशास्त्री बन गये। कुछ इसी तर्ज पर श्यामाचरण दुबे ने राजनीति शास्त्र में एम.ए. किया और वे चोटी के समाजशास्त्री विचारक बन गये। शायद आज ऐसा न होता हो, पर वास्तविकता यह है कि समाजशास्त्र अब भी एक निश्चित सीमा में परिभाषित नहीं है। यह भविष्य का काम है।

श्यामाचरण दुबे राजनीति शास्त्र में उत्तीर्ण थे। उन्होंने मध्यप्रदेश की कमार जनजाति का अध्ययन किया। कमार स्थानान्तरित कृषि करने वाले आदिवासी थे। इस अध्ययन के बाद दुबे मानवशास्त्री समझे जाने लगे। उन्होंने अपना व्यावसायिक जीवन नागपुर के एक कॉलेज में अध्यापन से प्रारम्भ किया। इसके बाद वे लखनऊ विश्वविद्यालय में आ गये। यहाँ उन्होंने राजनीति विज्ञान का अध्यापन किया। यहाँ पर उन्हें डी.एन.

मजूमदार का जो मानवशास्त्री थे, सान्निध्य प्राप्त हुआ। अब वे लेक्चरर से रीडर बन गये। मजूमदार और दुबे ने मिलकर लखनऊ से ही *ईस्टर्न एन्थ्रोपोलॉजिस्ट* (*Eastern Anthropologist*) अखबार को निकाला। लखनऊ से दुबे उस्मानिया (हैदराबाद) विश्वविद्यालय पहुँच गये। अब उनका पड़ाव मध्यप्रदेश के सागर विश्वविद्यालय में हो गया।

एस.सी. दुबे (1922–1996)

दुबे थमे नहीं। सागर के बाद वे एन्थ्रोपोलोजिकल सर्वे ऑफ इंडिया (Anthropological Survey of India) और नेशनल इन्स्टीट्यूट ऑफ कम्युनिटी डेवलपमेंट (Institute of Community Development) में चले गये। अब वे एक सम्मानीय मानवशास्त्री की तरह स्थापित हो गये। आदिवासियों के अध्ययन से प्रारम्भ करके, दुबे ने विकास और आधुनिकीकरण को अपने अध्ययन और कार्य को विषय–क्षेत्र बनाया। दुबे की जिन्दगी की दिशा कुछ ऐसी रही कि जिस किसी क्षेत्र में उन्हें नौकरी मिली, उसी क्षेत्र को उन्होंने अपने लेखन का विषय बना लिया। कमार और मध्यप्रदेश की अन्य जनजातियों का सम्बन्ध उन्होंने छोड़ दिया। अब उनके हाथ में विकास का मुद्दा आ गया। वास्तविकता यह है कि सन् 1950 का दशक भारत में ग्रामीण विकास का दशक था। इस अवधि में सम्पूर्ण देश में सामूहिक विकास का एक लम्बा–चौड़ा जाल फैल गया। दुबे ने ग्रामीण अध्ययन को अपनाया और वे विकास और सामाजिक परिवर्तन के विशाल क्षेत्र में प्रवेश कर गये। देश के इस व्यापक विकास और परिवर्तन ने दुबे को लिखने और काम करने के पर्याप्त अवसर दिये।

विकास का यह दौर गाँवों तक ही सीमित नहीं था। यह राष्ट्रीय और अन्तर्राष्ट्रीय था। अब दुबे प्रशासक भी बन गये। मानवशास्त्री, विकास और ग्रामीण विशेषज्ञ — ये सब खूबियाँ दुबे के लिये वरदान सिद्ध हुईं। उन्होंने इंडियन इन्स्टीट्यूट ऑफ एडवान्स्ड स्टडी शिमला (1972–77) में

निदेशक की तरह काम किया, वे जम्मू विश्वविद्यालय के कुलपति (1978–80) रहे। इन नियुक्तियों के अतिरिक्त वे यूनेस्को और संयुक्त राष्ट्र संघ की कई संस्थाओं के सदस्य या प्रशासक भी रहे हैं। स्थानीय स्तर पर वे मध्य प्रदेश उच्च शिक्षा आयोग के अध्यक्ष भी रहे। अखिल भारतीय समाजशास्त्रीय परिषद् के अध्यक्ष पद पर भी दुबे ने काम किया है।

दुबे का प्रशासनिक बायोडाटा बहुत समृद्ध है। पचास से लेकर सत्तर तक के दशकों में वे उत्तरी भारत में छाये रहे। उनका दबदबा था। वे एक प्रबल वक्ता भी थे। वे हिन्दी और अँग्रेजी में अधिकृत रूप से बोलते और लिखते थे।

दुबे की कृतियाँ (Works of Dube)

एस.सी. दुबे की कृतियाँ निम्न प्रकार हैं—

1. *दि कमार* (*The Kamar,* 1954)
2. *इंडियन विलेज* (*Indian Village*, 1955)
3. *इंडियाज़ चेन्जिंग विलेजेज़* (*India's Changing Villages,* 1958)
4. *पावर एण्ड कोन्फ्लिक्ट इन विलेज इंडिया* (*Power and Conflict in Village India,* 1958)
5. *ऐसेज़ ऑन मॉडर्नाइजेशन* (*Essays in Modernisation,* 1971)
6. *एक्सप्लेनेशन एण्ड मैनेजमेंट ऑफ चेंज* (*Explanation and Management of Change*)
7. *कन्टम्परेरी इंडिया एण्ड एट्स मॉडर्नाइजेशन* (*Contemporary India and its Modernisation,* 1973)
8. *ट्राइबल हेरिटेज ऑफ इंडिया* (सम्पादित) (*Tribal Heritage of India* (ed.), 1977)
9. *सोश्यल साइंसेज़ इन चेन्जिंग सोसायटी* (*Social Sciences in Changing Society,* 1974)
10. मॉडर्नाइजेशन एण्ड डेवलपमेंट (*Modernisation and Development,* 1988)
11. *ऑन क्राइसिस एण्ड कमिटमेंट इन सोश्यल वेल्यूज़ (On Crisis and Commitment in Social Values)*

12. *इंडियन सोसायटी* (*Indian Society,* 1990)
13. *मानव और संस्कृति* (*Human and Culture,* 1992)
14. *भारतीय ग्राम (Indian Village)*
15. *विकास का समाजशास्त्र (Sociology of Development)*
16. *समय और संस्कृति (Time and Culture)*
17. *संक्रमण की पीड़ा*
18. *परम्परा और इतिहास बोध*
19. *संस्कृति और शिक्षा (Culture and Education)*
20. *समाज और भविष्य (Society and Future)*

दुबे बहुसर्जक लेखक थे। उन्होंने विकास की कई संस्थाओं में काम किया था। और इसलिये ग्रामीण विकास, आधुनिकीकरण और प्रगति से उनका जमीनी जुड़ाव था। उन्होंने भारतीय समाजशास्त्र पर अपने विचार स्पष्ट रखे हैं। उनका कहना है कि आम लोग की गरीबी के उन्मूलन के लिये, विकास ही एक मात्र रास्ता है। वे तीन क्षेत्रों को बड़ी गहराई से देखते हैं। उनका पहला क्षेत्र ग्रामीण है। वे कहते हैं कि जब तक गाँवों का सम्पूर्ण विकास नहीं होता, देश आगे नहीं बढ़ सकता। केवल कृषि विकास के उत्पादन तो बढ़ जायेंगे, लेकिन साक्षरता और जन जागरण के बिना यह सब आधा–अधूरा रहेगा। दुबे आधुनिकीकरण से भी जुड़े थे। इस पर उन्होंने बहुत कुछ लिखा है।

सही है कि दुबे ने उन मसलों पर लिखा है जिनका जुड़ाव या सरोकार समाज से है। जब सामुदायिक विकास सम्पूर्ण भारतीय समाज का मुहावरा था, तब दुबे चुपचाप बैठे रहने वाले नहीं थे। वे वास्तव में जमीन से जुड़े थे और इस जुड़ाव की अभिव्यक्ति उनकी पुस्तकों में मिलती है। दुबे का अनुसंधान कमार आदिवासियों से प्रारम्भ हुआ और फिर उन्होंने आदिवासियों की समस्याओं को विकास के संदर्भ में उठाया।

बहुत थोड़े में अगर कहा जाये तो कहना होगा कि दुबे सामाजिक परिवर्तन के प्रणेता थे। पचास और साठ के दशक में सम्पूर्ण देश सामाजिक परिवर्तन और उसके परिणामों के साथ जूझ रहा था। जरा सी फिसलन देश को किसी गर्त में डाल सकती थी। ऐसी अवस्था में दुबे ने एक समाज वैज्ञानिक होने के नाते जो कुछ लिखा, वह उनका महत्त्वपूर्ण

योगदान था। देश में, इस अवधि में कई गोष्ठियाँ हुईं, सेमिनार हुए और सभी में मुख्य मुद्दा विकास और आधुनिकीकरण का रहा। इनमें दुबे की भागीदारी, वस्तुतः एक समाजशास्त्री और मानवशास्त्री की थी। किसी भी समाजशास्त्री को सामाजिक विचारक के स्थान पर प्रतिष्ठित करने के लिये, यह सब बहुत था।

दुबे का योगदान (Contribution of S.C. Dube)

दुबे ने समाजशास्त्र के लिये क्या किया? यह एक महत्त्वपूर्ण प्रश्न है। आज के संदर्भ में इसकी प्रासंगिकता है। सबसे पहली बात तो यह है कि प्रशासन और राष्ट्रीय नेतृत्व की यह समझ थी कि समाजशास्त्र और मानवशास्त्र केवल किताबी हैं, जमीनी वास्तविकता से इनका कोई सरोकार नहीं है। जब इस वर्ग ने दुबे को विकास के कार्यक्रमों के साथ जोड़ा तब यह सिद्ध हो गया कि ये समाज विज्ञान देश के विकास की सच्चाई को समझते हैं। दुबे का सबसे बड़ा योगदान तो यही है कि उन्होंने समाजशास्त्र या मानवशास्त्र को विकास और प्रगति के साथ जोड़ा। अब यह स्पष्ट हो गया कि ये ज्ञान शाखाएँ प्रशासन और विकास के साथ जुड़ी हुई हैं। दुबे का यह योगदान बहुत महत्त्वपूर्ण है। इसने समाज विज्ञानों को एक नई दिशा दी है। यह असंतोषजनक है कि हमने दुबे के इस योगदान को अब तक उपेक्षा की दृष्टि से देखा है।

दुबे का दूसरा योगदान अकादमिक या शैक्षिक क्षेत्र में है। उनकी कृतियों को देखने से उनके योगदान के निम्नलिखित क्षेत्र सामने आते हैं—

1. आदिवासी समाज
2. ग्रामीण अध्ययन
3. सामुदायिक विकास योजनाएँ
4. विकास
5. आधुनिकीकरण
6. फुटकर निबन्ध

आदिवासी समाज (Tribal Society)

सन् 1951 में दुबे ने कमार आदिवासियों का अध्ययन किया था। इस अध्ययन में उन्होंने किसी एक विशेष समस्या पर अपना ध्यान केन्द्रित नहीं

किया था। इसमें उन्होंने कमार की सम्पूर्ण जीवन पद्धति को देखने का प्रयास किया है। यह जनजाति स्थानान्तरित कृषि करती थी। इस खेती में जंगल के एक हिस्से को जला देते थे फिर इसकी राख में बीज को छिटका (Broadcasting) देते थे। वास्तव में यह छिटका बुआई प्रथा थी। कमार एक–दो वर्षों बाद, जंगल के दूसरे भाग को जला देते थे। इस प्रथा से जंगल का विनाश हो जाता था। बाद में चलकर सरकार ने छिटका बुआई पर ही पाबन्दी लगा दी। कमार आदि सन् 1950 में आदिम आदिवासी (Primitive Tribal) की अवस्था में थे। दुबे का कमार अध्ययन वस्तुतः एक नृजाति या मानवजाति वर्णन मात्र था। इसमें गहन अध्ययन नहीं था। कमार आदिवासियों के बारे में दुबे के पास जो जानकारी थी, वह केवल साक्षात्कार द्वारा ही प्राप्त की गई थी। कमार अभी विकास के दौर में नहीं आये थे।

ग्रामीण अध्ययन (Village Studies)

सन् 1955–1970 में भारत में ग्रामीण अध्ययनों की बाढ़ सी आ गई। वास्तव में रेडफील्ड ने 1930 में मेक्सिको के एक गाँव टोपोजलान का अध्ययन किया था। यह एक मॉडल बन गया और धड़ाधड़ भारत के गाँवों के अध्ययन होने लग गये। मैकिम मैरियट और एम.एन. श्रीनिवास ने कई ग्रामीण अध्ययनों को संकलित करके संपादित पुस्तकें निकालीं। शायद ग्रामीण अध्ययनों की इस श्रृंखला में दुबे की पुस्तक *इंडियन विलेज* (*Indian Village,* 1955) सबसे पहली थी। इस पुस्तक को दुबे की क्लासिकल पुस्तक कहा जाता है।

दुबे ने आन्ध्रप्रदेश के तेलंगाना जिले के गाँव का अध्ययन किया है। दुबे इसे *शमीरपेठ* नाम देते हैं। अब इस पुस्तक का *भारतीय ग्राम* के नाम से हिन्दी में रूपान्तरण भी हो गया है। यह गाँव कोई अनोखा गाँव नहीं है। जैसे देश के पाँच–छह लाख गाँव हैं, वैसे ही शमीरपेठ भी है। इसकी विशेषता इसकी अध्ययन विधि और इसका निर्वचन है। दुबे ने अन्तर अनुशासन पद्धति (Inter-disciplinary Method) द्वारा इस गाँव के बारे में तथ्य सामग्री जुटाई है। पशुओं की जनगणना के लिये पशु चिकित्सक, आर्थिक स्थिति के लिये अर्थशास्त्र के विद्यार्थी और ऐतिहासिक पृष्ठभूमि के

लिये इतिहासकार, ये सब विभिन्न विधाओं के लोग शमीरपेठ की तथ्य सामग्री के संकलन में लगे थे। भारतीय गाँव का यह अध्ययन अपने आप में अपूर्व बन गया और देखते ही देखते दुबे अन्तर्राष्ट्रीय स्तर के समाजशास्त्री और मानवशास्त्री बन गये।

शमीरपेठ गाँव के अध्ययन की विशेषताएँ (Attributes of Shamirpeth Village)

दुबे ने *इंडियन विलेज* पुस्तक में शमीरपेठ गाँव की निम्न विशेषताएँ बताई हैं—

1. शमीरपेठ गाँव का यह अध्ययन रेडफील्ड के मैक्सिको गाँव के अध्ययन की तरह है। प्राप्तियाँ भी बहुत कुछ ऐसी ही हैं।
2. कोई भी गाँव पूर्णरूप से स्वायत्त (Autonomous) नहीं होता, गाँव की शादियाँ गाँव के बाहर होती हैं, गाँव का व्यवसाय अन्य गाँवों, कस्बों और शहरों के साथ होता है। शमीरपेठ का बाजार एक प्रकार से भूमंडलीय (Global) होता है। ऊँची पढ़ाई गाँव से बाहर होती है। किसी भी अर्थ में गाँव अन्य क्षेत्रों से जुड़ा होता है।
3. देश की प्रजातांत्रिक व्यवस्था में गाँव राज्य और देश की राजधानी से जुड़ा होता है। राजनीति के क्षेत्र में तो गाँव कभी भी पृथक नहीं होता।
4. गाँव का कोई भी आदमी गाँव का सदस्य तो होता ही है, गाँव की जाति और विशेष धार्मिक सम्प्रदाय का भी सदस्य होता है।
5. देश की महान परम्पराएँ, गाँव में आकर स्थानीय और संभागीय हो जाती हैं। त्यौहारों और समारोहों की भी यही स्थिति होती है।
6. इस पुस्तक में दुबे ने संरचनात्मक प्रकार्यात्मक विधि को अपनाया है।
7. दुबे गाँव में होने वाले परिवर्तन की चर्चा भी करते हैं और कहते हैं कि गाँव के लोगों के दृष्टिकोण में बड़ा अन्तर आ गया है।

भारतीय गाँव के अध्ययन की आलोचना (Criticism of Study of Indian Village)

शमीरपेठ गाँव कोई अजीब गाँव नहीं है। इसमें वह सब कुछ है, जो दक्षिण के गाँवों में पाया जाता है। इसकी विशेषता यह है कि इसकी प्रस्तुति एक समाजशास्त्री और मानवशास्त्री ने की है। इसका संदर्श समाजशास्त्रीय है।

वैसे डी.एन. मजूमदार ने मोहाना गाँव (*Caste Communication in an Indian Village*) और घुर्ये ने लोनकिन्ड गाँव (*After a Century and a Quarter*) के अध्ययन को रखा है। इन अध्ययनों के फोकस जुदा–जुदा हैं। उदाहरण के लिये मजूमदार ने मोहाना गाँव में जातियों के पारम्परिक सम्बन्धों को देखा है, और धुरिये ने लोनकिण्ड गाँव में सवा सौ वर्षों के गुजर जाने के बाद जो बदलाव आया है, उसका विश्लेषण किया है। ग्रामीण अध्ययन की इस शृंखला में दुबे का अध्ययन महत्त्वपूर्ण इसलिये है कि इसमें गाँव के सम्पूर्ण जीवन को गहराई से देखा है। गाँव के सभी आयामों का समावेश इस अध्ययन में हुआ है।

शमीरपेठ की प्रशस्ति इसलिये भी है कि इस तरह का किसी गाँव का अध्ययन पहली बार समाजशास्त्र में आया था। लोगों ने इसे हाथोंहाथ लिया। इसका प्रकाशक रोलेज़ एण्ड किगन पाल, लंदन का था। इसने भी शमीरपेठ को अन्तर्राष्ट्रीय स्तर पर खड़ा कर दिया।

दुबे के इस अध्ययन को गैर–समाजशास्त्री किसी प्रशंसा के साथ स्वीकार नहीं करते। स्थानीय कथा और क्षेत्रीय भाषा के साहित्य में गाँवों के एक से बढ़कर एक अध्ययन उपलब्ध हैं। फणीश्वरनाथ रेणु का *मैला आँचल* और प्रेमचन्द का *गोदान* ऐसे कथा साहित्य हैं जो ग्रामीण जीवन देते हैं। इसके सामने शमीरपीठ कोई स्थान नहीं रखता। दुबे का सबसे कमजोर पक्ष यह है कि इस पुस्तक में उन्होंने किसी सिद्धान्त और अवधारणा को नहीं रखा है। प्रभव जाति (Dominant Caste), एम.एन. श्रीनिवास का संस्कृतीकरण जैसी कोई अवधारणा भी इसमें नहीं है। पुस्तक गाँव का विवरण मात्र है।

ग्रामीण अध्ययन — भारत में बदलते गाँव
(Study of Village: India's Changing Villages)

शमीरपेठ गाँव के अध्ययन के बाद दुबे ने गाँव का एक और अध्ययन प्रस्तुत किया। इसका शीर्षक था — *इंडियाज चेंजिंग विलेज़ेज* (*India's Changing Villages,* 1958) इस अध्ययन में उन्होंने पश्चिमी उत्तर प्रदेश के दो गाँवों का अध्ययन किया। वे इन गाँवों को राजपूत और त्यागी गाँव का नाम देते हैं। बात यह है कि उत्तर भारत में कई गाँव किसी जाति की बहुलता से जाने जाते हैं। जिस गाँव में ब्राह्मणों का वर्चस्व होता है या वे

जनसंख्या में अधिक होते हैं, इस गाँव को ब्राह्मण गाँव के नाम से जाना जाता है। कुछ इसी सामान्य धारणा के अनुसार दुबे ने राजपूत और त्यागी गाँवों का अध्ययन रखा है। स्पष्ट है ये दोनों जातियाँ उच्च जातियाँ हैं।

विकास कार्यक्रमों की ग्रामीण परिवर्तन में बड़ी भूमिका होती है। इस पुस्तक को लिखने से पहले दुबे सामुदायिक विकास योजनाओं के प्रशासनात्मक ढाँचे से जुड़ गये थे। उन्होंने देखा कि सामुदायिक विकास योजनाएँ गाँवों की संरचना को बदलने में बड़ा कारण होती हैं। ग्रामीण परिवर्तन इस पुस्तक का केन्द्रीय बिन्दु रहा है।

ग्रामीण अध्ययनों ने दुबे को एक नई विशिष्टता दी। अब वे परिवर्तन के अध्ययन के विशेषज्ञ (Expert) बन गये। उन्होंने भारत के बदलते गाँवों में कुछ महत्त्वपूर्ण बातें कहीं हैं। इन्हें हम निम्न बिन्दुओं में रखेंगे—

1. हमारी यह धारणा भ्रमपूर्ण है कि भारत के गाँव गतिहीन हैं। कहा जाता रहा है कि भारत में एक के बाद एक लड़ाई होती रहती है। कभी राजपूत और मुगल और कभी मुसलमान और मराठा, लड़ाइयों की कोई कमी नहीं। पर किसान की मेड़ पर घोड़े सरपट मारते निकल जाते हैं और किसान है कि आल्हा–ऊदल गाने में मग्न हैं। लड़ाई का उस पर कोई प्रभाव नहीं पड़ता। दुबे कहते हैं कि ये तथाकथित गतिहीन जीवन से बाहर निकलना चाहते हैं। उन्हें परिवर्तन स्वीकार है।
2. ग्रामीणों को वे परिवर्तन स्वीकार हैं, जो उनकी रूढ़िगत मान्यताओं को ठेस नहीं पहुँचाते। उदाहरण के लिये गाँव के पशु की नस्ल को सुधारने के लिये Studbull (सांड) उन्हें स्वीकार हैं क्योंकि उनके गाँव में सांड रखने का रिवाज रहा है।
3. जब सामाजिक परिवर्तन ऊँची जातियाँ स्वीकार कर लेती हैं, तब निम्न जातियाँ उसे सहजता से अपना लेती हैं।

भारत के बदलते गाँवों की आलोचना
(Criticism of India's Changing Villages)

जब भारत में सामुदायिक योजनाएँ चलीं, तब योजना और परिवर्तन पर ढेर सारी सामग्री समाज विज्ञानों में आयी। एक दौर चल पड़ा — किसी ने कहा कि योजनाएँ सरकारी योजनाएँ हैं, गरीबों का इससे कोई लेना–देना

नहीं। और कइयों ने कहा कि विकास योजनाओं ने कृषि उत्पादन को बढ़ा दिया। परिवर्तन के पक्ष और विपक्ष में बहुत लिखा गया। इस सम्पूर्ण ऊहापोह में दुबे की पुस्तक प्रकाश में आई। यह अध्ययन वैज्ञानिक पद्धति से किया गया था। इसमें प्रभाव था और परिणामस्वरूप दुबे ग्रामीण जीवन के पुख्ता विशेषज्ञ बन गये। अब वे विकास के उच्चतम स्थानों तक पहुँच गये। विकास पर उन्होंने विभिन्न मंचों से कई व्याख्यान दिये।

दुबे ने ग्रामीण विकास पर जो कुछ लिखा है, वह अधिकृत लेखन है, पर बौद्धिकों ने इसे गंभीरता से नहीं लिया। इसमें सरकारी नीति की बू बहुत अधिक आती है। दुबे का बहुत बड़ा दोष यह है कि वे परिवर्तन के विमर्श को सैद्धान्तिक संदर्भ में नहीं रखते। इसी कारण उनका योगदान लम्बी अवधि तक नहीं चल पाता। एक और बात है, दुबे की कृतियाँ विदेशी लेखकों को तो आकर्षित करती हैं लेकिन भारतीय पाठक उनके लेखन को केवल मात्र लफ्फाजी मानकर छोड़ देता है। दुबे आम लोगों की समझ से आगे नहीं बढ़ते।

सामुदायिक विकास योजनाएँ (Community Development Plans)

अध्यापन कार्य से मुक्त होकर दुबे प्रशासन क्षेत्र में आ गये। वे किसान और ग्रामीण परिवर्तन के पुरोधा हो गये। वास्तव में देश में सामुदायिक विकास के कार्यक्रम सन् 1950 के बाद प्रारम्भ हो गये थे। विचारकों की यह मान्यता थी और इसके अग्रोहा गाँधीजी का कहना था कि जब तक देश के गाँवों का विकास नहीं होगा, गरीबी रहेगी; गैर–बराबरी रहेगी। सम्पूर्ण देश को धीरे–धीरे सामुदायिक विकास के घेरे में ला दिया गया। सामुदायिक विकास का मतलब, समुदाय का विकास यानी गाँवों का विकास।

दुबे ने इस कार्य में रुचि दिखाई। उन्होंने इस बात की सिफारिश की कि सामुदायिक विकास के लिये देश को एक संस्थागत ढाँचा तैयार करना चाहिये। ये सिफारिश उन्होंने इन्स्टीट्यूशन बिल्डिंग फोर कम्यूनिटी डेवलपमेंट (Institution Building for Community Development, 1968) में रखी। दुबे का आग्रह था कि भारत में परिवर्तन की दिशा आधुनिकीकरण की ओर है। वे अपनी पुस्तक *कन्टम्परारी इंडिया एण्ड इट्स मॉडर्नाइजेशन (Contemporary India and its Modernisation,* 1974) में विवादास्पद विषय पर दृष्टता से कहते हैं कि भारत के लिये परिवर्तन का

विकल्प आधुनिकीकरण ही है। कुल मिलाकर आधुनिकीकरण का विस्तार गाँवों तक होना चाहिये। यह सब कुछ सामुदायिक विकास योजना कर रही थी।

विकास (Development)

यदि समाजशास्त्रीय संदर्श में दुबे को देखा जाये तो कहना होगा कि उनकी पुस्तक *मॉडर्नाइजेशन एण्ड डेवलपमेंट* (*Modernisation and Development,* 1988) एक उच्च श्रेणी का ग्रन्थ है। यह ग्रन्थ उनकी परिपक्वता का भी प्रमाण है। जो कुछ उन्होंने लिखा है, वह अनुभव आधारित है। उनका दृढ़ विश्वास है कि जब तक यह देश आधुनिकीकरण की प्रक्रिया से नहीं गुजरता, इसका औद्योगिक और कॉर्पोरेट विकास नहीं हो सकता। इसी विकास में पूँजीवादी विकास भी निहित है।

विकास की चार अवस्थाएँ

आधुनिकीकरण का अर्थ दुबे विकास से लेते हैं। कोई भी विकास रातोरात नहीं होता। इसकी अवस्थाएँ (Phases) होती हैं। वे विकास की चार अवस्थाओं का उल्लेख करते हैं—

विकास की पहली अवस्था

आम लोग विकास का तात्पर्य आर्थिक विकास से लेते हैं। जब राष्ट्रीय आय में वृद्धि होती है, समझा जाता है, विकास की शुरुआत हो गई। अब बाजार में अतिरिक्त उत्पादन आने लगता है, और लोगों के उपभोग की मात्रा बढ़ जाती है। बुनियादी ढाँचे में भी विकास दिखाई देता है।

आर्थिक विकास और सामाजिक संरचना

सामाजिक संरचना का गहन सम्बन्ध आर्थिक विकास के साथ होता है। अब समझा जाने लगा कि आर्थिक विकास में मानवीय कारक (Human Factor) की भूमिका बड़ी महत्त्वपूर्ण होती है। यह दुबे थे जिन्होंने सबसे पहली बार यह स्थापित किया कि मानवीय कारकों की अनदेखी करके विकास के लक्ष्य को पूरा नहीं किया जा सकता। किसी भी स्थिति में मानवीय कारकों यानी परम्पराओं और स्थापित सामाजिक संस्थाओं का विरोध करके विकास के पहियों को आगे नहीं बढ़ाया जा सकता।

सामाजिक कारकों के अतिरिक्त रीति–रिवाज़, विश्वास और मूल्य भी विकास को आगे बढ़ाने में सहायक और बाधक होते हैं। विकास की योजनाओं को इस तरह से बनाया जाये कि वे बाधक नहीं बनें।

प्रतिक्रियात्मक अभिवृत्ति

कभी–कभी विकास की प्रक्रिया को प्रतिक्रिया का भी सामना करना पड़ता है। दुबे कहते हैं कि आम आदमी कभी–कभी किसी योजना का विरोध भी करता है। यही उसकी विकास के प्रति अभिवृत्ति है। जब विकास प्रतिक्रिया के मुकाबले में आ जाता है, तब उसमें संशोधन आवश्यक हो जाता है या उसे वापस लेना पड़ता है।

चिन्तनशील अवस्था

जब विकास को प्रारम्भ कर दिया जाता है तब आयोजक और लोग दोनों ही विकास के सभी पहलुओं पर मनन करते हैं। विकास के दायरे से बाहर निकलकर वे विश्व की सामाजिक व्यवस्था और राष्ट्रीय व्यवस्था के संदर्भ में विकास को देखते हैं। इसमें यह देखा जाता है कि सामान्यजन का कहीं कुछ अहित न हो जाये।

अपनी विकास की अवधारणा को दुबे व्यापक स्तर पर रखते हैं और कहते हैं विकास से लाभ तो होता है पर कहीं ऐसा न हो कि विकास के लाभ कुछ विशिष्ट व्यक्तियों के झोले में ही न समा जायें और आम आदमी लाभ के लिये तरसता ही न रह जाये। दुबे सामाजिक न्याय (Social Justice) की भूमिका को विकास कार्यक्रमों में महत्त्वपूर्ण स्थान देते हैं। वे आग्रहपूर्वक कहते हैं कि विकास के लाभ उन लोगों तक अवश्य पहुँचने चाहिये जो गरीब हैं, झोपड़–पट्टी में रहते हैं, आधे पेट सोते हैं।

दुबे विकास कार्यक्रमों के क्रियान्वयन में बड़ी जोखिम देते हैं। जरा सी भूल बेरोजगारों के गले की फाँस हो सकती है, गरीबों के आगे बढ़ने के प्रयासों में रोड़ा बन सकती है। देश की जनसंख्या में वृद्धि हो रही है। ये सब चीजें ऐसी हैं जो विकास के साथ जुड़ी हुई हैं।

आधुनिकीकरण (Modernization)

दुबे परिवर्तन और विकास के विशेषज्ञ हैं। और जब वे इन मुद्दों पर चर्चा करते हैं, तब यह चर्चा घूम–फिर कर आधुनिकीकरण पर केन्द्रित हो जाती

है। जब हम दुबे की कृतियों का लेखा–जोखा करते हैं तब साफ हो जाता है कि उन्होंने कोई तीन–चार पुस्तकों को विकास आधुनिकीकरण पर लिखा। उनकी लिखावट का ताना–बाना परिवर्तन और विकास से जुड़ा हुआ है। देखा जाये तो बीसवीं शताब्दी के अन्त का युग भारत में विकास का युग था। पंचवर्षीय योजनाएँ आ गई थीं। गुन्नार मिर्मडल के *एशियन ड्रामा* के दो जिल्द प्रकाशित हो गये थे। सारा बौद्धिक वातावरण आधुनिकीकरण और विकास की हवा से सराबोर था। ऐसे में दुबे ने भी अपना सरोकार आधुनिकीकरण के साथ जोड़ा।

जैसे बहुत सारे रसोईये खाना बिगाड़ देते हैं, वैसे ही बहुत सारे समाज वैज्ञानिकों ने आधुनिकीकरण की परिभाषा को भ्रामक बना दिया है। अगर इस लफ्फाजी से बाहर निकलर देखें तो आधुनिकीकरण का तात्पर्य औद्योगीकरण, यंत्रीकरण और पूँजीवाद से है। दुबे ने आधुनिकीकरण को समझने का प्रयास किया है। उनका उपागम नैदानिक (Diagnostic) और निर्देशनात्मक (Prescriptive) रहा है। वे एक व्यावहारिक सामाजिक विचारक रहे हैं। उन्होंने विभिन्न योजनाओं का आनुभविक अध्ययन किया था और एक सफल चिकित्सक की तरह समाज के दुख–दर्द की पहचान की और बीमारी के निदान के आदेश प्रस्तुत किये। उनका मत था कि भारतीय समाज को प्रगतिशील बनाने के लिये आधुनिकीकरण सुलभ रास्ता है।

भारतीय समाज में पर्याप्त तार्किकता है, विवेक है। इसके लिये आधुनिकीकरण का हमें एक ऐसा ढाँचा (Framework) तैयार करना चाहिये जो इस प्रक्रिया को लागू करने में सहायक हो।

आधुनिकीकरण का राष्ट्रीय ढाँचा

आधुनिकीकरण के ढाँचे के निम्नलिखित तत्त्व हैं—

1. दुबे ने आधुनिकीकरण के विमर्श को अपनी पुस्तक *कन्टम्परी इंडिया एण्ड इट्स मॉडर्नाइजिंग (Contemporary India and its Modernising, 1947)* में उठाया है। इसमें वे कई मुद्दों पर चर्चा करते हैं। इनमें दफ्तरशाही, नेतृत्व, शिक्षा, योजना और निरपेक्षता सम्मिलित है।

2. भारतीय समाज में सम्बद्धता (Cohesive) के जो तत्त्व हैं, उन्हें सुदृढ़ करना चाहिये। ऐसा करने के लिये इस बात का पता लगाना चाहिये कि किन नृजातीय (Ethnic) तत्त्वों में देश के विभिन्न क्षेत्रों में पारस्परिक निर्भरता है। हमें धर्म के क्षेत्र में पूरी धर्म निरपेक्षता बरतनी चाहिये। यह देखना चाहिये कि लोग संसदीय व्यवस्था को अपनी स्वीकृति दें।
3. आधुनिकीकरण के लिये यह आवश्यक है कि लोगों को अनुशासनबद्ध रहकर काम करना चाहिये। यदि उन्हें कोई योजना दी जाती है तो इस पर प्रतिबद्ध होकर काम करना चाहिये। इस तरह का अनुशासन देश के सभी वर्गों को अपनाना चाहिये। अगर ऐसा नहीं हुआ तो लोगों का सरकार से विश्वास उठ जायेगा।
4. योजनाओं के निर्माण में जो लोग लगे हैं, उनमें पर्याप्त अनुभव होना चाहिये। वे अपने विषय में विशेषज्ञ होने चाहिये।
5. विकास कार्यों में अच्छे काम करने वालों को पारितोषिक देने की समुचित व्यवस्था होनी चाहिये। इससे उनके व्यवहार में श्रेष्ठता आयेगी।

दुबे इस तथ्य पर जोर देते हैं कि देश में आधुनिकीकरण लाने के जो प्रयास हुए हैं, वे किसी भी अर्थ में संतोषजनक नहीं हैं। यह सही है कि आधुनिकीकरण अभिजन की गिरफ्त में आ गया है। जमीन से जुड़ा हुआ आदमी अपने आपको आधुनिकीकरण की दौड़ में उपेक्षित समझता है। गरीबी थमी नहीं है और क्षेत्र में अभी बहुत कुछ होना बाकी है।

फुटकर निबन्ध (Assorted Essays)

दुबे को जब हम एक विचारक की तरह स्थापित करते हैं, तब यह सम्पूर्ण विमर्श अधूरा रह जाता है, जब हम उनके फुटकर निबन्धों की चर्चा नहीं करते। कहीं–कहीं उनके ये निबन्ध बड़े गंभीर और विवादास्पद सिद्ध होते हैं। यहाँ हम इन निबन्धों का विवेचन करेंगे।

जातियों की क्रमबद्धता (Caste Ranking)

डी.एन. मजूमदार ने *रूरल प्रोफाइल्स ऑफ इंडिया* (*Rural Profiles of India,* 1955) नामक एक पुस्तक का संपादन किया था। इसमें दुबे का

एक निबन्ध है। इसमें उन्होंने यह देखने का प्रयास किया है कि गाँवों में क्रमबद्धता में कौनसी जातियाँ ऊँची हैं और कौनसी निम्न। उन्होंने पाया कि जातियों की इस क्रमबद्धता का कारण शुद्ध (Purity) और अशुद्ध (Pollution) है। जो गन्दा काम करते हैं, अशुद्ध हैं और जो पवित्र काम करते हैं, शुद्ध हैं। दुबे दृढ़तापूर्वक कहते हैं कि गाँवों में जातियों की क्रमबद्धता का बहुत बड़ा आधार कर्मकाण्ड होता है न कि आर्थिक।

प्रभव जाति और ग्रामीण नेतृत्व
(Dominant Caste and Village Leadership)

मसूरी में आयोजित 1961 के एक सेमिनार में पेपर प्रस्तुत करते हुए दुबे ने गाँवों में उभरते नये नेतृत्व की चर्चा की। इस संदर्भ में उन्होंने श्रीनिवास की प्रभव जाति (Dominant Caste) पर टिप्पणी की। उनका कहना था कि कोई जाति प्रभव नहीं होती। प्रभव तो व्यक्ति होता है। प्रत्येक गाँव में कुछ व्यक्ति ऐसे होते हैं जिनके पास अच्छी तादाद में कृषि भूमि होती है, कृषि यंत्र होते हैं, शिक्षा होती है, और जो गाँव के झगड़ों का निपटारा करते हैं। ये व्यक्ति ऐसे होते हैं जो गाँव के कर्ता–धर्ता समझे जाते हैं। ऐसे व्यक्ति प्रभव (Dominant) होते हैं, उनकी जाति प्रभव नहीं। श्रीनिवास जाति को प्रभव मानते हैं, दुबे व्यक्ति को। यही इन दोनों में अन्तर है।

युवा संस्कृति (Youth Culture)

सन् 1972 में दुबे ने एक निबन्ध लिखा था — "दि रेस्टिव स्टूडेन्ट्स — स्ट्रेन्डज़ एण्ड थिम्स इन कन्टम्पररी यूथ कल्चर"। आज का युवा एक जैसा नहीं है। उनमें कई विभिन्नताएँ हैं। उनकी जीवन की पृष्ठभूमि भिन्न होती है, शिक्षा–दीक्षा भिन्न और गाँव और शहर भिन्न। उन्हें एक ही तराजू पर तोलना अनुचित है। समकालीन युवाओं को दुबे ने चार उपसंस्कृतियों में बाँटा है—

1. जिन्हें हिप्पी कहते हैं, उनका एक संस्करण भारत में भी है।
2. युवाओं की एक उपसंस्कृति यहाँ भी है जो पूरी तरह से पश्चिमी संस्कृति से प्रभावित है और अपने परिवार से कटी हुई है।
3. ऐसे युवा हैं जो मध्यम और निम्न परिवारों के हैं।
4. अधिकांश युवा ऐसे हैं जिनके माता–पिता अधिक पढ़े–लिखे नहीं हैं।

उपसंहार (Conclusion)

दुबे एक बहुआयामी सामाजिक विचारक थे। समाजशास्त्र के कई क्षेत्रों में उन्होंने दक्षता से काम किया है। वे राजनीतिशास्त्र के विद्वान थे। समाजशास्त्र में उनका प्रवेश एक मानवशास्त्री के रूप में हुआ। उन्होंने कमार जनजाति का अध्ययन किया और इसके बाद वे ग्रामीण अध्ययन में आ गये। उन पर डी.एन. मजूमदार का प्रभाव बहुत अधिक था।

उन्होंने ग्रामीण अध्ययन को अपना विषय क्षेत्र अपनाया। शमीरपेठ के अध्ययन ने राष्ट्रीय और अन्तर्राष्ट्रीय पहचान दी और इधर देश में ग्रामीण विकास का युग आया। सभी ओर परिवर्तन और आधुनिकीकरण की चर्चा चली और इस दौर में दुबे परिवर्तन और ग्रामीण विकास के विशेषज्ञ बन गये।

दुबे ने पहली बार यह सिद्ध कर दिया कि समाजशास्त्री को यदि अपने समाज की सही समझ है तो वह सफलतापूर्वक योजनाओं की क्रियान्विति में कारगर हो सकता है। दुबे क्रियान्वयन (Praxis) वाले विचारक थे। उनकी कृतियों में आनुभविकता पर्याप्त मात्रा में है और उन्हें सफल विचारक का दर्जा देता है।

● संदर्भ पुस्तकें

Nagla, B.K., *Indian Sociological Thought*, Rawat, Jaipur, 2008.

Research in Sociology and Social Anthropology, Vol. II, ICSSR, New Delhi.

10

डेविड हार्डिमैनः अधीनस्थों का अध्ययन और आन्दोलन

(David Hardiman: Subaltern Studies and Movements)

अगर आम लोगों की भाषा में कहें तो कहना होगा कि डेविड हार्डिमैन जनता के समाजशास्त्री थे। वे लोक लेखक थे और उन्होंने जमीन से जुड़े हुए लोगों के समाज की व्यवस्था को समझने का प्रयास किया है। वे रहने वाले ब्रिटेन के थे, पर उनका जन्म रावलपिंडी (हाल में पाकिस्तान) में हुआ था। उनकी शिक्षा–दीक्षा लंदन में हुई, लेकिन उन्होंने अपना रचनाकाल भारत में गुजारा, वे सेन्टर फोर सोश्यल स्टडीज, सूरत (Centre for Social Studies, Surat) में अपने अनुसंधान के लिए रहे, कोलकाता में भी उन्होंने एक अनुसंधान फैलो (Fellow) की तरह काम किया और रुचिकर बात यह है कि उन्होंने जो कुछ लिखा है, भारतीय समाज पर ही लिखा। वस्तुतः वे एक भारतीय सामाजिक विचारक थे।

हार्डिमैन पर कुछ भी लिखने से पहले, यह कहना चाहिए कि वे अधीनस्थों के समाजशास्त्री हैं। अधीनस्थों की श्रेणी में कारीगर, गरीब किसान, भूमिहीन किसान, आदिवासी आदि सम्मिलित हैं। हार्डिमैन ने एक विशाल समाजशास्त्रीय साहित्य को तैयार किया है। वे एक बहुसर्जक लेखक हैं और उनका अनुसंधान क्षेत्र गुजरात और राजस्थान रहा है। वैसे

डेविड हार्डिमैन (1947 –)

वे कहीं–कहीं महाराष्ट्र का भी अपने अध्ययन में संदर्भ देते हैं। अपने अध्ययन में उन्होंने जिन मसलों को उठाया है उनमें सूदखोर, साहूकार, औद्योगिक श्रमिक, किसान, आदिवासी और श्रमिक सम्मिलित हैं। उन्होंने राष्ट्रीय आन्दोलन को भी गहराई से खंगाला है। इसमें वे गुटबन्दी (Factionalism) पर खूब लिखते हैं।

हार्डिमैन पर बैद्धिक प्रभाव (Intellectual Impact on Hardiman)

यद्यपि कहीं भी हार्डिमैन यह नहीं कहते कि वे मार्क्सवादी हैं, पर वह व्यक्ति जो सूद, ब्याज और पूँजीवाद को अपने लेखन का विषय बनाता है, स्वाभाविक रूप से वह मार्क्सवादी बन ही जाता है। हार्डिमैन अंतोनियो ग्राम्शी (Antonio Gramsci) से अत्यधिक प्रभावित थे। ग्राम्शी इटली के प्रमुख नव मार्क्सवादी सिद्धान्तवेत्ता थे। वे आर्थिक अनिर्धारणवाद और द्वन्द्वात्मक भौतिकवाद के प्रणेता थे। हार्डिमैन में सफलता से द्वन्द्वात्मक भौतिकवाद का चिन्तन देखा जा सकता है। वे मार्क्सवादी इतिहासकारों थॉम्पसन (E.P. Thopson), यूजीन जिनोवर्स (Eugene Genovarse) और एलिजाबेथ फ्रोक्स जिनोवर्स (Elizabeth Frox Genovarse) से प्रभावित थे। कार्ल मार्क्स, ग्राम्शी, माइकल फूको और पीयर बूरदीये भी उनकी पसन्द के विचारक थे। भारत के डी.डी. कोसम्बी, जेरस बनाजी, फ्रेन्स परलिन भी उनके मार्गदर्शक थे।

हार्डिमैन की कृतियाँ (Works of Hardiman)

डेविड हार्डिमैन ने भारत के पददलित लोगों, गरीबी की रेखा से नीचे जीवन यापन करने वाले समुदायों, किसानों और मजदूरों पर बड़े व्यापक दृष्टिकोण से लिखा है। इनकी कृतियों की सूची इस प्रकार है—

- *दि क्वीट इण्डिया मूवमेंट इन इण्डिया (The Quit India Movement in India)*
- *पीजेन्ट नेशनेलिज़्म इन गुजरात — खेड़ा डिस्ट्रिक्ट, 1917-34 (Peasant Nationalism in Gujarat: Kheda District, 1917-34)*
- *दि कमिंग ऑफ देवी — आदिवासी एसरनशन इन वेस्टर्न इण्डिया,* 1987 (*The Coming of Devi: Adivasi Assertion in Western India,* 1987)
- *पीज़ेन्ट रेजिस्टेंस इन इण्डिया,* 1992 (*Peasant Resistance in India,* 1992)
- *सबआल्टर्न स्टडीज़ VIII, ऐसेज़ इन ऑनर ऑफ रणजीत गुहा (Subaltern Studies VIII, Essays in Honour of Ranajit Guha,* 1994)
- *फिडिंग द बनिया — पीजेन्ट्स यूजरर्स इन वेस्टर्न इण्डिया (Feeding the Baniya: Peasant Usurers in Western India,* 1996)
- *गाँधी इन हिज़ टाइम्स एण्ड अवर्स (Gandhi in his Times and Ours,* 2003)
- *हिस्ट्रीज फोर दि सबऑर्डिनेटेड (Histories for the Subordinated,* 2006)
- *मिशनरीज़ एण्ड देयर मेडिसिन — ए क्रिश्चियन मॉडर्निटी फोर ट्राइबल इण्डिया (Missionaries and their Medicine: A Christian Modernity for Tribal India,* 2008)

डेविड हार्डिमैन की कृतियों का एक मोटा विश्लेषण करें तो ज्ञात होगा कि उन्होंने जो कुछ लिखा है, वह समाज के निम्न वर्गों के लिए है। हार्डिमैन वास्तव में इतिहासकार थे और उन्होंने आधुनिक भारत के विश्लेषण को अपना केन्द्र बनाया है। उन्होंने दक्षिण एशिया पर बहुत कुछ लिखा है। भारत में तो वे लगभग दस वर्ष तक रहे हैं और एक इतिहासकार होते हुए भी उन्होंने एक मानवशास्त्री की तरह इतिहास को देखा है। भारत में जो औपनिवेशिक हुकूमत रही है, उसका ग्रामीण जीवन पर क्या प्रभाव पड़ा है, किसानों की त्रासदी क्या रही है और आजादी की लड़ाई किस भाँति जन–जन की लड़ाई थी, इन सब मसलों को उन्होंने गहराई से

समझा है। राष्ट्रीय आन्दोलन को उन्होंने धरती से जोड़कर देखा है। उनका अध्ययन विषय बहुत व्यापक रहा है।

1970 के दशक में वे सबआल्टर्न (Subaltern) इतिहासकारों के साथ जुड़ गये। ये इतिहासकार अधीनस्थ इतिहासकार के नाम से जाने जाते हैं। इतिहास के इस सम्प्रदाय का प्रारम्भ रणजीत गुहा ने किया था। इन इतिहासकारों ने मातहत या अधीनस्थ समूहों पर लिखा है। देखा जाये तो हार्डिमैन पेशे से एक इतिहासकार थे। अधिक से अधिक उन्हें एक अधीनस्थों या मातहतों का इतिहासकार कहा जा सकता है, लेकिन हार्डिमैन ने इन अधीनस्थों के समाजशास्त्र को समझने का प्रयास किया है। इसी कारण उन्हें अधीनस्थों का मानवशास्त्री (Subaltern Sociologist) कहते हैं। इसी संदर्भ में एक विचारक समझे जाते हैं।

यहाँ हम उनके समाजशास्त्रीय योगदान की व्याख्या करेंगे।

डेविड हार्डिमैन और अधीनस्थों का समाजशास्त्र (David Hardiman and Subaltern Sociology)

डेविड हार्डिमैन को एक समाजशास्त्री विचारक की तरह समझना दूभर होगा, यदि इस सबआल्टर्न अध्ययन (Subaltern Study) को ठीक से नहीं समझते हैं। हार्डिमैन की कृतियों से यह स्पष्ट है कि वे पूर्ण रूप से एक सबआल्टर्न सामाजिक विचारक थे।

सबआल्टर्न या अधीनस्थों की विचारधारा को सबसे पहली बार रणजीत गुहा ने रखा था। गुहा व्यवसाय से इतिहासकार थे। उन्होंने लंदन और ऑस्ट्रेलिया के विश्वविद्यालयों में अध्यापन कार्य किया है। उनका सबसे बड़ा योगदान यह है कि उन्होंने सबआल्टर्न की विचारधारा, सिद्धान्त और अवधारणा का दस जिल्दों की एक श्रृंखला के रूप में प्रकाशन किया है। इन जिल्दों में लिखा कि अधीनस्थ अध्ययन की अवधारणा को परिभाषित करने में सहायक हैं। डेविड हार्डिमैन भी इन लेखकों में सम्मिलित हैं। सबआल्टर्न अध्ययनों के पहले जिल्द में गुहा ने इस अवधारणा की रूपरेखा को निम्न बिन्दुओं में रखा है—

1. पेशेवर और तथाकथित इतिहासकार वस्तुतः अभिजन (Elite) इतिहासकार हैं। उनके विषय राजा, महाराजा, ठाकुर और

जमींदार–जागीरदार रहे हैं। वे यह बातते हैं कि महाराणा प्रताप मुगलों के खिलाफ जान जोखिम में डाल कर जंगलों, पहाड़ों में खतरों को चुनौती देते रहे। ये इतिहासकार इस मसले पर मौन हैं कि प्रस्ताव के साथ लड़ाई लड़ने वाले भील आदिवासियों पर क्या गुजरी? उन्होंने किस भाँति जंगल की त्रासदीपूर्ण जिन्दगी को झेला?

ये इतिहासकार लक्ष्मीबाई और अहिल्याबाई के वीरतापूर्ण जीवन की तस्वीर को तो प्रस्तुत करते हैं पर उनके अगणित योद्धाओं के बारे में आँख मूँद लेते हैं। उनकी भी माँ–बेटियाँ होंगी, उनकी भी पत्नियां होंगी, पर राजा–महाराजाओं के इन इतिहासकारों को यह सब नहीं दिखता। ये मातहत लोग तो इन इतिहासकारों के लिए गुमनाम हैं।

यह सब रणजीत गुहा को स्वीकार नहीं है। ऐसे इतिहासकार उनके लिए जमीन की सचाई से मुक्त हैं।

2. राष्ट्रीय इतिहासकार मुख्यतया आन्दोलनों पर अपने आपको केन्द्रित करते हैं। वे प्रायः देशव्यापी और प्रांतव्यापी घटनाओं के साथ अपने–आपको जोड़ते हैं। आम आदमी और धरती से जुड़े हुए समुदाय की सांस्कृतिक और आर्थिक स्थिति से उनका कोई सरोकार नहीं रहता। उनके इतिहास का संदर्भ वस्तुतः अभिजन का संदर्श होता है।
3. सबआल्टर्न अध्ययन (Subaltern Studies) कहता है कि इतिहास को पददलित, और हाशिये पर रहने वाले समुदायों को अपने विषय क्षेत्र में सम्मिलित करना चाहिए। ये गरीब–गुरबे लोग ही उनका संदर्श होने चाहिए।
4. अगर अभिजन की राजनीति (Elite Politics) होती है, तब आदिवासियों, किसानों और उपेक्षित समूहों की भी कोई न कोई राजनीति अवश्य होती है।
5. अगर देश के इतिहास को राजा–महाराजाओं और नेताओं ने बनाया है, तब जनता और आम लोगों ने भी इस इतिहास को बनाने में कोई कोर–कसर नहीं छोड़ी है। फिर ऐसा क्यों है कि इन हाशिये के लोगों को कोई मान्यता नहीं दी जाती है। उनकी कोई पहचान ही नहीं है।

6. सबआल्टर्न (अधीनस्थ) अध्ययन उन कमजोर वर्गों की व्याख्या करते हैं जो अपना इतिहास स्वयं बनाते हैं और अभिजात वर्ग पर निर्भर नहीं हैं।
7. सबआल्टर्न अध्ययन आर्थिक, सांस्कृतिक स्थिति का विश्लेषण तो करते ही हैं। लेकिन ऐसा करने में मार्क्स के सैद्धान्तीकरण को अपना संदर्भ मानते हैं। मतलब हुआ, ये अध्ययन मार्क्स को अपना आधार मानकर चलते हैं।
8. सामान्य शब्दों में सबआल्टर्न अध्ययन जनता के जीवन का अध्ययन है। यह पब्लिक के जीवन का विश्लेषण है।
9. समाज को जब अभिजन या ऊपर (Upper) के संदर्भ से देखते हैं, तब वह सुन्दर दिखाई देता है, खुशहाल और लहलहाता लगता है। इस तरह का संदर्श सातवीं मंजिल का दृश्य है। जब नीचे के संदर्भ से देखते हैं, तो दृश्य बदल जाता है। यहाँ अधीनस्थ लोग हैं और झोपड़पट्टी तथा सड़क की छोर पर रहने वाले लोग हैं। सबआल्टर्न अध्ययन इन लोगों से जुड़ा हुआ है।

वैसे रणजीत गुहा सबआल्टर्न इतिहास की बात करते हैं और ऐसा करने में वे परम्परागत इतिहास को एक नई विधा देते हैं। डेविड हार्डिमैन स्वयं भी एक इतिहासकार हैं। वे भी गुहा की विचारधारा से प्रभावित हैं क्योंकि उन्होंने वर्तमान समाज के अधीनस्थ लोगों के जीवन का विश्लेषण किया है, वे अधीनस्थों के समाजशास्त्री (Subaltern Sociologist) समझे जाते हैं। उन्होंने किसानों, आदिवासियों पर अपने आपको केन्द्रित किया है और जब समाज में अधीनस्थ समुदाय होता है, तो प्रभव (Dominant) समाज भी होता है। तार्किक दृष्टि से एक के बिना दूसरे का अस्तित्व सम्भव नहीं है। इसी संदर्भ में हार्डिमैन ने साहूकार की चर्चा की है। साहूकार वस्तुत सूदखोर (Usurer) होता है। सूद के माध्यम से ही पूँजीवाद बनता है। अभिजन का एक और दृष्टान्त गाँधीजी हैं। हार्डिमैन गाँधीजी की भी एक अभिजन की तरह व्याख्या करते हैं।

एक विचारक के रूप में डेविड हार्डिमैन का पहला योगदान तो यह है कि उन्होंने समाजशास्त्र में व्यवस्थित ढंग से अधीनस्थों के बारे में लिखा है। समाजशास्त्र में घुरिये, डी.पी. मुकर्जी और आन्द्रे बेतेइ ने जाति पर बड़ा

समृद्ध साहित्य तैयार किया है। इन्होंने स्थापित किया है कि भारतीय संस्कृति की जीवन जाति व्यवस्था है। ब्राह्मण यहाँ की संस्कृति के वाहक हैं। वे संस्कृति के नेता हैं। इस संदर्भ में डेविड हार्डिमैन ने जिस अधीनस्थ समाजशास्त्र का उन्नयन किया है, वास्तव में वह प्रशंसनीय है।

अब हम हार्डिमैन के अन्य योगदान की चर्चा करेंगे।

खेड़ा (गुजरात) के राष्ट्रवादी किसानों का आंदोलन (Peasant Nationalist Movement of Kheda, Gujarat)

हार्डिमैन की रुचि किसानों के अध्ययन में थी। इसके लिए उन्होंने गुजरात के खेड़ा जिले के पाटीदारों का अध्ययन किया है। पाटीदार बड़े कुशल किसान समझे जाते हैं। वल्लभभाई पटेल इसी क्षेत्र के रहने वाले थे। यह सम्पूर्ण क्षेत्र जिसमें वडोदरा, नाड़ियाद, आनन्द और खेड़ा आते हैं गुजरात का चकोत्तर संस्कृति क्षेत्र कहलाता है। देखा जाये तो यह पाटीदार या पटेल बहुल क्षेत्र हैं।

ब्रिटिश सरकार ने इस क्षेत्र पर भूमिकर (Land Tax) लगा दिया। इस कर के विरोध में कांग्रेस पार्टी ने यहाँ आन्दोलन चलाया। कहा गया कि किसान सरकार को भूमि कर नहीं देंगे। इस आंदोलन के स्थानीय प्रणेता वल्लभभाई थे। उन्होंने पटेलों को हिम्मत बँधाई और कहा कि अँग्रेज किसानों की भूमि को जेब में रखकर तो लंदन जा नहीं सकते, इसलिए भूमिकर देने की कोई आवश्यकता नहीं है।

खेड़ा के इस आन्दोलन का अध्ययन डेविड हार्डिमैन ने किया है। पाटीदार जाति खेड़ा जिले की प्रभव जाति रही है। इनके पास अधिक मात्रा में कृषि भूमि है। कृषि में ये लोग दक्ष हैं। तम्बाकू और कपास इनकी नकद फसलें हैं। यहाँ कृषि का यंत्रीकरण हो गया है। कृषि पूँजीवादी है। हार्डिमैन ने किसान आन्दोलन के अतिक्ति पाटीदार जाति का सामाजिक अध्ययन भी किया है। पाटीदारों में अनुलोम विवाह की प्रथा है। इसमें निम्न पाटीदारों की लड़कियां उच्च पाटीदार परिवारों में विवाह में दी जाती हैं। इस जाति में उच्च शिक्षा प्राप्त करने की सदैव होड़ लगी रहती है। आज स्थिति यह है कि कई पाटीदार परिवारों के लोग अमेरिका और यूरोप के देशों में उद्योग चलाने जाते हैं। यह कहा जाता है कि अमेरिका में मोटेल और पटेल

एक–दूसरे के पर्यायवाची हैं। मतलब है, अमेरिका के हाईवेज (राजमार्ग) की होटलों के अधिकांश मालिक गुजरात के पटेल हैं।

हार्डिमैन ने खेड़ा के किसानों के आन्दोलन में पाया कि यहाँ राजनीतिक दलों में गुटबंदी बहुत ज्यादा है। वे विशेषकर नाड़ियाद के देसाई गुट, वल्लभभाई पटेल गुट और गोपालदास गुट की चर्चा करते हैं। वे कहते हैं कि गुजरात की राजनीति वस्तुतः गुटबन्दी की राजनीति है। गुट की दो मुख्य विशेषताएँ हैं—

1. गुट राजनीतिक धड़ा है।
2. यह एक संरक्षक–आश्रित (Patron-Client) धड़ा है।

हार्डिमैन गुट की व्याख्या राष्ट्रीय स्तर पर करते हैं और कहते हैं कि सम्पूर्ण देश की राजनीति गुट के माध्यम से समझी जा सकती है। इस संदर्भ में वे पॉल ब्रास (Paul Brass) द्वारा किये गये अध्ययन का उल्लेख करते हैं। एक प्रकार से वे इस अध्ययन को अपना संदर्भ मानकर चलते हैं। वस्तुतः हार्डिमैन का पाटीदार किसानों का अध्ययन राजनीतिक दलबन्दी (Political Factionalism) का विश्लेषण है। इसके निम्न सामान्यीकरण (Generalisations) दिये जा सकते हैं—

1. वे लेखक जिन्होंने दलबन्दी का अध्ययन किया है, वे इसे चुनावों के साथ जोड़ते हैं। ये चुनाव चाहे पंचायत राज के हों, राज्य स्तर के या आम चुनाव।
2. ग्रामीण लोग सोचते हैं कि दलबन्दी किसानों का कोई हित नहीं साधती। इसका लाभ तो दल के नेताओं को ही मिलता है।
3. दलबन्दी के माध्यम से भारत के राजनीतिक गठबन्धन (Alliance) और एकजुटता के बारे में कोई प्रमाणित निष्कर्ष नहीं निकाला जा सकता।
4. राष्ट्रीय स्तर पर दलबन्दी के आधार पर कोई नतीजा नहीं निकाला जा सकता। दलबन्दी तो एक मिथक मात्र है।
5. दलबन्दी और वर्ग संघर्ष पर्याय नहीं हैं। इन दोनों की संरचना में बहुत अन्तर है।
6. दलबन्दी पिछले दिनों में नहीं थी। इसका आविर्भाव आधुनिक राजनीति से है।

डेविड हार्डिमैन की दिलचस्पी यह जानने में थी कि भारतीय किसान राष्ट्रीय आन्दोलन का भागीदार था। यद्यपि वह समाज में अधीनस्थ था अभिजन की श्रेणी में नहीं था, फिर भी वह जहाँ तक आजादी की लड़ाई का प्रश्न था, वह एक सिपाही की तरह था। यह सब हार्डिमैन ने कहा है, पर वे दलबन्दी को एक नया मुद्दा उठाकर रखते हैं। राजनीति कहीं की भी हो, बाहर की, गांव की, मोहल्ले की, चोपाल की, देश की, विदेश की, उनमें दलबन्दी तो होती ही है। पाल ब्रास की तरह हार्डिमैन भी दलबन्दी पर जरूरत से ज्यादा लिख गये।

डेविड हार्डिमैन ने दलबन्दी के अपने अध्ययन अन्य ऐसे ही अध्ययन के साथ जोड़ निम्न निष्कर्ष निकाले हैं—

1. गुट या दल का नेता नौकरशाही से अपना काम निकालने में सिद्धहस्त होता है।
2. गुट को मजबूत बनाने का काम उपनिवेशवादी शासन का है। सामन्तवाद ने भी इसे सुदृढ़ किया।
3. भारत की राजनीति और कुछ न होकर दलबन्दी की राजनीति है। ऐसी अवस्था में दलबन्दी का विश्लेषण गहराई के साथ होना चाहिए।
4. गुट या दल के स्थान पर वर्ग की अवधारणा अधिक व्यापक और शक्तिशाली है। भारतीय राजनीति को समझने के लिए वर्ग अधिक उपयोगी हैं।

खेड़ा जिले के राष्ट्रवादी पाटीदार किसानों का आन्दोलन हार्डिमैन ने बड़ी निकटता से देखा है। उन्होंने समस्या को गहराई से समझने के लिए साक्षात्कार विधि को अपनाया है। देखा जाये तो इतिहासकार होकर भी उन्होंने सामाजिक मानवशास्त्री की तरह क्षेत्रीय अध्ययन किया है। यह सब होते हुए भी राष्ट्रीय आन्दोलन से हटकर वे दलबन्दी की राजनीति में उलझ गये और यह उनकी कमजोरी थी।

आदिवासियों का दावा — दक्षिण गुजरात का देवी आन्दोलन

भरूच कस्बा, दक्षिण गुजरात की नर्मदा नदी के किनारे पर बसा है। उसके इर्द–गिर्द के एक गाँव का दृश्य है चौपाल पर एक लड़की सजे सजाये वस्त्रों में पालथी मारे बैठी है। वह आदिवासी है — चौधरा। उसके सामने

अपार आदिवासियों की भीड़ बैठी हुई है। इस भीड़ के लोग लाल कपड़े पहने हुए हैं और सभी अपने सिर को हिला रहे हैं। उन्हें देवी का 'भाव' आ गया है। और वह सजी–सजाई लड़की जो चौपाल पर पालथी मारे बैठी है — देवी है। वह जो कुछ बोलती है, भीड़ समझती है, देवी बोलती है, देवी इस लड़की के माध्यम से कहती है कि, आदिवासियों—

1. शराब पीना और ताड़ी पीना बन्द कर दो।
2. मांस और मछली खाना बन्द कर दो।
3. स्वच्छ और सादा जीवन जीओ।
4. आदमियों को दिन में दो बार स्नान करना चाहिए।
5. स्त्रियों को दिन में तीन बार स्नान करना चाहिए, और
6. पारसियों के साथ कोई संबंध नहीं रखें।

यह देवी का एक दृश्य है। कुछ इसी तर्ज में देवी के 'भाव' अन्य आदिवासी गाँवों में भी देखे जा सकते हैं। दक्षिण गुजरात के इन आदिवासियों की मान्यता है कि यह देवी पहाड़ों से नीचे उतरी है और इसका उद्‌देश्य आदिवासियों में सुधार करना है। यह एक प्रकार का आदिवासी सुधार आन्दोलन है। देवी जैसी कोई ईश्वरीय शक्ति नहीं है। लेकिन यह देवी किसी जीवित स्त्री के माध्यम से सुधार आन्दोलन करना चाहती है। यह सब मिथक है। वास्तविकता यह है कि समाज सुधार का यह माध्यम देवी के नाम से आदिवासियों में बड़ा कारगर होता है। इन लोगों का विश्वास है कि ईश्वर ने इस देवी को उनके सुधार के लिए भेजा है।

डेविड हार्डिमैन इसे देवी आन्दोलन कहते हैं। इस आशय का उनका एक निबन्ध रणजीत गुहा की *सबआल्टर्न स्टडीज* में प्रकाशित हुआ था, फिर उन्होंने इसे सन् 1987 में पुस्तक में रखा।

पारसियों द्वारा शोषण

दक्षिण गुजरात में पारसियों की अच्छी जनसंख्या है। यह समुदाय अव्वल दर्जे का उद्यमी समुदाय है। इसका मुख्य व्यवसाय शराब निर्माण और बिक्री से जुड़ा हुआ है। इस क्षेत्र में आदिवासी उनके निकट संबंध में हैं। उनका पारसियों के साथ लेन–देन है। पारसी शराब का धन्धा करते हैं और

आदिवासी उनके ग्राहक होते हैं। इस नशे में उधारी ज्यादा होती है और आदिवासी अपनी कृषि को पारसियों के हाथों बेच देते हैं। दक्षिण गुजरात में यह आम धारणा है कि यदि आदिवासियों का भला करना है तो उन्हें पारसियों के चंगुल से बचाओ। इसी कारण देवी आन्दोलन आदिवासियों को शराब छोड़ने का उपदेश देता है। वह यह भी कहते हैं कि पारसियों के साथ कोई सम्बन्ध नहीं रखना चाहिए। वे अव्वल दर्जे के शोषक हैं।

डेविड हार्डिमैन कहते हैं कि सतही स्तर पर तो देवी आन्दोलन केवल आदिवासियों का जीववाद (Animism) है। यह सब उनका अटकलबाजवाद है कि कोई देवी जादूगरनी की तरह किसी स्त्री के माध्यम से बोलती है, लेकिन हार्डिमैन इसे आन्दोलन इसलिए कहते हैं कि इसने दक्षिण गुजरात के आदिवासियों में सामाजिक परिवर्तन ला दिया। अब मद्यपान अनुचित समझा जाने लगा। आदिवासी स्नान के लिए अनियमित थे। उनकी आम शिकायत खाज–खुजली की थी। शौच के बाद वे पानी का प्रयोग नहीं करते थे। किसी भी नागरिक जीवन के लिए ऐसी जीवन पद्धति ठीक नहीं कही जा सकती। अतः देवी आन्दोलन हार्डिमैन की दृष्टि में एक ताकतवर सुधार आन्दोलन था।

आन्दोलन ने आदिवासियों को निश्चयात्मक (Assertive) बना दिया

हार्डिमैन ने देवी आन्दोलन में एक और महत्वपूर्ण बात पाई। इस आंदोलन ने पारसियों को तो शोषक स्थापित कर ही दिया लेकिन अब वे यह भी समझने लगे कि बड़े किसान भी उनके शोषण में कहीं पीछे नहीं हैं। अब सूदखोरों को भी आदिवासी समझने लगे। ब्रिटिश राज ने जिस पूँजीवाद को जन्म दिया था, अब वह आदिवासियों की समझ में आने लगा। अब आदिवासी अपनी बात को निश्चयात्मक (Assertive) रूप से रखते हैं। उनमें आत्मविश्वास पैदा हो गया। देवी आन्दोलन केवल करिश्माई नहीं रहा, इसने आदिवासी की सम्पूर्ण जीवन पद्धति को झकझोर दिया। यह सब कुछ हार्डिमैन देवी आन्दोलन के माध्यम से कहना चाहते हैं।

देवी आन्दोलन ने अभिजन को ऊँचा उठा दिया

यह सही है कि देवी आन्दोलन ने पारसियों के व्यापार–धंधे को धक्का दे दिया। आदिवासियों में मद्यपान का रिवाज कम हो गया, लेकिन समाज

सुधार के इस आन्दोलन ने पारसियों का जो स्थान था, उस पर अभिजन को ला दिया। अब अभिजन यानी बनिये, ब्राह्मण नये शोषक हो गये।

डेविड हार्डिमैन ने अधीनस्थों के अध्ययनों में देवी आन्दोलन को महत्वपूर्ण स्थान दिया है। वैसे गुजरात के अन्य भागों, मध्य प्रदेश और राजस्थान के आदिवासियों में भगत आन्दोलन चल रहा था। यह आन्दोलन भी वस्तुतः सुधार आन्दोलन था। इसमें मद्यपान, बहुपत्नी विवाह पर पाबन्दी थी, लेकिन देवी आन्दोलन की शुरुआत रहस्यात्मक रूप से हुई। इसका खुलासा हार्डिमैन ने समाजशास्त्रीय संदर्भ में किया है। यह आन्दोलन धार्मिक होते हुए भी पूर्ण रूप से सामाजिक और सांस्कृतिक रहा है।

बनिये का पोषण करना — किसान एवं सूदखोर (Feeding the Baniya: Peasants and Usurers)

डेविड हार्डिमैन इतिहासकार थे, लेकिन वे एक गहन अनुसंधानकर्ता व मानवशास्त्री भी थे। *फीडिंग दि बनिया* (*Feeding the Baniya,* 1996) उनकी एक अनुपम कृति है। वे किसान और सूदखोरों के संबंधों का आनुभविक ब्यौरा अपने इस विवेचन में देते हैं। प्रभुत्व और शोषण पर आधारित उनका यह अनुसंधान एक मानवजाति अध्ययन (Ethnographic Study) है। इसमें लेखक ने सूदखोर या साहूकार के किसान के साथ निर्भरता के जो संबंध हैं, उनका बहुत अच्छा विश्लेषण किया है। यह अधीनस्थों के अध्ययन का आँखों देखा हाल है।

भारत का किसान गरीबी में जन्म लेता है, गरीबी में जीवनयापन करता है, और गरीबी में ही मरता है। गुजरात में एक कहावत है — बनियों से शादी में पेट की मौत, और आदिवासियों की शादी में कूल्हों की मौत। अर्थ हुआ, बनियों की शादी में खाने–पीने के अपूर्व व्यंजन होते हैं। रात भर खूब खाओ पीओ और दूसरे दिन पेट पकड़कर बैठ जाओ। और इधर आदिवासियों में शादी की रात खूब नाचो–कूदो और दूसरे दिन थिरकने वाले कूल्हे लेकर बैठ जाओ। वस्तुतः यह कूल्हों की मौत है।

बनियों के ये मौज–मजे या सूदखोरों के ये ठाठ, हार्डिमैन कहते हैं, आदिवासियों के द्वारा दिये गये पोषण (Feeding) के कारण हैं। किसान कर्ज में रहता है। उसे सूद पर बनिये या साहूकार से कर्ज लेना पड़ता है।

यह सूद ही उसे पोषण देता है। हार्डिमैन ने गुजरात में प्रचलित एक मुहावरे का उल्लेख किया है। किसान कहते हैं—

> मैं सेठ या बनिये को इतना प्यार करता हूँ कि मैंने उसे एक मोटा पेट दिया है।

हार्डिमैन ने अपने इस अध्ययन के लिए गुजरात को लिया है, लेकिन उन्हें पता लगा कि बनिये–मारवाड़ी बनिये राजस्थान के हैं, उन्होंने राजस्थान को भी अपने निदर्शन में सम्मिलित कर लिया। देशी रियासतों में बनिये जिस प्रकार किसानों को ब्याज पर रुपया देते थे, उसे उन्होंने समझा। इससे जुड़ी द्वैतीयक सामग्री को एकत्र किया और इस तरह सूदखोरी की एक छवि तैयार की। इस अध्ययन में उन्होंने कार्ल मार्क्स, ग्राम्शी और कोसम्बी के सैद्धान्तिक फ्रेमवर्क को काम में लिया।

अधीनस्थ संदर्भ और सूदखोर
(Subaltern Perspective and Usurers)

जब हार्डिमैन बनिये और किसान की चर्चा करते हैं तो लगता है, उनका यह विमर्श कोई महत्वपूर्ण मुद्दा नहीं है। हमेशा से हमारे देश में बनियों को सूदखोर के रूप में देखा जाता रहा है। यह बनिया किसी को नहीं छोड़ता है। बड़ा कंजूस होता है। मराठी, गुजराती और हिन्दी साहित्य के कथा साहित्य को देखें तो लगेगा कि बनिया हमेशा से शोषक रहा है। किसान का काम यानी किसानी ऐसी है जो किसी भी समय किसान को विपदा में डाल देती है। उसे हर समय कर्ज लेने की आवश्यकता पड़ती है। किसान और सूदखोर का जो संबंध है, वही समाज शोषण की वास्तविक विषय सामग्री है। इसका विवेचन करके हार्डिमैन ने कोई धरती को हिला देने वाली बात नहीं कही है।

हार्डिमैन सामाजिक विचारक हैं। यह इसलिए कि सूदखोर और किसान के जो संबंध हैं, उन्हें उन्होंने पहली बार आधिपत्य (Hegemony) के संदर्भ में देखा है और यही उनका बहुत बड़ा योगदान है। हार्डिमैन के बनिया और किसान की व्याख्या के आधिपत्य की दृष्टि से निम्न बिन्दु महत्वपूर्ण हैं—

1. हार्डिमैन इटली के विचारक ग्राम्शी से अत्यधिक प्रभावित थे। ग्राम्शी ने मार्क्स को स्वीकार तो किया पर उनसे पूर्णतया सहमत नहीं थे। उनका कहना था कि राज्य हमेशा से दमनकारी रहा है। उसकी

प्रकृति पूंजीवादी रही है। राज्य की शक्ति को ग्राम्शी ने आधिपत्य (Hegemony) कहा है। यह राज्य चलाने में सहायक होते हैं। ये लोग ही राज्य को पूँजीवादी बनाते हैं। अतः ग्राम्शी कहते हैं कि प्रजातंत्र कभी भी समाजवाद नहीं ला सकता।

हार्डिमैन ग्राम्शी की आधिपत्य की अवधारणा को स्वीकार करते हैं। वे कहते हैं बनिये के पास प्राधान्य यानी आधिपत्य होता है। उसके पास धन की हेगमनि होती है। इसी के माध्यम से वह राज्य को पूँजीवादी बनाने में सहायक होता है।

2. किसान अभावग्रस्त होता है। उसे हमेशा कर्ज की आवश्यकता होती है। यद्यपि हाल के भारत में किसान को कर्ज उपलब्ध करवाने के लिए एजेंसियां हैं — स्वयं सरकार, बैंक, सहकारी समितियाँ आदि। इस सुविधा के होते हुए भी किसान दौड़कर बनिये के पास जाता है। आधी रात को भी बनिये के दरवाजे उसके लिए खुले रहते हैं। अतः किसान का सही मददगार, बनिया ही होता है।

   बनिये का आधिपत्य किसान पर केवल आर्थिक ही नहीं होता। यह प्रभाव सांस्कृतिक और सामाजिक क्षेत्र में भी देखने को मिलता है। बनिये का धर्म किसान का धर्म हो जाता है। बनिये की राजनीतिक विचारधारा, किसान को प्रभावित करती है। इसी कारण चुनावों में बनिया भी एक ताकतवर वोट बैंक का काम करता है। वह अकेला नहीं है, उसके साथ उसके अनेक कर्जदार किसान भी होते हैं। डेविड हार्डिमैन साहूकार और किसान के सम्बन्धों का यह तानाबाना इतिहास के कई कालों में देखते हैं। शताब्दियों से इन साहूकारों ने अपने इन सम्बन्धों को बनाये रखने के लिये सफल पाया है। ऐसे अवसर भी आये हैं जब किसानों ने बनियों का विरोध भी किया है लेकिन सम्बन्ध बराबर बने रहे हैं।

3. साहूकार किसान को कर्ज कई कारणों से देता है, कृषि उत्पादन के लिये, पशुपालन के लिये, मौत, शादी ब्याह, धर्म और कर्मकाण्ड के लिये। कभी–कभी तो बैंक, सरकार, और समितियों से लिये गये कर्ज के भुगतान के लिये भी किसान साहूकारों से कर्ज लेता है।

4. साहूकार का किसान पर बराबर दबाव बना रहता है और यह दबाव ही साहूकार की शक्ति (Power) है। इस शक्ति को बनाये रखने में राज्य सरकार का सहयोग होता है। हार्डिमैन ने पाया कि विभिन्न युगों में सरकार ऐसे अधिनियम बनाती है जो साहूकारों के हक में जाते हैं। बेचारा किसान तो निःसहाय बना रहता है। यह बात हार्डिमैन ने मध्यकाल और ब्रिटिशकाल में भी पाई है।
5. हार्डिमैन ने एक रुचिकर तथ्य का पता लगाया। किसान दक्षिण गुजरात में पारसियों के तो जानी दुश्मन थे, लेकिन साहूकारों के विरोध में कभी खड़े नहीं हुए।
6. किसान के लिये साहूकार, माँ–बाप की तरह रहा है। सुख–दुख में साहूकार किसान का मित्र ही नहीं संरक्षक भी है। जब किसान साहूकार को सम्बोधित करता है, तब वह उसे काका कहता है, यानी उसके पिता का भाई। पारसियों के साथ किसानों के ऐसे मधुर सम्बन्ध नहीं होते। पारसी तो उसे उधारी में दारू पिला कर, जमीन जायदाद ले लेता है। किसानों के लिये वह घृणा का पात्र है।
7. साहूकार के पास जो शक्ति है, उसकी व्याख्या हार्डिमैन हेजीमनि (Hegemony) यानी आधिपत्य की अवधारणा द्वारा करते हैं। इस पद का प्रयोग ग्राम्शी ने किया था। आधिपत्य शक्ति नहीं है। इसके प्रयोग को सही समझा जाता है। इसमें कोई दबाव नहीं है। किसान ऐसा समझते हैं कि साहूकार ने उसकी जो मदद की है वह उपयुक्त है। अगर साहूकार की मदद नहीं होती, तो वह कहीं का नहीं रहता। किसान का यह विश्वास है कि साहूकार उसका तारणहार है, माँ–बाप है, "भगवान" है। उसके इस विश्वास पर बहस करने की कोई गुंजाइश नहीं है। किसान तो साहूकार का "आसामी" है।
8. हार्डिमैन का प्रस्तुत अध्ययन वस्तुतः आधिपत्य अधीनस्थ (Domination Subaltern) के सम्बन्धों का अध्ययन है। यह सम्बन्ध विशेष इसलिये है कि यद्यपि किसानों का साहूकार शोषण करता है फिर भी किसान अपने आप को उपकृत समझता है। वह साहूकार के शादी–ब्याह में हिस्सा लेता है, भेंट देता है और अपनी फसल की पहली सौगात पहुँचाता है। आधिपत्य और अधीनस्थ के ये सम्बन्ध केवल आर्थिक ही नहीं होते, सामाजिक और सांस्कृतिक भी होते हैं।

9. हार्डिमैन अपने अध्ययन के निष्कर्ष में बड़े आग्रह के साथ कहते हैं कि किसान और साहूकार का सम्बन्ध किसी गतिहीन (Static) समाज का नहीं है। यह समाज पूर्व उपनिवेशकाल और उत्तर–उपनिवेशकाल में बराबर बदलता रहा है। किसानों ने हरित क्रांति को देखा है, आधुनिकीकरण को परखा है, फिर भी थोड़े हेर–फेर के साथ साहूकार और किसान का सम्बन्ध बराबर बना रहा है। इस सम्बन्ध का आधार केवल पैसे का लेन–देन ही नहीं है। यह अनिवार्य रूप से एक सामाजिक–सांस्कृतिक आदान–प्रदान है। किसान आसामी हैं, और साहूकार सूदखोर।

उपसंहार (Conclusion)

डेविड हार्डिमैन की राष्ट्रीयता ब्रिटेन की थी। यह होते हुए भी उनकी सम्पूर्ण कृतियाँ भारत और भारतीय समाज के बारे में हैं। वे विभिन्न अन्तकालों में, कई वर्षों तक, भारत में रहे हैं। काम–चलाऊ हिन्दी बोल लेते हैं, और हर तरह की हिन्दी और गुजराती समझ लेते हैं। पेशे से वे इतिहासकार हैं और काम–काज में सामाजिक मानवशास्त्री–समाजशास्त्री। लम्बे साक्षात्कार में वे पूर्णतया दक्ष हैं। और गुजरात तथा राजस्थान के रीति–रिवाज से वाकिफ हैं।

यह कोई अतिशयोक्ति नहीं है कि वे गरीबों, वंचितों और अधीनस्थों के इतिहासकार–समाजशास्त्री हैं। उनका पूरा रुझान भारतीय राष्ट्रीयता के साथ रहा है। ऐसा लगता है कि वे गुजरात के समाज के साथ बहुत अधिक जुड़े रहे हैं। सेन्टर फोर सोश्यल स्टडीज़, सूरत में वे लम्बी अवधि तक रहे। यह क्षेत्र आदिवासियों का रहा है। यहाँ के किसान नकद फसल लेने वाले हैं। इन किसानों के मध्य में गुजराती साहूकार रहते हैं। इसी क्षेत्र में हार्डिमैन ने खेड़ा के किसान आन्दोलन का अध्ययन किया। देवी आन्दोलन को समझा और अधीनस्थों की पीड़ा को देखा।

आन्दोलन कोई नई बात नहीं है। हमारे यहाँ तो उपनिवेशकाल से लेकर आजादी तक, बराबर आन्दोलन होते रहे हैं। साहूकार किसानों का शोषण करते रहे हैं और अधीनस्थ लोग, किसान, कारीगर, आदिवासी और ग्रामीण बराबर बदलते रहे हैं। इस सम्पूर्ण संदर्भ में हार्डिमैन एक जागरूक समाजशास्त्री की तरह इन अधीनस्थों की समस्याओं का विश्लेषण करते

रहे हैं। उन्होंने मानवजाति (Ethnography) के अध्ययन से अपने आप को दूर रखा। वे तो समकालीन समस्याओं के साथ ही जूझते रहे। यह सब कुछ ब्रिटिश होते हुए भी उन्हें भारतीय समाजशास्त्रीय विचारक के रूप में देखा जाता है।

● संदर्भ पुस्तक

रावत, हरिकृष्ण, *समाजशास्त्रीय, चिन्तक एवं सिद्धान्तकार*, रावत, जयपुर, 2007।

11

भारतीय समाज का समाजशास्त्र

(Sociology of Indian Society)

भारतीय समाज प्रजातांत्रिक, धर्म निरपेक्ष और एकाधिक संस्कृतियों का समाज है। उद्योग, और सामूहिक पूँजीवाद इसके मुहावरे हैं। इसकी संरचना का निर्धारण भारतीय संविधान करता है। कोई भी सरकार हो, उसकी नीतियाँ और विधान इस संविधान की सम्पत्ति के अन्तर्गत आए हैं। जहाँ भी नीतियाँ संविधान का उल्लंघन करती हैं, न्यायपालिका उन्हें निरस्त कर देती हैं। यह समाज गतिहीन नहीं है। इसमें परिवर्तन की प्रक्रियाएँ बराबर चलती हैं। इसकी निरंतरता (Continuity) बराबर बनी रहती है; साथ ही साथ इसमें परिवर्तन भी बराबर बना रहता है।

इस समाज की अपनी कुछ विशेषताएँ हैं। यह सभ्यता का समाज है। इसका इतिहास कोई दो ढाई हजार वर्ष पुराना है। इस सभ्यता ने भारी उतार–चढ़ाव देखे हैं, लड़ाइयाँ देखी हैं, विदेशियों को स्वीकारा है, इसने मध्यकाल और ब्रिटिश काल को झेला है। यहाँ उपनिवेशवाद और सामन्तवाद रहे हैं। यह समाज अपने विस्तार में बड़ा व्यापक है। यहाँ यह समाज अपने विस्तार में बड़ा व्यापक है। यहाँ कई समुदायों के लोग — हिन्दू, बौद्ध, जैन, सिख, मुसलमान और आदिवासी रहते हैं। धर्म और भाषाएँ कई हैं। यद्यपि राज्य धर्म के आधार पर लोगों में कोई भेदभाव

(Discrimination) नहीं करता फिर भी देश में कई हजार जातियाँ और देश इन सबके प्रति निरपेक्ष हैं।

समकालीन भारतीय समाज की यह एक छवि है। समाजशास्त्रियों से यह अपेक्षा की जाती है कि वे इस समाज का अध्ययन करेंगे। पिछले अध्यायों में हमने कतिपय समाजशास्त्रीय विचारकों का विवरण दिया है। इसमें हमने कोई दकियानूसी नहीं की है। विभिन्न विश्वविद्यालयों, और विभिन्न प्रतियोगी परीक्षाओं ने, जिन विचारकों को अपने पाठ्यक्रम में सम्मिलित किया, उन्हें हमने अपने निर्वचन के लिए सम्मिलित कर लिया है। अपने इस प्रयास में हमें उन विदेशी विचारकों को भी लेना पड़ा है, जिन्होंने अपने जीवन पर्यन्त भारतीय समाज के बारे में लिखा है। हमारा उद्देश्य यह जानना रहा है कि वे विचारक जो समाजशास्त्री हैं, समाज वैज्ञानिक हैं, उन्होंने भारतीय समाज पर क्या लिखा है, उनका विमर्श क्या है। हमने विचारकों की राष्ट्रीयता पर ध्यान न देकर भारतीय समाज के बारे में, जो विमर्श है, उसका बेबाक होकर विवेचन किया है।

आखिरी, प्रश्न है — इस समाज विज्ञान की हैसियत से हमारा समाजशास्त्र से क्या तात्पर्य है? इसका लक्ष्य क्या है? इसकी परिभाषा क्या है? प्रश्न सही है। और समाजशास्त्रीय विचारकों को इन प्रश्नों पर अपने विचार देने चाहिए। अगर वे भारतीय समाज की संरचना, इस संरचना की प्रक्रियाओं पर, मौन हैं, तब वे कैसे समाजशास्त्रीय विचारक हैं? सवाल गंभीर हैं। अगर समाजशास्त्री समाज की समस्याओं से अपने आपको जोड़ते नहीं हैं, तब उन्हें जीवित रहने का क्या अधिकार है। हमने इस पुस्तक के पहले अध्याय में आग्रहपूर्वक कहा है कि सामाजिक विचारक का अपने समाज के साथ पूर्ण सरोकार होना चाहिए।

समाजशात्र की कई परिभाषाएँ हैं। इसके कई संदर्भ (Perspectives) हैं। पर इस बात से सभी सहमत हैं कि यह समाज विज्ञान सामाजिक संबंधों, अन्तः क्रियाओं, और विभिन्न प्रक्रियाओं का अध्ययन करता है। इसका उद्देश्य समाज के बारे में हमारी जो समझ (Understanding) है, उसे तार्किक स्तर पर स्थापित करना है। यह उपागम विवेकपूर्ण (Rational) है।

जिन विचारकों का विमर्श हमने पिछले अध्यायों में रखा है, इसके आधार पर भारतीय समाज के बारे में निम्न बिन्दु उभर कर आते हैं—

1. हमारे समाजशास्त्रीय विचारकों ने मुख्यतया खण्डात्मक (Sectorial) समाजशास्त्र का सृजन किया है। उन्होंने जाति व्यवस्था पर खूब लिखा है। प्रारम्भिक विचारकों (जिनमें घुर्ये मुख्य हैं) ने जाति व्यवस्था को समाज की प्रमुख संरचना स्वीकार किया है। उनके अनुसार ब्राह्मण संस्कृति ही भारतीय संस्कृति है।
2. वैसे हमारे ये विचारक भारत के विषय में किसी सिद्धान्त का निरूपण नहीं कर पाये हैं। उन्होंने कतिपय अवधारणाओं या प्राक्कल्पनाओं का निरूपण अवश्य किया है पर ये सब नीरस (Pedestrian) हैं। संस्कृतीकरण, प्रभव जाति आदि की अवधारणाएँ केवल हिन्दू जाति व्यवस्था, या ब्राह्मणवाद से जुड़ी हुई हैं। इनमें कहीं भी निरपेक्षता नहीं है। यही बात जाति की श्रेणीबद्धता पर भी लागू होती है।
3. भारतीय समाज की जो रूपरेखा संविधान में है, इसकी कोई पड़ताल इन विचारकों की कृतियों में नहीं मिलती। वे तो एकजुट होकर हिन्दू समाज की संरचना से बंधे हुए हैं।
4. इन विचारकों ने परम्परा (Tradition) पर अध्यधिक जोर दिया है। डी.पी. मुकर्जी जैसे विचारक भी कहते हैं कि समाजशास्त्री को परम्परा के अध्ययन पर अपने आपको केन्द्रित करना है। यहाँ तक कि योगेन्द्र सिंह भी कहते हैं कि हमारी परम्पराओं का भी आधुनिकीकरण हो रहा है। आधुनिकीकरण इस समाज में आयेगा पर इसे भी परम्परा से जुड़ना पड़ेगा। दुबे भी कहते हैं कि मानवीय कारक वस्तुतः परम्परा ही है।
5. हमारे सामाजिक विचारक बड़े ऊहापोह में हैं। वे परम्परा के अध्ययन को छोड़ना नहीं चाहते। जाति से पिंड छुड़ाना नहीं चाहते, लेकिन साथ ही मार्क्सवाद का मोह उनका छूटता नहीं है। वहाँ विरोधाभास है उनके लेखन और सोच में। होता यह है कि जब तक कोई विचारक मार्क्स का संदर्भ नहीं देता, वह समकालीन नहीं रहता। विदेशी विचारकों में भी मार्क्स का संदर्भ उन्हें फेशनेबल बना देता है। हमारे यहाँ घुर्ये को छोड़कर सभी विचारकों ने किसी न किसी रूप में मार्क्स की अवधारणाओं का उल्लेख किया है।

6. ग्रामीण अध्ययन हमारे विचारकों ने किये हैं। इनमें धर्म की व्याख्या अवश्य हुई है। हमारे गांव कभी–भी साम्प्रदायिक नहीं रहे हैं। फिर भी इस निरपेक्ष पहलू पर हमारे विचारक उत्साहित नहीं रहे हैं।
7. अम्बेडकर और हार्डिमैन को छोड़कर, अधिकांश विचारक अधीनस्थों के प्रति उदासीन ही रहे हैं।

भारतीय समाजशास्त्रीय विचारकों पर और भी लिखा जा सकता है। पर वे हमारे मठाधीश रहे हैं, उन पर अंगुली उठाना उचित नहीं समझा जायेगा। लगता है, इन विचारकों ने भारत के समाज की जो छवि रखी है, वह निश्चित रूप अनेकानेक संस्कृतियों, धर्म निरपेक्षता और आधुनिकता का समाज नहीं है। यह एक जाति समाज है, हिन्दू समाज है और परम्परा पर केन्द्रित समाज है। इसमें विज्ञान की तेजस्विता नहीं है। यह एक अभिजन (Elite) का समाजशास्त्र है, अधीनस्थों का नहीं।